＼最新図解／ 本間 清文 編著

スッキリわかる！
介護保険

基本としくみ、制度の今とこれから

第2版

ナツメ社

はじめに

　介護保険制度が始まる前の「措置」制度の時代にこの業界に入職し、30年近く経過しました。当初、シンプルだった福祉・介護の制度も介護保険となってからは改正に次ぐ改正で非常に複雑で難解なものになってしまいました。

　この間、私は居宅介護支援事業のケアマネジャーを務め、今は介護保険の相談窓口たる地域包括支援センターに従事し、日々、要介護者やその家族や、ケアマネジャー、その他の関係者に向き合い介護問題と格闘しています。

　業務上、誰に対してもわかりやすい言葉で制度の説明をすることが欠かせません。また、話す相手の立場によっては、感じ方や考え方も異なるため、適宜、話の「切り口」を変える工夫も当たり前のように行わなければなりません。最近では、権利意識などの高まりからか、訴訟リスクやコンプライアンスの理解が重要になってきており、必要に迫られて、これらの知識も自然と身についてきました。

　特に数年間、行政職員として制度に関わったことで、いっそう、その理解が深まり多角的に介護問題を捉えることができるようになったと思います。そして、制度の理解を深めることにより、これまで自信をもって対応できずにいた現場の問題にも、余裕をもって接することができるようになりました。制度にふりまわされないためには、制度の理解をしておくことが最善策だと痛感しています。

　これまでの経験を踏まえて、本書では制度を理解したい行政職員はもちろんのこと、ケアマネジャーやその受験者、現場従業者やその関係者などにとってわかりやすい解説本となるよう努め、わかりやすい言葉や見やすい図表にこだわりました。

　特に、介護保険は頻繁に制度改正や報酬改定があるため、「制度」から少し離れているだけでも、まったくわからなくなります。適宜、必要な個所を開いていただき、少しでも介護問題の解決にお役に立てれば幸いです。

2021年6月
本間 清文

本書の特長と使い方

序章 マンガでわかる！ケーススタディ

　介護保険は保険給付の段階でさまざまなルールや条件が設定されています。介護保険を使うことになった「米山さん一家」とともに、代表的なものを見ていきます。

1章 介護保険の基本

　介護保険の保険者は市町村（および特別区）という小さい単位です。制度運用が円滑に行くよう、都道府県や国がどのような役割を負っているのかを確認します。

2章 介護保険サービスを利用するまで

　介護保険サービスは、要介護認定を受けて利用する「保険給付」と、認定なしで利用できる「事業」に大別されます。その違いと創設のねらいを読み解きます。

3章 ケアマネジメントと利用料

　効率的かつ効果的にサービスを提供するために、ケアマネジャーによるケアプラン作成などを前提とした一元的な管理が行われる保険給付を見ていきます。

4章 介護保険サービスの種類

　介護保険サービスは非常に多種多様です。さらに、各サービスごとに細かいルールが設定されています。介護保険法以外の法令が関係するものもあります。

5章 制度財政とお金の流れ

　保険財政が破たんしないように、重層的な対策が取られている介護保険の制度設計を平等性や公益的観点から見ていきます。

6章 そもそも、なんで介護の「保険」？

　介護保険は3年ごとに報酬改定が行われ、6年ごとに法改正が行われます。そもそも、なぜ介護が保険になったのか、背景も含めて考えてみましょう。

7章 付録資料

　介護保険をもっと広く深く知るための情報を掲載しています。2019年10月改定予定の新報酬も掲載しました。

■巻頭

2021年改正から2023年度まで、これからの介護保険をズバリ解説！

■序章

介護保険の基本をマンガを通して学べます

■1〜6章

知りたい項目をすばやく探すことができます

図表を多用しているので制度がひと目でわかります

■7章

介護保険をより実践的に理解するために役立つ資料を掲載

▼ここがポイント！
▼ワンポイントアドバイス
▼ズバリ！解説

一歩踏み込んだ耳より情報や専門的な情報が盛りだくさん！

介護保険の動向
地域共生社会を目指した改正が続く

　近年の介護保険は2025年に照準を合わせて改正されてきました。いうまでもなく、それは団塊の世代が75歳（＝後期高齢者）となる年であり、介護需要の増大が見込まれるからです。しかし、介護問題は2025年で終わるわけではありません。高齢者の増加は緩やかになるものの、生産年齢人口の減少が加速し、2040年には高齢人口がピークを迎えます。2025年はゴールではなく、中間地点にすぎないのです。そこで、2021年の改正では2025年の先にある2040年に焦点を当てた制度改正となりました。その根本テーマが「**地域共生社会**」です。地域共生社会は、「**子供・高齢者・障害者など全ての人々が地域、暮らし、生きがいを共に創り、高め合うことができる社会**」を意味します（2016.ニッポン一億総活躍プラン）。そのために、今後は制度・分野ごとの縦割りや「支え手」「受け手」という関係を超えて、地域住民や地域の多様な主体の参画が求められます。
　その一環として2018年度改正では共生型サービスも創設されました。今後は担い手不足を中心とした制度改正が繰り返されていくことでしょう。

▼人口構造の変化

（出典）総務省「国勢調査」「人口推計」、国立社会保障・人口問題研究所「日本の将来推計人口平成29年推計」

● 地域共生社会とは

● 制度・分野ごとの『縦割り』や「支え手」「受け手」という関係を超えて、地域住民や地域の多様な主体が『我が事』として参画し、人と人、人と資源が世代や分野を超えて『丸ごと』つながることで、住民一人ひとりの暮らしと生きがい、地域をともに創っていく社会

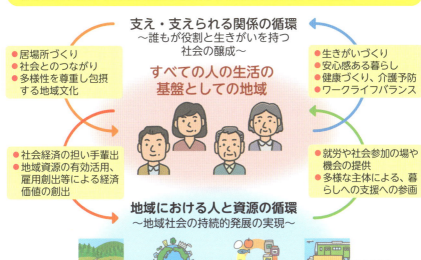

（出典）厚生労働省

　地域包括ケアシステムは主に介護保険上の概念でした。しかし、地域共生社会は障害や子ども、生活困窮なども含めた、もっと大きな概念です。あらゆる問題が多様化、複雑化する一方で、少ない担い手で対応しなければなりません。そのために、**今後は縦割りになっている相談窓口の一本化・連携や専門職資格の統合、介護サービスなどの人員や設備の基準緩和、情報機器などICTの活用、効率的で無駄のない科学的介護、定年延長や高齢者によるボランティア促進**などが進められていくことでしょう。

　それを証明するかのように、本改正からはさまざまな介護サービスの人員配置基準が緩和され、科学的介護のためのデータベース構築に向けての報酬体系に拍車がかかりました。前者については、介護従事者は、より少ない人数で介護をすることになるため負担増となる可能性があります。効率的な科学的介護も現場からは「机上論」と否定的な声が多く、成功する保証はありません。外国人介護職に広く門戸を開くことも一案ですが、わが国は及び腰です。介護保険の前には幾多の試練が待ち受けています。

こう変わる！2021年からの介護保険

　社会保障としての介護保険は医療施策的な側面や福祉施策的な側面など、多様な側面をもっていますが、2021年の改正は「地域共生社会」という福祉的側面に焦点を当てたものです。そして、近年の3年ごとに行われる改正では、団塊の世代が後期高齢者となる2025年が、改正ターゲットでしたが、2021年の改正からは、さらにその先の2040年を視野にいれたものとされました。

♥改正年とおもなポイント

2000年4月 介護保険法施行

2006年改正
- 介護予防の重視（要支援者への給付を介護予防給付に。介護予防ケアマネジメントは地域包括支援センターが実施。介護予防事業、包括的支援事業などの地域支援事業の実施）
- 施設給付の見直し（食費・居住費を給付対象外に。所得の低い方への補足給付）（2005年10月）
- 地域密着サービスの創設、介護サービス情報の公表、第1号保険料の細かい設定 など

2009年改正
- 介護サービス事業者の法令遵守等の業務管理体制の整備。休止・廃止の事前届出制。休止・廃止時のサービス確保の義務など

2012年改正
- 地域包括ケアの推進。24時間対応の定期巡回・随時対応サービスや複合型サービスの創設。介護予防・日常生活支援総合事業の創設。介護療養病床の廃止期限の猶予（公布日）
- 介護職員によるたんの吸引等。有料老人ホーム等における前払金の返還に関する利用者保護
- 介護保険事業計画と医療サービス、住まいに関する計画との調和。地域密着型サービスの公募・選考による指定を可能に。各都道府県の財政安定化基金の取り崩しなど

2015年改正
- 地域包括ケアシステムの構築に向けた地域支援事業の充実（在宅医療・介護連携、認知症施策の推進等）
- 全国一律の予防給付（訪問介護・通所介護）を市町村が取り組む地域支援事業に移行し、多様化
- 低所得の第一号被保険者の保険料の軽減割合を拡大
- 一定以上の所得のある利用者の自己負担を引上げ（平成27年8月）など

2018年改正
- 全市町村が保険者機能を発揮し、自立支援・重度化防止に向けて取り組む仕組みの制度化
- 「日常的な医学管理」、「看取り・ターミナル」等の機能と「生活施設」としての機能を兼ね備えた、介護医療院の創設
- 介護保険と障害福祉制度に新たな共生型サービスを位置づけ
- 特に所得の高い層の利用者負担割合の見直し（2割→3割）、介護納付金への総報酬割の導入 など

2021年改正
- 地域住民の複雑化・複合化した支援ニーズに対応する市町村の包括的な支援体制の構築の支援
- 医療・介護のデータ基盤の整備の推進

改革の当初の全体イメージ

　2021年の改正では、子ども・高齢者・障害者などすべての人々が地域、暮らし、生きがいをともに創り、高め合うことができる社会（地域共生社会）の実現と、高齢人口がピークを迎える2040年に向けての改正がテーマとなります。そのために以下に掲げる3本柱を「保険者機能の強化」や「ICT基盤整備」が下支えする形で進められる予定でした。しかし、その後、新型コロナウイルス感染症のまん延により、感染症や災害への対応力強化なども改正事項に盛り込まれました。

●介護保険制度改正の全体像

地域共生社会の実現と2040年への備え

- 地域包括ケアシステム、介護保険制度を基盤とした地域共生社会づくり
- 介護サービス需要の更なる増加・多様化、現役世代担い手減少への対応

介護保険制度改革（イメージ）

1. 介護予防・地域づくりの推進〜健康寿命の延伸〜／「共生」・「予防」を両輪とする認知症施策の総合的推進

- 通いの場の拡充等による介護予防の推進
- 地域支援事業等を活用した地域づくりの推進
- 認知症施策推進大綱等を踏まえた認知症施策の総合的推進　等

2. 地域包括ケアシステムの推進
〜地域特性等に応じた介護基盤整備・質の高いケアマネジメント〜

- 地域特性等に応じた介護サービス基盤整備
- 質の高いケアマネジメントに向けた環境整備
- 医療介護連携の推進　等

3. 介護現場の革新
〜人材確保・生産性の向上〜

- 新規人材の確保、離職防止等の総合的人材確保対策
- 高齢者の地域や介護現場での活躍促進
- 介護現場の業務改善、文書量削減、ロボット・ICTの活用の推進　等

保険者機能の強化

- 保険者機能強化推進交付金の抜本的な強化・PDCAプロセスの更なる推進

＋

データ利活用のためのICT基盤整備

- 介護関連データ介護DB、VISIT、CHASEの利活用に向けたシステム面・制度面での環境整備

制度の持続可能性の確保のための見直しを不断に実施

- 介護保険料の伸びの抑制に向けて、給付と負担について不断の見直し

（出典）厚生労働省、2019年

ここが変わった！ 介護保険

「地域共生社会の実現のための社会福祉法等の一部を改正する法律」が2019年6月5日に可決・成立し、その多くが2021年度から施行されました。今回も社会福祉法等の多くの関係法を一括に改正する束ね法で、介護保険法そのものは小幅改正でした。しかし、これは次期2024年度が診療報酬、障害福祉サービス報酬とのトリプル改定で大きく変わるための下準備の改正ともいえるでしょう。

認知症施策の総合的な推進

- 国・地方公共団体の努力義務として、**地域における認知症の人への支援体制の整備や予防の調査研究の推進等の認知症施策の総合的な推進及び認知症の人と地域住民の地域社会における共生**が追加されました。これにより、認知症地域支援推進員の積極活用や地域包括支援センターの強化、認知症初期集中支援チームの質向上、かかりつけ医との連携、若年性認知症の人への支援などにテコ入れが行われることになりました。
- **介護保険事業計画**の記載事項として、他分野との連携など、認知症施策の総合的な推進に関する事項が追加されました。これにより、より計画的かつ具体的な取り組みが促されることになりました（この他、「認知症」の規定について、最新の医学の診断基準に則し、また、今後の変化に柔軟に対応できる規定に見直す）。

地域支援事業におけるデータ活用の努力義務を規定

- 市町村の努力義務として、地域支援事業を実施するにあたっては、PDCAサイクルに沿って、効果的・効率的に取り組みが進むよう、**介護関連データを活用**し、適切かつ有効に行うものとされます。

介護分野のデータ活用の環境整備

- 要介護認定情報・介護レセプト等情報に加え、厚生労働大臣は、**通所・訪問リハビリテーションの情報（VISIT情報）や高齢者の状態やケアの内容等に関する情報（CHASE情報）、地域支援事業の利用者に関する情報（基本チェックリスト情報等）**の提供を求めることができると規定されました。
※VISIT、CHASEはLIFEに名称統一

介護関連データ

要介護認定情報・要介護レセプト等情報

今回収集規程を整備

- 通所・訪問リハビリ情報（VISIT情報）
- 高齢者の状態やケア内容等情報（CHASE情報）
- 地域支援事業情報（基本チェックリスト情報等）

介護保険事業(支援)計画に基づく取り組み・事業者の負担軽減

- 介護保険事業(支援)計画の記載事項として、**介護人材の確保・資質の向上や、その業務の効率化・質の向上に関する事項**が追加されました。これにより、今まで以上に、介護関連の資格取得と就労支援、介護職の住居確保支援、外国人受け入れ促進などの取り組みが活発化します。
(→市町村・都道府県の介護保険事業(支援)計画における対応率100%を目指す)
- **有料老人ホームの設置等に係る届出**事項の簡素化を図るための規定が整備されました。
(※) 他の介護サービスの申請手続きは省令事項。

介護サービス提供体制の整備

介護保険事業(支援)計画の作成

- 介護保険事業計画の作成に当たり、当該市町村の**人口構造の変化の見通し**を勘案します。
- 介護保険事業(支援)計画の記載事項として、**有料老人ホーム及びサービス付き高齢者向け住宅**の設置状況が追加されました。

有料老人ホームに係る都道府県と市町村との間の情報連携の強化

- 有料老人ホーム(※)の情報把握のための都道府県・市町村間の情報連携強化の規定が整備されることになりました。
(※) 届出の手続きや指導監督権限は都道府県にあります。

老人ホームの届出手続き

①届出:設置者→都道府県
②通知(努力義務)【新設】:都道府県→市町村

※有料老人ホームに該当するサービス付き高齢者向け住宅については有料老人ホームの届出の適用除外となる。
(高齢者の住居の安全確保に関する法律第23条)

その他、社会福祉法等で次のような改正もありました

- 社会福祉法に基づく新たな事業(重層的支援体制整備事業)の創設
- 医療・介護分野のデータの名寄せ・連結精度の向上等
- 介護福祉士養成施設卒業者への国家試験義務付けに係る経過措置延長
- 社会福祉連携推進法人制度の創設

こんなところも変わった！

介護保険法こそ小幅な改正でしたが、省令や規則などは大きく変わったものもあります。こちらは利用者の負担など現場に影響するものが多く、全体的に厳しい改正となっています。

総合事業のサービス価格（単価）を国が定める価格よりも高い報酬設定が可能に

介護予防・日常生活支援総合事業（介護予防・生活支援サービス事業）のサービス価格（単価）は、国が定める額を上限として、市町村が具体的な額を定める仕組みでした。それが、2021年度からは、上限ではなく目安とされ、市町村は、国が定める目安の額を勘案して具体的な額を定めることができるようになりました。

要介護となっても総合事業の継続利用が可能に（→P76）

（住民主体のサービスB型など）市町村の補助により実施される第1号事業のサービスについて、要介護認定を受ける前から利用しており、要介護認定後も継続利用を希望する場合は利用可能となりました。ただし、市町村判断によります。

有効期間（更新認定）の上限が36か月から48か月に延長（→P88）

直前の要介護度と同じ要介護度と判定された場合に限り、設定可能な認定有効期間が従来の最長36か月（3年）から48か月（4年）に延長（介護保険法施行規則を改正）されました。

食費・居住費の助成（補足給付）の縮小（→P108）

- 第3段階を介護保険料の所得段階に合わせて2つに区分
- あわせて1,000万円以下であった預貯金基準を所得段階に応じてきめ細かく設定
- 新たな所得段階において、食費の負担限度額を引き上げ（予定・令和3年8月～）

自己負担上限額（高額介護サービス費）の見直し（→P110）

年収約383万円以上（現役並み所得相当）の世帯上限額44,000円/月を、医療保険に合わせて細分化。「年収770万円～1160万円」で上限93,000円/月、「年収1160万円以上」で上限14万円/月に引き上げ（予定・令和3年8月～）。

福祉用具貸与の上限価格等の見直し頻度の緩和

2018年10月から、商品ごとに全国平均貸与価格の公表及び貸与価格の上限を設けており、おおむね1年に1度の頻度で見直しを行うこととなっていましたが、3年に1度の頻度に変わります。

主任ケアマネ管理者配置を2027年度まで延長（→P134）

2020年度末までであった主任介護支援専門員の管理者配置義務について、猶予期間が2027年3月末まで延長されます（2021年4月以降に新たに管理者となる者等は除く）。

省令などはこう変わる！

　介護保険法の改正を受けて厚生労働省令（人員・設備・運営基準）などは主に以下のように変わりました。本改正に併せて介護報酬改定が行われますが、概要はP264を参照ください（一部重複あり）。

1　感染症や災害への対応力強化

① 日頃からの備えと業務継続に向けた取り組みの推進（BCP）

● 感染症、災害対応について**委員会、指針、研修、訓練等**を実施すること。**業務継続計画**策定等（**BCP**）をすること（経過措置3年）。

● 通所系・短期入所系・施設系サービス、（地域密着型）特定施設入居者生活介護について、非常災害対策訓練に当たり、地域住民の参加が得られるよう努力すること。

2　地域包括ケアシステムの推進

① 認知症への対応力向上に向けた取り組みの推進

● 医療・福祉関係の資格を有さない者に**認知症介護基礎研修**を義務付け（経過措置3年）。

② **医療と介護の連携の推進**

● **薬剤師の居宅療養管理指導**について介護支援専門員等への情報提供を明確化（算定要件）。

③ 在宅サービス、介護保険施設や高齢者住まいの機能・対応強化

● 通所介護に**地域との交流努力**義務。

● 個室ユニット型施設1ユニットの定員は「原則として**概ね10人以下とし15人を超えない**もの」に緩和。

④ ケアマネジメントの質の向上と公正中立性の確保

● 前6か月間のケアプラン上の**各サービス割合**、前6か月間のケアプラン上の各サービスごと**の同一事業者の割合**をケアマネジャーから**利用者に説明義務付け**。

⑤ 地域の特性に応じたサービスの確保

● 認知症GH**ユニット数**「原則1または2」を「3以下」。**サテライト**型創設。

● （看護）小規模多機能型居宅介護について、過疎地域等において、市町村が認めた場合に、**登録定員及び利用定員**を超えることも可能に。

● 小規模多機能型居宅介護について、厚生労働省令で定める登録定員及び利

用定員を、市町村が条例で定める上での「従うべき基準」から「**標準基準**」に見直す。

3 自立支援・重度化防止の取り組みの推進

①リハビリテーション・機能訓練、口腔、栄養の取り組みの連携・強化
- 施設系サービスについて、口腔衛生管理体制を整備し、**入所者の状態に応じた口腔衛生管理**を行う。また、（管理）栄養士の配置を求め、入所者ごとの状態に応じた**計画的な栄養管理実施**を行う（経過措置3年）。

②介護サービスの質の評価と**科学的介護**の取り組みの推進
- 全サービスがCHASE・VISIT（LIFEに改称）を活用した計画作成や事業所単位でのPDCAサイクルの推進、ケアの質の向上を推奨。

> 耳慣れない英語ですが、要は事業者が介護やリハビリの情報を国に送信したり、その結果を取り寄せていく業務が増えます

4 介護人材の確保・介護現場の革新

①介護職員の処遇改善や職場環境の改善に向けた取り組みの推進
- 全サービス事業者が適切な**ハラスメント対策**を行うこと。

②テクノロジーの活用や人員基準・運営基準の緩和を通じた業務効率化・業務負担軽減の推進
- 各種会議等について**テレビ電話等**を認める（利用者参加時は要同意）。
- 夜間対応型訪問介護について、以下の見直しを行う。
  （1）オペレーターの併設施設職員等との兼務。
  （2）他の訪問介護事業所等への一部委託。
  （3）随時対応サービス（通報の受付）を複数事業所で集約化。
- 認知症GH夜勤職員体制（現行1ユニット1人以上）は3ユニットの場合に一定の要件の下、夜勤2人以上の配置に緩和。
- 認知症GHの介護支援専門員の配置を事業所ごとに1名以上に緩和。
- 小規模多機能型居宅介護と介護老人福祉施設等が併設

> これまで厳しかった人員配置ルールが、今後の人材不足に向けて、緩和されているものが目立つけど、要は少ない人数でより大勢の高齢者のケアをするということです

する場合は**管理者・介護職員の兼務可**。

- 従来型とユニット型を併設する場合は**介護・看護職員の兼務可能**。
- 地域密着型特別養護老人ホーム（以下、地域型特養ホーム）の人員配置基準について、以下の見直しを行う。

　ⅰ サテライト型居住施設で、本体施設が特別養護老人ホーム・地域型特養ホームである場合に、（支障なければ）**生活相談員**を置かなくても可。

　ⅱ 地域型特養ホーム（サテライト型を除く）において、（支障なければ）**栄養士**を置かないことを可能とする。

- **短期入所生活介護について、看護職員**を配置しなかった場合も、必要がある場合には、病院、診療所、訪問看護ステーション等との連携により確保。
- **共用型認知症対応型通所介護の管理者**について、（支障がない場合は）本体施設・事業所の職務とあわせて共用型認知症対応型通所介護事業所の他の職務にも従事可。
- **認知症GHの「第三者による評価」**について、自己評価を運営推進会議に報告し、評価を受けた上で公表する仕組みを制度的に位置付け、運営推進会議と既存の外部評価のいずれかから「第三者による外部評価」を受ける。

③**文書負担軽減や手続きの効率化による介護現場の業務負担軽減の推進**

- 利用者等への**説明・同意に電磁的対応**を認める。署名・押印の代替手段等を明示。

5　制度の安定性・持続可能性の確保

①**評価の適正化・重点化**

- 訪問系・通所系サービス、福祉用具貸与（販売）について、**同一建物**の利用者に対してサービス提供を行う場合は（居住者だけにサービスを限定せず）、それ以外の者に対してもサービス提供を行う努力義務。
- **生活援助の多いケアプラン**について市町村への届出頻度の見直し。点検・検証の仕組み導入。

6　その他

- 施設系サービスについて、**安全対策担当者**を義務づけ（経過措置6か月）。
- **虐待防止委員会、指針整備、研修実施等**を義務づけ（経過措置3年）。

最新図解　スッキリわかる！介護保険 第2版 基本としくみ、制度の今とこれから ● 目次

はじめに —— 3
本書の特長と使い方 —— 4

ココに注目！ 地域共生社会を目指した改正が続く　6

注目！ こう変わる！2021年からの介護保険　8
ここが変わった！介護保険　10
こんなところも変わった！　12
省令などはこう変わる！　13

序章　マンガでわかる！ケーススタディ

❶ いきなり退院宣告！　24
❷ ベッドはすぐに借りられる？　26
❸ 認定調査を受ける　28
❹ ケアマネジャーを選ぶ　30
❺ 介護保険は制限がいっぱい！　32
❻ ５年後〜在宅介護の限界　34
❼ 認定調査のない「総合事業」って？　36
❽ 走りながら考える介護保険　38

16

1章 介護保険の基本

図解でスッキリ！❶ 介護保険制度のしくみ　42

01 ▶ 介護保険の保険者　44

02 ▶ 国、都道府県の役割　46

03 ▶ 事業者の指定と取り消し処分　48

04 ▶ 介護保険事業計画　50

05 ▶ 被保険者になる人、ならない人　52

06 ▶ 被保険者以外の者と住所地特例　54

07 ▶ 給付の種類と自己負担　56

ズバリ！解説 介護保険の契約と成年後見制度 —— 58

ズバリ！解説 日常生活自立支援事業と身元保証 —— 60

コラム▶ 当事者と代弁者の不在 —— 62

2章 介護保険サービスを利用するまで

図解でスッキリ！❷ 相談から要介護・要支援の認定まで　64

01 ▶ 介護の相談窓口、地域包括支援センター　66

02 ▶ 地域包括支援センターの主な業務　68

03 ▶ 地域支援事業①　包括的支援事業と任意事業　70

04 ▶ 地域支援事業②　総合事業　72

05 ▶ 基本チェックリスト　74

ズバリ！解説 2021年度より、総合事業B型などが弾力化！ —— 76

06 ▶ 介護認定の申請　78

07 ▶ 介護認定調査　80

08 ▶	主治医意見書	82
09 ▶	介護認定審査会	84
10 ▶	要介護認定の結果通知と不服申し立て	86
11 ▶	認定の更新、変更	88
12 ▶	要介護認定と区分支給限度基準額	90

コラム 新型コロナウイルスと地域づくり ── 92

3章 ケアマネジメントと利用料

図解でスッキリ！❸ ケアマネジメントとサービス利用の関係〈在宅〉 94

図解でスッキリ！❹ ケアマネジメントとサービス利用の関係
＜小規模多機能型居宅介護＞ 96

図解でスッキリ！❺ ケアマネジメントとサービス利用の関係
＜介護保険施設など＞ 98

ズバリ！解説 施設ケアマネジャーと生活相談員の違い ── 99

01 ▶	保険給付の支払い方法	100
02 ▶	サービスの質と評価基準	102
03 ▶	国保連合会と介護給付費の流れ	104
04 ▶	利用者負担と割合	106
05 ▶	保険料や居住費・食費の軽減策	108
06 ▶	高額介護サービス費と高額医療合算介護サービス費	110
07 ▶	ケアマネジャーとは	112

図解でスッキリ！❻ 介護認定からサービスを利用するまで 114

08 ▶	ケアマネジメントの構造	116
09 ▶	居宅サービス計画書① 第1表 － 第3表	118
10 ▶	居宅サービス計画書② 利用票（第6表）、別表（第7表）	120

11▶ 介護保険施設のケアプラン ……………………… 122

12▶ 小規模多機能型居宅介護のケアプラン ………… 123

13▶ アセスメント …………………………………………… 124

14▶ サービス担当者会議等 ……………………………… 125

15▶ モニタリング …………………………………………… 126

16▶ 給付管理とケアマネジャー ………………………… 128

17▶ 生活保護受給者と介護保険 ………………………… 130

18▶ 介護保険と障害者総合支援法 ……………………… 132

コラム 居宅介護支援事業所の管理者要件について ── 134

4章 介護保険サービスの種類

図解でスッキリ！❼ サービス分類一覧 …………………… 136

01▶ 指定基準と算定基準 ………………………………… 138

02▶ 指定の申請と欠格事由 ……………………………… 140

03▶ サービスの類型 ……………………………………… 142

04▶ 介護報酬の算定方法 ………………………………… 144

05▶ 個別サービス計画 …………………………………… 146

06▶ 在宅系サービス① 居宅介護支援、介護予防支援、
介護予防ケアマネジメント ………… 148

ズバリ！解説 テクノロジーは介護職員不足を補えるか ── 150

07▶ 在宅系サービス② ホームヘルプ（訪問介護）………… 152

08▶ 在宅系サービス③ 訪問看護 …………………………… 156

09▶ 在宅系サービス④ 訪問入浴 …………………………… 160

10▶ 在宅系サービス⑤ 訪問リハビリテーション ………… 161

11 ▶ 在宅系サービス⑥　（地域密着型）通所介護 ……………………… 162

12 ▶ 在宅系サービス⑦　療養型通所介護 ……………………… 164

13 ▶ 在宅系サービス⑧　認知症対応型通所介護 ……………………… 165

14 ▶ 在宅系サービス⑨　通所リハビリテーション（デイケア）… 166

15 ▶ 在宅系サービス⑩　短期入所生活介護、療養介護
　　　　　　　　　　　（ショートステイ）……………………… 168

16 ▶ 在宅系サービス⑪　福祉用具貸与 ……………………… 170

17 ▶ 在宅系サービス⑫　特定福祉用具販売 ……………………… 172

18 ▶ 在宅系サービス⑬　住宅改修 ……………………… 174

19 ▶ 在宅系サービス⑭　居宅療養管理指導 ……………………… 176

20 ▶ 在宅系サービス⑮　小規模多機能型居宅介護 ……………………… 178

21 ▶ 在宅系サービス⑯　看護小規模多機能型居宅介護 ……………………… 180

22 ▶ 在宅系サービス⑰　夜間対応型訪問介護 ……………………… 181

23 ▶ 在宅系サービス⑱　定期巡回・随時対応型訪問介護看護 … 182

ズバリ！解説　科学的介護とは？ —— 184

図解でスッキリ！⑧　主な施設の類型と料金 ……………………… 186

24 ▶ 施設系サービス①　介護老人福祉施設 ……………………… 188

25 ▶ 施設系サービス②　介護老人保健施設 ……………………… 192

26 ▶ 施設系サービス③　介護医療院 ……………………… 194

27 ▶ 施設系サービス④　介護療養型医療施設 ……………………… 196

28 ▶ 在宅系サービス⑤　認知症対応型共同生活介護 ……………………… 198

29 ▶ 施設系サービス⑥　（地域密着型）特定施設入居者生活介護
　　　　　　　　　　　（介護付き有料老人ホーム）……………… 200

30 ▶ 有料老人ホームとサ高住と介護保険の料金の関係 ……… 202

31 ▶ 苦情と不服、国保連の役割 ……………………… 204

32 ▶ 不服申立てと審査請求 ……………………………… 206

33 ▶ 業務管理体制 …………………………………………… 208

5章 制度財政とお金の流れ

01 ▶ 介護保険財政 …………………………………………… 210

02 ▶ 介護保険料の滞納・減免 ………………………………… 212

03 ▶ 財政安定化基金事業 ……………………………………… 214

04 ▶ 第1号被保険者の保険料 ………………………………… 216

05 ▶ 第1号保険料の納め方 …………………………………… 218

06 ▶ 第2号被保険者の保険料 ………………………………… 220

コラム 科学的介護への懸念 —— 222

6章 そもそも、なんで介護の「保険」?

図解でスッキリ!⑨ 介護保険 費用負担の構造 …………… 224

01 ▶ 高齢化と介護の社会化 …………………………………… 226

02 ▶ 社会保障・社会保険と介護保険 ………………………… 228

03 ▶ 他の諸制度と介護保険 …………………………………… 230

04 ▶ 介護保険制度の目的、保険給付、基本理念 …………… 232

05 ▶ 介護保険の2006年改正、2009年改正 ……………… 234

06 ▶ 介護保険の2012年改正 ………………………………… 236

07 ▶ 介護保険の2015年改正 ………………………………… 238

08 ▶ 介護保険の2018年改正 ………………………………… 240

09 ▶ 介護保険の実施状況 ……………………………………… 242

コラム 介護の文書削減は可能か —— 244

7章 付録資料

付録資料❶	2021年度介護報酬改定の主な改定事項	246
	①感染症や災害への対応力強化	246
	②地域包括ケアシステムの推進	247
	③自立支援・重度化防止の取り組みの推進	251
	④介護人材の確保・介護現場の革新	254
	⑤制度の安定性・持続可能性の確保	257
	⑥その他の事項	259
付録資料❷	2021年度主要サービスと加算の単位数	264
付録資料❸	要支援状態または要介護状態の区分	270
付録資料❹	日常生活自立度判定基準	271
付録資料❺	長谷川式簡易知能評価スケール（HDS－R）	272
付録資料❻	介護保険指定基準の身体拘束禁止規定	273
付録資料❼	地域ケア会議の概要	274
付録資料❽	新費用負担	275

主要キーワードさくいん　276

※ 介護保険改正について、本書は改正年で表記しています。

序章

マンガでわかる！
ケーススタディ

例えば、風邪を引いたとき、原則的には、自分のかかりたい病院に自由に行けるのが医療保険です。しかし、介護保険では、そう簡単にはいきません。保険給付の段階でさまざまなルールや条件が設定されているからです。

本章ではシンプルなケースを追う状況下でも、立ち現われる代表的なものを見てみましょう。

scene 1 いきなり退院宣告!

解説 複雑な介護保険サービスをひも解くと、**「要支援」**を対象とした予防給付か、**「要介護」**を対象とした介護給付かに大別されます。そして、介護給付はさらに施設サービスと居宅サービスなどに分かれ、居宅サービス等は居宅サービスと地域密着型サービスに大別されます（ちなみに「居宅」「在宅」とは「自宅」を意味します）。

加えて、介護保険法のサービスの一部は老人福祉法や高齢者住まい法などの他の法令と重複していることが、この制度をよりわかりづらいものにしています。

1章「介護保険の基本」2章「介護保険サービスを利用するまで」へ

scene 2 ベッドはすぐに借りられる?

解説 要支援または要介護の認定をもって、はじめて介護保険の給付を受けることができます。そして、自宅などでサービス利用の際に、その負担額を**1～3割**のみとするパスポートの役割を果たすものが**ケアプラン**です。特に在宅における給付については、要支援・要介護区分に応じた支給上限(**区分支給限度基準額**)が設けられており、無制限に給付されるわけではありません。

　在宅分野のケアマネジャーは、その支給上限の範囲内でケアプランを作成することになります。

2章「介護保険サービスを利用するまで」3章「ケアマネジメントと利用料」へ

scene 3 認定調査を受ける

解説 保険の用語に「保険事故」という概念があります。それは、保険を給付する際の条件であり、自動車損害賠償責任保険（自賠責保険）では交通事故が、生命保険では死亡診断がそれぞれの保険事故に該当します。そして、介護保険の場合は要支援・要介護の認定が保険事故に当たります（ですから、後述する**総合事業**のホームヘルパーなどは、認定を経なくても利用できるため「保険給付」には当たりません）。

認定を受けられる**被保険者**は40歳以上65歳未満であるか、65歳以上であるかで、手続きが異なります。

2章「介護保険サービスを利用するまで」へ

ケアマネジャーを選ぶ

解説　ケアマネジャーを大別すれば、「**居宅介護支援**のケアマネジャーであるか否か」ということができます。すなわち、居宅介護支援のケアマネジャーは、異なる事業者やサービス種別を位置付けたケアプランを作成します。それに対して、特別養護老人ホームのような**介護保険施設**やグループホーム（**認知症対応型共同生活介護**）、**(看護)小規模多機能型居宅介護**などは各サービス専属のケアマネジャーが、それぞれの従属サービスの利用を中心に据えたケアプランを作成します。対して、要支援の在宅介護の場合は地域包括支援センターがケアプランを作成します。

3章「ケアマネジメントと利用料」へ

scene 5 介護保険は制限がいっぱい!

解説 介護の認定があれば、介護サービスを無制限に使えるわけではなく、サービスごとに運営上（運営基準）や報酬上（算定基準）の細かいルールが設けられています。その運営基準などに直結する**介護保険法**や**報酬の改定は原則3年ごと**に行われてきました。加えて、近年は医療保険や消費税引き上げなど、他の観点からの臨時改正などが増えていることも特徴です。

そうした改正の流れのなかで利用者の負担割合も、かつては一律に1割でしたが、2割と3割も登場しました。

4章「介護保険サービスの種類」5章「制度財政とお金の流れ」へ

scene 6 5年後〜在宅介護の限界

解説 特別養護老人ホーム（介護老人福祉施設）の入所については、原則、**要介護3**以上とされています。ただし、やむを得ない事情がある場合は、要介護1～2でも入所は可能です（**特例入所**要件）。一方、高齢者の住まいを確保する観点から整備された法律により、近年は**サービス付き高齢者向け住宅**という安否確認サービス付きの住宅に移住し、在宅向けの介護サービスを利用する利用者も増えつつあります。これら厚生労働省の定める特定の施設については、そこに入所するために他の自治体から住民票を移したとしても、入所前の自治体が保険者として扱われます（**住所地特例**）。

1章「介護保険の基本」4章「介護保険サービスの種類」へ

scene 7 認定調査のない「総合事業」って?

解説 **地域包括ケアシステム**における**介護予防**の進め方が近年、大きく変更されつつあります。その最たるものが、要支援者向けのホームヘルプ（旧・介護予防訪問介護）とデイサービス（旧・介護予防通所介護）が総合事業に移管されたことです。専門家だけでなくボランティアなどによるサービス提供も可能な制度となっています。その背景には、高齢者が単にサービスの「受け手」として完結するのではなく、「ボランティア」や「サービスの担い手」として**役割や居場所**をもち、活躍したり、生きがいをもつことが介護予防につながるという考えなどがあります。

2章「介護保険サービスを利用するまで」へ

scene 8 走りながら考える介護保険

解説 介護保険の当座の課題は2025年問題といわれ、「制度の持続性」が問われています。それは**団塊の世代**が75歳に達する年に当たり、要介護者などが爆発的に増加することが見込まれています。それに対し介護保険の財源不足の問題と、それによる（低待遇から起こる）介護人材の不足問題などがあるからです。そのため、介護や医療の現場でも近年では、**生産性の向上**といった費用抑制策が進められています。その議論の中で、**外国人介護職**の採用拡大や**介護ロボット導入**を進める議論が国で進められています。今後、国民的議論が必要な課題です。

5章「制度財政とお金の流れ」6章「そもそも、なんで介護の「保険」?」へ

1章

介護保険の基本

労災保険や雇用保険などの他の社会保険の多くが、
保険者を政府や保険協会などの
大きな単位としているのに対して、
介護保険では市町村（および特別区）という
小さい単位が保険者です。
そのため、制度運用が円滑に行くよう、
都道府県や国はどのような役割を負っているのか
確認していきましょう。

介護保険制度のしくみ

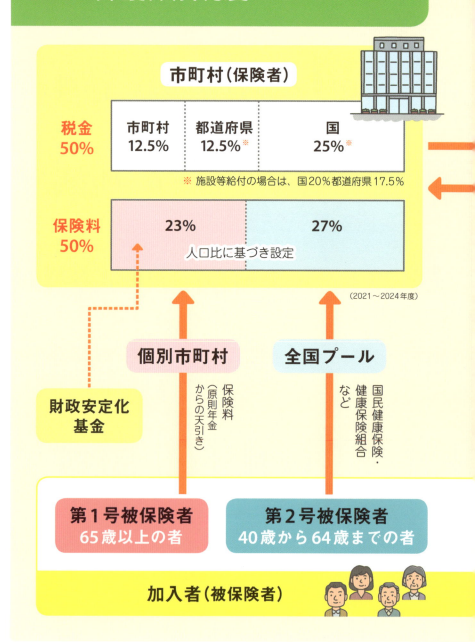

介護保険は市町村が保険者となり運営する社会保険です。40歳以上の被保険者は保険料を市町村に納め、要介護認定を受けた際に介護サービスなどの保険給付を受けられます。

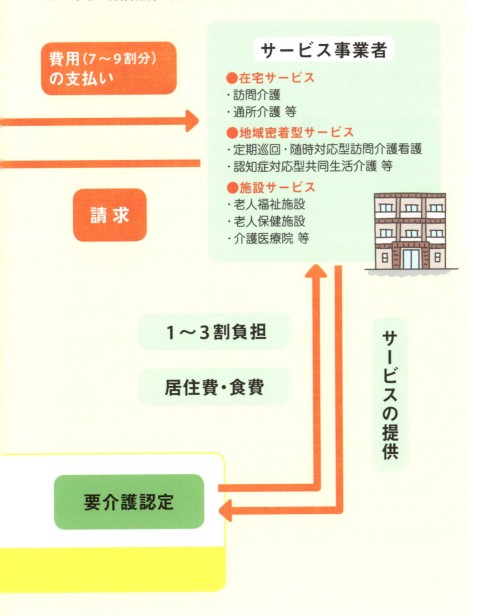

01 介護保険の保険者

介護保険は市町村と東京特別区が運営し、その主な役割は保険料の徴収と保険の給付です。近年はその他の権限移譲も進んでいます。

市町村等が保険者となり、保険を運営

　保険制度の実施主体を「**保険者**」と呼び、介護保険では、市町村と東京特別区がそれに該当します(**複数市町村からなる「広域連合」や「一部事務組合」も可**)。その保険者に保険料を納め、給付を受けられる者が「**被保険者**」です。

　保険者の主たる責務は、保険運営が安定するように、財政を管理し、かつ、被保険者に対して必要な保険給付を行うことです。そのために、被保険者の名簿などを作成したり、保険料を決定し、その徴収を行います。ただし、被保険者だからといって、保険給付を誰にでも行えば、すぐに制度がパンクしてしまいます。

　そこで、保険者は保険給付に相当する「**保険事故**」か否かの判断も行います。それが、**要支援・要介護(以下、要介護)** の認定です。なお、要介護認定調査などの一部の事務は、都道府県が指定する民間法人等（**指定市町村事務受託法人**）に委託も可能です。

保険者によってサービス内容や保険料に差が出ます

　保険者は、訪問介護サービスの給付の対象となるのかどうかの判断や、保険給付以外の配食サービスや緊急通報サービスといった、独自の給付（**横出しサービス**）の裁量権ももっており、地域ごとに微妙にサービス内容やルールが違うことがあります。また、介護保険を使えば使うほど、保険料も高くなるため要介護の認定率やサービス利用率が高ければ保険料も高騰するなどの違いもあります。

　2018年度からは居宅介護支援事業所の**指定権限**も都道府県から市区町村に移管されたり、保険者機能の強化が重要視されるなど、その権限と責務は増加する一方です。

▼ 保険者により異なる保険料の例（2018〜2020年度）

保 険 者 名	保険料基準額（月額）	保険料基準額の伸び率	要介護認定率
草津町（群馬県）	3,000円	−13.2%	15.4%
大阪市	7,927円	17.3%	24.6%

認定率が高いと保険料も高くなる傾向がある

▼ 保険者の主な役割

●被保険者の資格管理
- 被保険者の資格管理、台帳作成、被保険者証の発行、住所地特例の管理（→P.52〜55）

●要介護認定・要支援認定
- 要介護認定・要支援認定事務（→P.78〜81）
- 介護認定審査会の設置（→P.84）
- 保険給付（→P.56）
- 現物給付の審査・支払（国民健康保険団体連合会に委託）
- 居宅サービス計画等作成依頼届出書の受付等
- 償還払いの保険給付（住宅改修等）（→P.174）
- 高額介護サービス費・高額医療合算介護サービス費の支給等
- 市町村特別給付（→P.56）

●地域支援事業・保健福祉事業
- 地域支援事業、介護予防・日常生活支援総合事業の実施（→P.70〜77）
- 地域包括支援センターの設置等（→P.66〜69）

●事業所・施設
- 指定地域密着型（介護予防）サービス事業所・居宅介護支援事業所・介護予防支援事業所の指定と指導監督（→P.48）
- 事業所・施設への実地指導

- 都道府県による介護保険施設等の指定についての意見提出
- 居宅サービス事業所（訪問介護，通所介護等）指定時の都道府県との協議

●市町村介護保険事業計画の策定

●保険料の徴収
- 第1号被保険者の保険料率の決定等（→P.216）
- 普通徴収（→P.218）
- 特別徴収（→P.218）
- 督促・滞納処分（→P.212）
- 保険料滞納被保険者に係る各種措置（→P.212）

●条例・規則等
- 地域密着型サービスなどの指定基準の制定

●会計等
- 特別会計の設置・予算・決算・収入・支出
- 国庫定率負担・都道府県負担・調整交付金の申請・収納等（→P.210）
- 支払基金の交付金申請・収納
- 市町村一般会計からの定率負担
- 財政安定化基金への拠出・交付・貸付申請・借入金の返済（→P.214）
- 積立金（基金）の設置・管理

02 国、都道府県の役割

介護保険制度全体の基盤を国が定め、それを運用する保険者（市町村）を後方支援する事務を都道府県が担います。

制度の土台をつくるのが国の役割

　保険料の徴収や保険給付といった制度の骨格を担うのは市町村と東京特別区（以下、保険者）ですが、それ以外にも介護保険上の事務にはさまざまなものがあります。しかし、それらをすべて保険者が担うには無理があるため、国と都道府県が後方支援を行うしくみが整っています。介護保険法上では、国には「保健医療サービス及び福祉サービスを提供する体制の確保に関する施策その他の必要な各般の措置を講じ」ることが義務づけられています。具体的には、**制度の土台である要介護認定の基準や介護報酬の算定基準の設定、区分支給限度基準額、そして、財政支援**などは国が担います。

市町村の後方支援が都道府県の役割

　都道府県には市区町村に対して「必要な助言及び適切な援助」が義務づけられており、例えば、居宅サービスや介護保険施設の**指定基準を条例として定めたり、指定申請があった場合の指定事務**（地域密着型サービスを除く）**、ケアマネジャー（介護支援専門員）の登録管理や介護保険審査会**[*]**の設置、財政支援など**を行います。

　ただし、人口50万人以上の指定都市や20万人以上の中核市については、都道府県事務のうち指定居宅サービス事業者や介護保険施設の指定基準等を条例として定める事務などの権限が保険者に移譲されています。

　なお、都道府県が行う指定居宅サービスなどへの実地指導については、（**対象事業所の選定や改善事項の文書指導などを除き**）都道府県が指定する民間法人等（**指定都市道府県事務受託法人**）に委託も可能です。

コトバ

[*] **介護保険審査会** ▶ 市町村が行った介護認定などに関する不服申し立てを受け付ける審査請求の機関。

▼国の主な事務

- 要介護認定基準、要支援認定基準の設定
- 介護報酬の算定基準の設定
- 区分支給限度基準額の設定
- 都道府県や市町村が指定基準を条例で定める際の「従うべき基準」、「標準とすべき基準」などの策定
- 保険給付を円滑に実施するための基本的な指針の策定
- 国民健康保険団体連合会が行う介護保険事業関係業務に関する指導監督

▼都道府県の主な事務

●市町村支援
- 介護認定審査会の共同設置の支援
- 市町村介護保険事業計画作成に対する助言

●事業所・施設
- 居宅サービス事業所・施設の指定基準設定
- 事業所・施設の指定、更新と指導監督等
- 市町村が行う地域密着型特定施設入居者生活介護の指定に際しての助言・勧告
- 居宅サービス事業者指定時の市町村協議
- 指定市町村事務受託法人の指定
- 指定都道府県事務受託法人の指定

●介護サービス情報の公表
- 調査と結果の公表
- 公表に関する事業者に対する指導・監督

●ケアマネジャー（介護支援専門員）の登録等
- 介護支援専門員の登録・更新の管理等
- 介護支援専門員証の交付に関する事務
- 介護支援専門員の試験および研修

●財政支援
- 費用の負担
- 財政安定化基金の設置・運営
- 市町村相互財政安定化事業の調整・支援

●都道府県介護保険事業支援計画の策定

●その他の事務
- 市町村が行う実地指導、監査等についての助言・勧告
- 国民健康保険団体連合会の指導監督

> 大まかに分けると、市区町村（保険者）は被保険者に保険の給付を行う最終責任者。都道府県はその際の介護認定や事業者指定などの後方支援的な事務を担う。国は都道府県や市区町村のためのルールやしくみづくりを行います

1 介護保険の基本 ▼ 国、都道府県の役割

47

03 事業者の指定と取り消し処分

介護保険サービスを提供する事業者は都道府県や市町村の指定を受ける必要があります。

指定を受けるには諸条件をクリアする必要があります

指定申請に際しては、在宅向けの指定居宅サービスや地域密着型サービスなどは**法人格**を有していることなど諸条件があります。介護保険施設についても制限があり、介護老人福祉施設*の指定は特別養護老人ホーム（老人福祉法）しか申請できません。介護療養型医療施設*の指定は、療養病床を有する病院・診療所の内、指定基準を満たしたものだけです（2012年度以降は新規指定なし）。介護老人保健施設*も地方公共団体、医療法人などの営利を目的としない団体しか開設許可が下りません。指定後、サービス提供を中止する場合は**休止届や廃止届**を行います。

さまざまな指定方法があります

介護保険サービスの提供は、都道府県や市町村の指定を受けた事業者が担います。指定に際し、通常は指定に必要な人員上の基準や設備上の基準が設けられており、それを満たすことが条件になりますが、地域のサービスが不足している場合など、**保険者が認める場合は「基準該当サービス」**として、基準を満たしていない場合のサービス提供も可能です。指定事業所の**出張所のような「サテライト」事業所**の設置も認められています。

また、訪問リハビリテーションなどの医療系サービスであって、既に医療保険の指定を受けた病院、診療所または薬局は、**指定を受けたとみなされ、指定申請の手続きは不要です**（みなし指定）。

コトバ
* **介護老人福祉施設** ▶ 原則、要介護3以上が対象。生活施設のため医師は常駐していない。
* **介護療養型医療施設** ▶ 要介護1以上が対象。介護保険適用の病院や診療所病床。
* **介護老人保健施設** ▶ 要介護1以上が対象。在宅復帰のためのリハビリ等を提供する施設。

指定後も実地指導などで運営状況を監督されます

指定の権限をもつ自治体（指定権者）は適宜、サービス事業者の実地指導*や監査を行い、そのサービスを検査します。検査の結果、不適切な事業運営の実態が明るみになった場合などは、改善するための指導や監査、改善勧告、指定取り消しなどの行政処分が行われることもあります。

▼指定の流れ（例）

①事前相談 → ②申請 → ③受理 → ④審査 → ⑤指定 → ⑥新規事業者説明会 → ⑦公示等

▼サービスによって異なる指定・処分権者

	都道府県	市町村
介護保険施設	指定・監査・処分権限あり	指定・処分権限なし
指定居宅サービス（予防含む）	指定・監査・処分権限あり	指定・処分権限なし
居宅介護支援（ケアプランの作成）	指定・監査の権限なし	指定・監査・処分権限あり
地域密着型サービス（予防含む）	指定・監査の権限なし	指定・監査・処分権限あり
介護予防支援（地域包括支援センター）	指定・監査の権限なし	指定・監査・処分権限あり
総合事業（指定事業者）	指定・監査の権限なし	指定・監査・処分権限あり
総合事業（指定以外事業者）	指定・監査の権限なし	指定・解約条項などを契約書にあらかじめ盛り込み対応

※ 処分権限：指定の取り消しや、一部の効力停止などの行政処分を行える権限のこと。
※ 実地指導については、市町村は、その一部を外部法人へ委託できるが、監査および行政処分の委託はできない。
※ 社会福祉法人については、介護保険法とは別に、社会福祉法、老人福祉法等による指導監査も行われる。

コトバ

* **実地指導** ▶ 都道府県や市町村が事業所に立ち入り、書類検査等を行う。

04 介護保険事業計画

保険者は3年間を1期とする介護保険事業計画を策定します。都道府県はそれを支援する事業支援計画を策定します。

第1号保険料の算定基礎となる介護保険事業計画

市町村は、3年を1期とする**介護保険事業計画**を定め、**区域（日常生活圏域）の設定や介護サービス量の見込み、認知症対応型共同生活介護*等の必要定員総数や地域支援事業*の量の見込みなど**を盛り込みます。また、その計画を算定基礎として、第1号被保険者（65歳以上）の保険料が設定されます。

一方、都道府県が策定する計画は市町村の計画を支援する性格のものであるため、その名も「介護保険事業**支援計画**」といいます。そこでは、市町村の計画を踏まえた、介護サービス量の見込みや介護保険施設等の必要定員数などが設定されます。

他の計画とのバランスも重要

市町村（および都道府県）は、老人福祉計画（老人福祉法）も作成しなければならないし、医療法による市町村計画（都道府県計画）も作成しなければなりません。それら関係性の深い計画とのバランスを図らなければ全体として不自然なものとなるため、一体的に策定したり、整合性を図ることが求められています。

介護保険事業（支援）計画について、2018年度から2020年度（第7期）は、その取り組みや評価によって市町村および都道府県への交付金も設けられました。より計画に積極的かつ効果的に取り組む保険者を評価するためです。その背景には高騰し続ける保険料や社会保障費があります。厚生労働省は、このままでは団塊の世代が後期高齢者（75歳以上）となる2025年以降の制度維持が困難と推計しており、より保険者に強い機能を求めているのです。

コトバ

* **認知症対応型共同生活介護** ▶ 認知症のある人が共同生活を送るグループホームのこと。
* **地域支援事業** ▶ 保険者が介護保険の給付とは別に行う事業。

▼国、都道府県、市町村が作成する計画の整合性

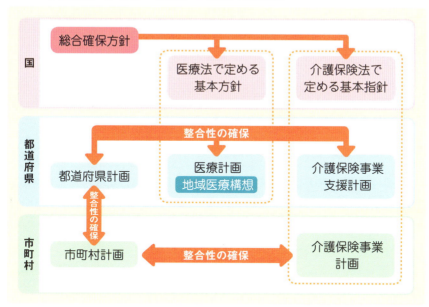

▼介護保険事業（支援）計画について

　都道府県と市町村は保険給付の円滑な実施のため、3年間を1期とする介護保険事業（支援）計画を策定しています。

国の基本指針
- 介護保険法第116条第1項に基づき、国が介護保険事業に係る保険給付の円滑な実施を確保するための基本指針を定める。

市町村介護保険事業計画
- 区域（日常生活圏域）の設定
- 各年度における種類ごとの介護サービス量の見込み（区域ごと）
- 各年度における必要定員総数（区域ごと）の設定
- 各年度における地域支援事業の量の見込み
- その他の事項

保険料の設定等
保険料の設定
市町村長は、地域密着型の施設等について、必要定員総数を超える場合に、指定をしないことができる

都道府県介護保険事業支援計画
- 区域（老人福祉圏域）の設定
- 市町村の計画を踏まえて、介護サービス量の見込み（区域ごと）
- 各年度における必要定員総数（区域ごと）の設定
- その他の事項

基盤整備
都道府県知事は、介護保険施設等について、必要定員総数を超える場合に、指定などをしないことができる

05 被保険者になる人、ならない人

被保険者には第1号と第2号があります。第2号は特定の疾病と診断された場合にのみ、認定申請が可能です。

65歳以上か否かの分かれ道

被保険者の**第1号とは、市町村の区域内に（住民基本台帳上の）住所を有する65歳以上の人のこと**。第2号は市町村の区域内に住所を有する40歳以上65歳未満の医療保険加入者を指します。

第1号は要支援・要介護認定を受ければ、原因を問わず介護保険サービスが利用可能です。しかし、**第2号は脳出血やアルツハイマー病など厚生労働省が定める特定疾病と診断されていなければ認定申請そのものが行えません**。

外国人も資格取得が可能

認定の申請から結果が出るまでに1か月近くを要するので、65歳の誕生日から介護保険サービスを使いたい場合、そのままでは即座に使うことが困難です。そのため、65歳到達日（誕生日の前日）の3か月前以内に申請できることを国は認めており、実際の運用は各保険者にゆだねられています。第2号についても同様です。

また、日本に長期にわたり居住する在日外国人（特別永住者）や3か月以上の在留者も住所を有していれば被保険者となります。

被保険者とはならない適用除外

ただし、指定障害者支援施設（障害者総合支援法）や救護施設（生活保護法）などに入所している場合は、長期入所が見込まれ、かつ、そこでの介護保険に相当するサービスも見込まれることなどにより、介護保険の被保険者とはみなされません（**適用除外**）。

●第1号被保険者と第2号被保険者の違い

	第1号	第2号
対象者	市町村の区域内に住所を有する65歳以上の者	市町村の区域内に住所を有する40歳以上65歳未満の医療保険加入者
受給権者	要支援・要介護の認定を受けた人	厚生労働省が定める特定疾病と診断されたうえで、要支援・要介護の認定を受けた人
保険料額の設定	サービス基盤の整備の状況やサービス利用の見込みに応じて、保険者ごとに設定	加入している医療保険ごとに保険料額が決定される
保険料徴収方法	市町村が年金から天引きする形（特別徴収）が原則	医療保険者が医療保険の保険料と一括徴収

●厚生労働省の定める特定疾病

　以下の診断名の記載が主治医の意見書にあれば40～64歳でも認定申請が可能です。

番号	特定疾病候補	含まれる疾病
1	がん（がん末期）	
2	関節リウマチ	
3	筋萎縮性側索硬化症	
4	後縦靭帯骨化症	
5	骨折を伴う骨粗鬆症	
6	初老期における認知症	アルツハイマー病、脳血管性認知症等
7	進行性核上性麻痺、大脳皮質基底核変性症およびパーキンソン病（パーキンソン病関連疾患）	
8	脊髄小脳変性症	
9	脊柱管狭窄症	
10	早老症	ウェルナー症候群、プロジェリア症候群、コケイン症候群
11	多系統萎縮症	シャイ・ドレーガー症候群、オリーブ橋小脳萎縮症、線条体黒質変性症
12	糖尿病性神経障害、糖尿病性腎症、糖尿病性網膜症	
13	脳血管疾患	脳出血、脳梗塞、クモ膜下出血等
14	閉塞性動脈硬化症	
15	慢性閉塞性肺疾患	肺気腫、慢性気管支炎、気管支喘息、びまん性汎細気管支炎
16	両側の膝関節または股関節に著しい変形を伴う変形性関節症	

06 被保険者以外の者と住所地特例

医療保険未加入者は第2号被保険者にはなれません。また、他市町村の施設入所などは、入所前の市町村が保険者となります。

40歳以上65歳未満だが医療保険未加入者の場合

　40歳以上65歳未満で医療保険に加入していない人がいます。例えば、生活保護などで医療保険未加入の人が脳梗塞などで要介護状態になった場合は、生活保護により要支援・要介護認定が行われ、認定が下りた際には、介護保険の被保険者ではないので「**被保険者以外の者（みなし2号）**」として介護保険と同等のサービスが利用可能です。

　障害者支援区分の認定者であって、障害福祉サービスに同等のサービスがある場合は、そちらを優先して利用します（**補足性の原理**）。

被保険者以外の人が65歳になったら

　ただし、「**被保険者以外の者**」が65歳に到達すると、生活保護から介護保険料が自動的に支払われ介護保険の被保険者となります。そのため、要介護の認定申請を自治体から勧められ、介護保険に切り替えていくのが一般的です。

住所地特例があります

　介護保険制度は、住民基本台帳上の住所地である市町村が保険者となります。しかし、地域によっては、介護保険施設などがたくさんあり、他の自治体から高齢者が多く転入している市町村もあり、その転入者の介護給付費用まで受け入れ先の市町村が負担することは、転出元の市町村負担を肩代わりすることに他なりません。そこで、**転入前の自治体を保険者とする「住所地特例」のしくみが取られています。**

　なお、住所地特例対象施設を2か所以上、移動し、住所も変更した場合は、最初の施設に入所する前の住所地であった市町村が保険者となります。

♥住所地特例

自宅から他の市町村の施設に入所した場合、複数の施設を経由して入所した場合など、住所地特例にはさまざまなパターンがあり、経緯に応じて保険者が決まります。

		前住所地 → 現入所・入居施設	保険者
居宅から住所地特例対象施設に入所などした場合		A市 住所地 →入所・入居／住所変更→ B市 I施設	A市
複数の住所地特例対象施設に入所などした場合	2以上の施設すべてに順次住所を移している場合	A市 住所地 →入所・入居／住所変更→ B市 I施設 →入所・入居／住所変更→ C市 II施設	A市
	2以上の施設に継続して入所しているが、途中の施設に住所を移していない場合	A市 住所地 →入所・入居→ I施設 ／住所変更→ B市（親族の自宅）→入所・入居／住所変更→ C市 II施設 →入所・入居／住所変更→ D市 III施設	B市
養護老人ホームの措置入所者が住所地特例対象施設に入所などした場合		A市 住所地 →入所・入居／住所変更→ B市 養護老人ホーム →入所・入居／住所変更→ C市 II施設	A市

3番目の例が示すのは、例えば介護老人保健施設などは住所地特例施設だけど、実際の入所期間が3～12か月前後のために、そこに住民票を置けない場合も多い。そこで、入所に際し、住民票のみを親戚宅へ移すと、そこが保険者となってしまう、ということだね

♥住所地特例の対象施設

- 介護老人福祉施設（特別養護老人ホーム）＊地域密着型除く（→P.188）
- 介護老人保健施設（→P.192）
- 介護医療院（→P.194）
- 介護療養型医療施設（→P.196）
- 有料老人ホーム（→P.200）
- 養護老人ホーム（→P.200）
- 軽費老人ホーム（ケアハウス）（→P.200）
- サービス付き高齢者向け住宅（特定施設もしくは有料老人ホームに該当するものに限る）（→P.202）
- 障害者支援施設等の適用除外施設（特定適用除外施設）

07 給付の種類と自己負担

保険給付の内容などは全国一律規定されていますが、その他の事業は市町村差があります。

保険給付とその他の事業など

　介護保険の保険給付は大きく分けて、**介護給付**、**予防給付**、**市町村特別給付**の3種類です。市町村特別給付の内容は市町村が条例で定めるため、地域により内容がさまざまです。

　そして、保険給付とは別に被保険者の介護予防や要介護状態などの軽減、悪化の防止などを目的として**地域支援事業が加わります。これは保険給付ではないので介護認定は必須ではありません**。さらに、保健福祉事業として、地域支援事業以外の介護予防事業や介護者支援事業、貸付事業なども市町村独自で行うことができます。

●介護保険における保険給付以外のサービスや事業

保健福祉事業	地域支援事業以外の介護予防事業	健康づくり教室
		介護予防教室
	介護者支援事業	介護者教室・相談
		家族リフレッシュ事業
	直営介護事業	
	高額介護サービス費の貸付事業	
	配食サービスや紙おむつの支給など	
地域支援事業 (→P.70)	介護予防・日常生活支援総合事業 (総合事業) (→P.73)	●介護予防・生活支援サービス事業 ・訪問型サービス ・通所型サービス ・生活支援サービス (配食等) ・介護予防支援事業 (ケアマネジメント) ●一般介護予防事業
	包括的支援事業 (→P.71)	●地域包括支援センターの運営 ●在宅医療・介護連携推進事業 ●認知症総合支援事業 ●地域ケア会議推進事業 ●生活支援体制整備事業
	任意事業 (→P.71)	●介護給付費適正化事業 ●家族介護支援事業 ●その他の事業

▼ 要支援・要介護の認定者を対象とする保険給付

介護給付＝要介護者が対象	居宅サービス	●訪問介護●訪問入浴介護●訪問看護●訪問リハビリテーション●居宅療養管理指導●通所介護●通所リハビリテーション●短期入所生活介護●短期入所療養介護（介護老人保健施設）●短期入所療養介護（介護療養型医療施設等）●短期入所療養介護（介護療養院）●特定施設入居者生活介護（短期利用以外）●特定施設入居者生活介護（短期利用）●福祉用具貸与
	地域密着型サービス	●定期巡回・随時対応型訪問介護看護●夜間対応型訪問介護●地域密着型通所介護●認知症対応型通所介護●小規模多機能型居宅介護（短期利用以外）●小規模多機能型居宅介護（短期利用）●認知症対応型共同生活介護（短期利用以外）●認知症対応型共同生活介護（短期利用）●地域密着型特定施設入居者生活介護（短期利用以外）●地域密着型特定施設入居者生活介護（短期利用）●地域密着型介護老人福祉施設入所者生活介護●複合型サービス（看護小規模多機能型居宅介護・短期利用以外）●複合型サービス（看護小規模多機能型居宅介護・短期利用）
	居宅介護支援	
	特定福祉用具購入費	
	住宅改修	
	施設サービス	●介護福祉施設サービス●介護保健施設サービス●介護療養施設サービス●介護医療院サービス
	高額介護サービス費	
	高額医療合算介護サービス費	
	特定入所者介護サービス費	
予防給付＝要支援者が対象	介護予防サービス	●介護予防訪問入浴介護●介護予防訪問看護●介護予防訪問リハビリテーション●介護予防居宅療養管理指導●介護予防通所リハビリテーション●介護予防短期入所生活介護●介護予防短期入所療養介護（介護老人保健施設）●介護予防短期入所療養介護（介護療養型医療施設等）●介護予防短期入所療養介護（介護医療院）●介護予防特定施設入居者生活介護●介護予防福祉用具貸与
	地域密着型介護予防サービス	●介護予防認知症対応型通所介護●介護予防小規模多機能型居宅介護（短期利用以外）●介護予防小規模多機能型居宅介護（短期利用）●介護予防認知症対応型共同生活介護（短期利用以外）●介護予防認知症対応型共同生活介護（短期利用）
	介護予防支援	
	介護予防特定福祉用具購入費	
	介護予防住宅改修	
	高額介護予防サービス費	
	高額医療合算介護予防サービス費	
	特定入所者介護予防サービス費	
市町村特別給付（移送サービス、寝具乾燥サービス、紙おむつ支給、訪問理美容など）		

ズバリ！解説

介護保険の契約と成年後見制度

◆対等な契約関係と成年後見制度の誕生

　かつて特別養護老人ホームへの入所やホームヘルパーの派遣は、その数も少なかったため、低所得者や身寄りのない人など、福祉を必要とする一部の人に対して、やむをえない事由などがある場合に限って行われるものでした。それは、行政措置として行われ、利用者にサービスを選ぶ権利などはほとんどなく、対等な関係ではありませんでした。

　それが、介護保険の始まりとともに、広く一般的に普及するサービスとなり、利用者とサービス提供者の関係も対等になりました。利用者はサービスを一定の範囲内で選択することも可能となり、同時に利用に際して民法上の契約を交わすことが必要となったのです。しかし、高齢者には認知症に限らず、理解力や判断力が不十分な人も多く、契約そのものができない人も少なくありません。その問題に対処すべく介護保険と同時に生まれたのが成年後見制度です。

◆実際の運用は少数派だが、やむなく必要な場合も

　契約能力が不十分であったり、財産管理能力が不十分な人の権利を守るためにつくられた成年後見制度ですが、実際にはまだまだ一般普及していないのが実情です。その原因は手続きの煩雑さや使い勝手の悪さなどいくつかあります。

　そのため、実際の介護保険サービス契約時には成年後見人ではなく、配偶者や親族などが代理人や身元引受人として契約することが大半です。しかし、親族間トラブルがある場合など、なんらかの理由で親族が契約代行できない場合は、法的に選任された成年後見人が必要となる場合があります。

♥ 成年後見制度の類型と権限

　判断能力の違いなどによって「後見」「保佐」「補助」に分かれ、権限内容などが異なります。

類型	後見	保佐	補助
対象となる人	判断能力が欠けているのが通常の状態の人	判断能力が著しく不十分な人	判断能力が不十分な人
申し立てをすることができる人	本人、配偶者、四親等内の親族、検察官、市町村長など (注1)		
成年後見人等（成年後見人・保佐人・補助人）の同意が必要な行為	(注2)	民法13条1項所定の行為 (注3)（注4)（注5)	申立ての範囲内で家庭裁判所が審判で定める「特定の法律行為」（民法13条1項所定の行為の一部）(注1)（注3)（注5)
取消しが可能な行為	日常生活に関する行為以外の行為 (注2)	同上 (注3)（注4)（注5)	同上 (注3)（注5)
成年後見人等に与えられる代理権の範囲	財産に関するすべての法律行為	申立ての範囲内で家庭裁判所が審判で定める「特定の法律行為」(注1)	同左 (注1)
制度を利用した場合の資格などの制限	医師、税理士等の資格や会社役員等の地位を失うなど (注6)	医師、税理士等の資格や会社役員等の地位を失うなど	

（注1）本人以外の者の申立てにより、保佐人に代理権を与える審判をする場合、本人の同意が必要になります。補助開始の審判や補助人に同意権・代理権を与える審判をする場合も同じです。

（注2）成年被後見人が契約等の法律行為（日常生活に関する行為を除く）をした場合には、仮に成年後見人の同意があったとしても、後で取り消すことができます。

（注3）民法13条1項では、借金、訴訟行為、相続の承認・放棄、新築・改築・増築などの行為が挙げられています。

（注4）家庭裁判所の審判により、民法13条1項所定の行為以外についても、同意権・取消権の範囲とすることができます。

（注5）日用品の購入など日常生活に関する行為は除かれます。

（注6）公職選挙法改正により、選挙権の制限はなくなりました。

出典：法務省ウェブサイト

ズバリ！解説

日常生活自立支援事業と身元保証

◆ **福祉サービスの利用契約手続きなどの援助事業**

　介護保険施設への入所や大きな財産がらみの契約などについて、本人の判断能力に問題がある場合は成年後見制度が利用可能ですが、日常的な金銭管理や在宅福祉サービスの利用契約手続きなどといった比較的、簡易な援助を行うサービスとして日常生活自立支援事業があります。これは都道府県社会福祉協議会または指定都市社会福祉協議会が実施するもので、窓口は市区町村の社会福祉協議会等に設けられています。成年後見制度を利用するためには医師の鑑定を求められたり、家庭裁判所の審判が必要になるなど、かなりハードルが高いのですが、こちらはそれほど高くはありません。

　ただし、本事業は本人の同意による契約に基づく事業であるため、対象者が「判断能力が不十分な者であり、かつ本事業の契約の内容について判断し得る能力を有していると認められる者」という、一見、矛盾するような条件が定められています。そのため、契約が成立するのも限定的かつ少ないのが現状です。

◆ **怪しい身元保証ビジネスに注意**

　介護保険施設などへの入所や医療機関への入院の際には身元保証人を求められる場合が大半です。その役割は、緊急の連絡先、支払い代行、医療行為の同意などさまざまです。しかし、独居世帯が増加傾向にある現行下において、身元保証人を確保できない高齢者も少なくありません。その結果、入院、入所を拒否される場合も珍しくありません。これについて、厚生労働省では身元保証人がいないことを入院・入所の拒否理由とすることは不適切である旨を指導していますが、現実には指導が行き渡っていません。法制度の不備を狙って、詐欺まがいの身元保証ビジネスなども増加傾向にあるため注意が必要です。

❤日常生活自立支援事業と成年後見制度の違い

制度名	日常生活自立支援事業	成年後見制度
対象者 （認知症高齢者・ 知的障害者・ 精神障害者等）	●精神上の理由により日常生活を営むのに支障がある者 （判断能力が一定程度あるが十分でないことにより自己の能力でさまざまなサービスを適切に利用することが困難な者）	●精神上の障害により事理弁識する能力に支障がある者 能力が不十分な者＝補助 能力が著しく不十分な者＝保佐 能力を欠く常況にある者＝後見
担い手・機関	●都道府県・指定都市社会福祉協議会 事業の一部委託先として基幹的社会福祉協議会 法人の履行補助者として専門員、生活支援員	●補助人・保佐人・成年後見人 （自然人として、親族、弁護士、司法書士、社会福祉士等および法人）※複数可
手続き	●基幹的社会福祉協議会等に相談・申込 （本人、関係者・機関、家族等） 本人と社会福祉協議会との契約	●家庭裁判所に申立 （本人、配偶者、四親等以内の親族、検察官、市町村長（福祉関係の行政機関は整備法で規定）等） ※本人の同意：補助＝必要 　　　　　　保佐・後見＝不要 家庭裁判所による成年後見人等の選任
意思能力の確認・審査や鑑定・診断	●「契約締結判定ガイドライン」により確認困難な場合、契約締結審査会で審査	●医師の鑑定書・診断書を家庭裁判所に提出
援助（保護）の方法・種類	＜方法＞ 　本人と社会福祉協議会による援助内容の決定 ＜種類＞ ●福祉サービスの情報提供、助言など相談 　•援助による福祉サービスの利用契約手続き援助 ●日常的金銭管理 　•日常的金銭管理に伴う預貯金通帳の払出し等の代理、代行 　•福祉サービス利用料支払いの便宜の供与 ●書類等の預かり 　•証書等の保管により、紛失を防ぎ、福祉サービスの円滑な利用を支える	＜方法＞ 　家庭裁判所による援助（保護）内容の決定 ＜種類＞ ●財産管理・身上監護に関する法律行為 　•財産管理処分、遺産分割協議、介護保険サービス契約、身上監護等に関する法律行為 　•同意権・取消権 　　補助は家裁が定める「特定の法律行為」※ 　　保佐は民法第12条第1項各号所定の行為 　　成年後見は日常生活に関する行為以外の行為 　•代理権 　　補助・保佐は申立ての範囲内で家裁が定める ※「特定の法律行為」 　成年後見は、財産に関するすべての法律行為
費用	●契約後の援助は利用者負担 1回あたり平均1,200円程度 社会福祉事業として契約締結までの費用は公費補助	●全て本人の財産から支弁 申し立ての手続費用、登記の手続費用 後見の事務に関する費用 成年後見人、監督人に対する報酬費用 等
費用の減免または助成	生活保護受給世帯へ派遣する場合の生活支援員の賃金は、国庫補助対象経費 自治体独自で減免している場合あり	●成年後見制度利用支援事業として申立費用・後見人への報酬の補助 　•介護保険制度の地域支援事業〔任意〕として実施（介護保険法第115条の45第3項） 　•障害者自立支援法の地域生活支援事業〔任意〕として実施（障害者自立支援法第77条第3項） ●リーガルサポート（司法書士会）による成年後見助成基金

61

コラム

当事者と代弁者の不在

　介護保険の基本的な考え方に「利用者本位」や「自立支援」があります。「自立」とは、一般的には、被扶養者であった人が就職などをして給与をもらうことで経済的に自立することや、これまで自分で食事摂取できなかった身体障害者などが自分の手で食べられるようになる場合の身体的な自立を表します。

　しかし、介護や福祉の領域では、認知症であっても、寝たきりであっても最後まで自分で判断や決定を行うことを尊重する「人格的な自立」の意味でも用いられます。ただ、重度の認知症などで意識が昏睡状態などにある人は自己判断すらできない場合も少なくなく、それでは適切な判断や決定を行うことすら難しくなります。そうした高齢者には、適切な自己決定やそのための支援、自己決定ができない場合の代弁者の確保が欠かせません。

　子どもや障害児の場合は、自己決定の支援や本人の代弁を保護者たる親が行うことで、子どもなどの権利や尊厳の主張は行われていると考えられます。しかし、こと高齢者については（一部の介護者団体などを除けば）、親族や配偶者が声高に、要介護者の権利や尊厳の主張を代弁することはあまりなされていないのが実情です。加えて、高齢者を支援する立場の専門家や業界団体からも政治を動かすような行動はありません。結果、介護保険制度は高齢者という当事者不在のまま、運営されているように映ります。例えば、「定期巡回・随時対応型訪問介護看護」のような漢字が並ぶ介護サービス名は本当に高齢者のために制定された言葉といえるでしょうか。

　制度の基本的な考えである「利用者本位」という言葉が看板倒れになっている感が否めません。

2章
介護保険サービスを利用するまで

一口に介護保険サービスといっても、
要介護認定を受けたうえで利用する「保険給付」と、
それを必要とせず利用できる「事業」とに大別されます。
その違いはどこにあり、
創設の狙いは何であるのかを読み解いていきましょう。

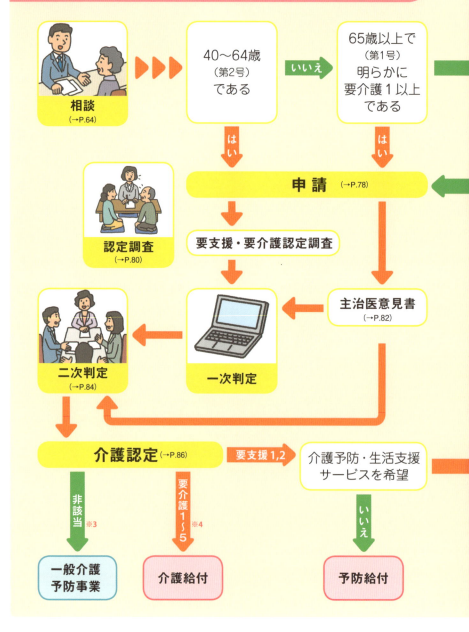

介護認定の「申請」に至るまでの流れは、市町村により異なる場合があります。しかし、一度、認定の申請をすれば、認定調査や二次判定を受けて確定するプロセスは全国共通です。

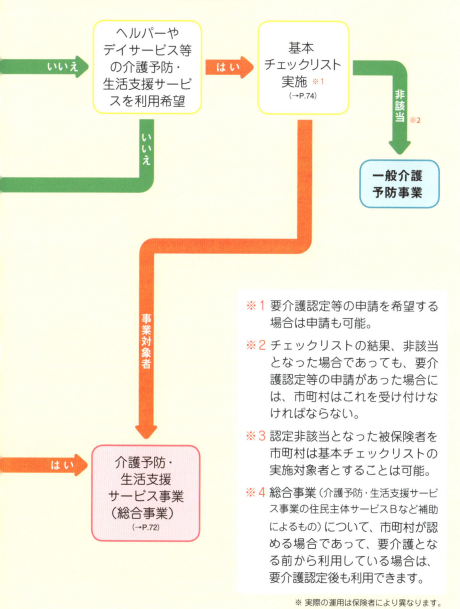

※1 要介護認定等の申請を希望する場合は申請も可能。

※2 チェックリストの結果、非該当となった場合であっても、要介護認定等の申請があった場合には、市町村はこれを受け付けなければならない。

※3 認定非該当となった被保険者を市町村は基本チェックリストの実施対象者とすることは可能。

※4 総合事業（介護予防・生活支援サービス事業の住民主体サービスBなど補助によるもの）について、市町村が認める場合であって、要介護となる前から利用している場合は、要介護認定後も利用できます。

※ 実際の運用は保険者により異なります。

01 介護の相談窓口、地域包括支援センター

介護保険の相談窓口は市町村によってさまざまですが、地域包括支援センターが一般的です。

市町村によって異なる介護相談の窓口

　介護保険の相談窓口は「高齢福祉課」「介護保険課」「すこやかセンター」など市町村によって呼称が違うだけでなく、出張所が設けられていることもあります。そして、障害福祉や後期高齢者医療保険とは別の窓口として設置され、保健師や社会福祉主事などの資格をもった職員が対応することも少なくありません。介護保険の介護給付と保健福祉事業など内容ごとに窓口が分かれている自治体もあります。

　そうした縦割り行政にまつわる課題を指摘する声などもあり、高齢者の介護関係の総合相談窓口として、ほとんどすべての市町村に設置されているのが地域包括支援センターなのです（この名称以外の設置も認められています）。

地域包括支援センターとは

　地域包括支援センターの責任主体は市町村です。ただし、設置そのものは市町村から委託を受けた法人も可能です。市町村内に複数の地域包括支援センターがある場合は、その統括を担う「**基幹型**」を設置する場合もあります。

　地域包括支援センターの役割は、被保険者が可能な限り住み慣れた地域で自立した日常生活を営むことができるように支援することです。介護サービスその他の保健医療サービス、福祉サービス、権利擁護のために必要な援助などを利用できるように導くだけでなく、高齢者虐待の防止や早期発見などの権利擁護事業、支援困難ケースへの対応などのケアマネジャー支援、時には福祉事務所や児童相談所との連携など制度横断的な調整も行います。

　設置の目安は、**第1号被保険者数3,000〜6,000人につき、保健師等、社会福祉士等、主任介護支援専門員等それぞれ1人ずつ**の配置です。

◆地域包括支援センターのイメージ

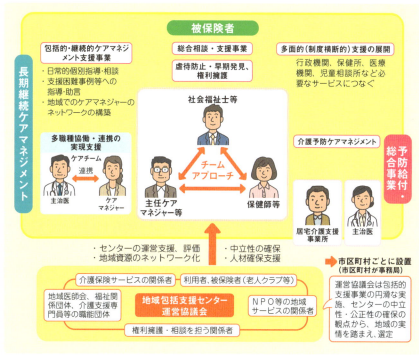

厚生労働省の資料に著者改変

◆地域包括支援センターと指定介護予防支援事業者の関係

　要支援者のケアプランを作成する介護予防支援事業者となるには市町村の指定が必要であり、その指定申請ができるのは地域包括支援センターだけです。

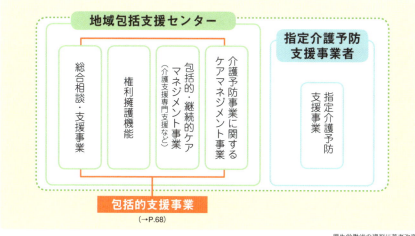

厚生労働省の資料に著者改変

02 地域包括支援センターの主な業務

保健師、社会福祉士、主任介護支援専門員などからなる専門職種がチーム支援を行います。

包括的支援業務と介護予防ケアプランの2大業務

地域包括支援センターには社会福祉士（ソーシャルワーク）、主任介護支援専門員（ケアマネジメント）、保健師（介護予防）の専門職が配置されています（または、これら専門職に準ずる者も可）。そのうえで、これらの3職種が互いに連携を図りながら、個々のケースに対処していくチームアプローチの手法がとられます。地域包括支援センターの業務は大きくは**包括的支援事業と介護保険の給付事業（介護予防支援）に大別されます**。

包括的支援事業には、①住民の各種相談を幅広く受け付ける総合相談事業、②ケアマネジャーへの支援、地域ケア会議などの開催といった包括的・継続的ケアマネジメント支援、③高齢者虐待などに対応する権利擁護などが含まれます。一方、介護保険の給付に関する事業としての**介護予防支援では、要支援者に対するケアプランを作成します**。なお、介護予防支援（および介護予防ケアマネジメント）はケアマネジャー（居宅介護支援）に委託することも可能です。

評価機関としての地域包括支援センター運営協議会

地域包括支援センターの業務は拡大化の傾向にあり、地域ケア会議の充実なども求められるようになっています。また、地域密着型サービスが開催する**運営推進会議**への参加やケアプラン点検事業の協力を求められることもあります。加えて、予防給付利用者への介護予防支援も担わなければならず、職員の定着率の低さが目立つ地域もあります。

なお、地域包括支援センターの運営は委託も認められていますが、運営には行政の機関としての公正・中立性が求められるため、評価機関として事業者・関係団体・被保険者などからなる**地域包括支援センター運営協議会**が市町村により設置されます。

●地域包括支援センターの主な業務

名称	主担当	目的	主な内容
総合相談支援・権利擁護業務	社会福祉士等	地域の高齢者が、住み慣れた地域で安心してその人らしい生活を継続していくことができるようにするために、どのような支援が必要かを把握し、地域における適切なサービス、機関または制度の利用につなげるなどの支援を行う	・地域関係者のネットワークの構築 ・戸別訪問や近隣住民からの情報収集などによる高齢者らの実態把握 ・総合相談 ・虐待、困難事例、成年後見制度利用、権利擁護など
包括的・継続的ケアマネジメント支援業務	主任介護支援専門員等	地域の高齢者が住み慣れた地域で暮らすことができるよう、主治医、ケアマネジャーとの多職種協働と、地域の関係機関との連携により、包括的・継続的なケアマネジメントを実現するための後方支援を行う	・地域のケアマネジャーに対する日常的個別指導・相談業務 ・支援困難事例等への指導・助言業務 ・施設・在宅を通じた地域における包括的・継続的なケアを実施するため、医療機関を含めた関係機関との連携体制を構築 ・ケアマネジャーのネットワーク構築など
介護予防ケアマネジメント業務	保健師等	自立保持のための身体的・精神的・社会的機能の維持向上を目標とする	・対象者の把握 ・アセスメント ・介護予防ケアプランの作成 ・サービス担当者会議 ・モニタリング ・評価 ・給付管理など

介護予防支援と介護予防ケアマネジメント

要支援者のケアプラン作成(介護予防支援)と総合事業対象者のケアプラン作成(介護予防ケアマネジメント)は帳票などもほとんど同じで、一見、違いがわかりにくいのですが、前者を担う看板は「指定介護予防支援事業所」であり、後者の場合は「地域包括支援センター」となります。

03 地域支援事業① 包括的支援事業と任意事業

①地域包括支援センターの運営、②社会保障の充実、③任意事業の3本柱で構成されています。

地域包括ケアシステム構築のための事業

　介護保険というと、ホームヘルプやデイサービス、老人ホームなどの介護サービスを思い浮かべがちですが、国は総合的な介護予防システム確立のために、要支援状態または要介護状態となる前の介護予防が重要だと考えています。要介護状態となった場合でも、介護サービスだけでなく、さまざまな生活支援サービスを利用しつつ、可能な限り住み慣れた地域で自立した日常生活を営むことができるよう、2006年度より施行されたのが**地域支援事業**です。

　比較的元気な高齢者から介護の予防を目指す高齢者層への制度上の事業と、そのための地域やサービス基盤づくりが地域支援事業の役割の一つです。加えて、地域包括支援センターの運営、さらには2015年度からは旧・介護予防訪問介護と旧・介護予防通所介護が地域支援事業の枠内へ移管したため、ボリュームが大幅にアップしました。地域全体のあり方と介護（予防）サービスなどとのあり方を大きくとらえた地域包括ケアシステム構築のための事業ととらえることもできます。

地域支援事業の財源構成

　地域支援事業は大きくは、①介護予防・日常生活支援総合事業、②包括的支援事業、③任意事業に分かれます。

　①の財源構成は居宅給付費と同様に、国・都道府県・市町村が50％、第1号と第2号被保険者の保険料で残り50％がまかなわれます。対して、**②③には第2号被保険者（40～64歳）の保険料は投入されず、その分を国・都道府県・市町村が負担します。**

コトバ

＊**地域ケア会議** ▶多職種、地域住民代表などにより個別ケース支援や地域の課題を検討する会議。

▼地域支援事業における包括的支援事業の概要

地域包括支援センターの運営	総合相談、権利擁護、包括的・継続的マネジメント事業などを行う
認知症総合支援事業	初期集中支援チームの関与による認知症の早期診断・早期対応や、地域支援推進員による相談対応等を行い、認知症の人本人の意思が尊重され、できる限り住み慣れた地域のよい環境で自分らしく暮らし続けることができる地域の構築を推進
在宅医療・介護連携推進事業	地域医師会等との連携により、地域の医療・介護関係者による会議の開催、在宅医療・介護関係者の研修等を行い、在宅医療と介護サービスを一体的に提供する体制の構築を推進
地域ケア会議*の充実	地域包括支援センター等において、多職種協働による個別事例の検討等を行い、地域のネットワーク構築、ケアマネジメント支援、地域課題の把握等を推進
生活支援体制整備事業	ボランティア等の生活支援の担い手の養成・発掘等の地域資源の開発やそのネットワーク化などを行う生活支援コーディネーター（地域支え合い推進員）の配置やNPO、民間企業、ボランティア等からなる協議体の設置等により、担い手やサービスの開発等を行い、高齢者の社会参加および生活支援の充実を推進

出典：厚生労働省

▼地域支援事業における任意事業の概要

　被保険者、要介護被保険者を現に介護する人、その他個々の事業の対象者として市町村が認める人が対象

介護給付等費用適正化事業	①認定調査状況チェック　②ケアプランの点検 ③住宅改修等の点検　④医療情報との突合・縦覧点検 ⑤介護給付費通知　⑥給付実績を活用した分析・検証事業 ⑦介護サービス事業者等への適正化支援事業
家族介護支援事業	①介護教室の開催　②認知症高齢者見守り事業 ③家族介護継続支援事業
その他の事業	①成年後見制度利用支援事業 ②福祉用具・住宅改修支援事業 ③認知症対応型共同生活介護事業所の家賃等助成事業 ④認知症サポーター等養成事業 ⑤重度のＡＬＳ患者の入院におけるコミュニケーション支援事業 ⑥地域自立生活支援事業

出典：厚生労働省

04 地域支援事業② 総合事業

> 身体機能、社会参加、居場所や生きがいづくりなど、さまざまな観点からの介護予防施策が行われているのが総合事業です。

幅広い観点からの介護予防策

　要介護もしくは要支援の認定を受けると、介護保険の給付を受けられますが、そうならないための介護予防が重要だと国（厚生労働省）は考えています。そのためには、機能回復訓練などの身体的なアプローチだけでなく、社会参加による役割や居場所の獲得による生きがいづくり、といったさまざまな観点から取り組めるように普及啓発や地域づくりを行おうとするものが**介護予防・日常生活支援総合事業**（以下、総合事業）です。

　従来、要介護者の利用はできませんでしたが、2021年度より（住民主体のサービスＢ型など）市町村の補助により実施される第１号事業のサービスについて、①要介護認定を受ける前から利用しており、②要介護認定後も継続利用を希望する場合は利用可能となりました（市町村判断）。

総合事業による一石四鳥は可能？

　2015年度に総合事業のモデルチェンジが行われた背景には、介護予防の推進と給付費の抑制の２つが大きく関係しています。

　介護予防のために、元気な高齢者にはボランティア活動や地域づくりに関わるサロンなどに積極参加してもらう。あわせて、介護予防サービスの担い手としても可能な範囲で活動してもらう。そうすれば介護人材不足の緩和に役立つばかりか、専門家が行うサービスよりも安価な代償でまかなえる。そうした一石二鳥どころか三鳥、四鳥も狙うかのような目論見が国にはありました。

　ただし、実際にはボランティアの成り手がほとんどいない地域が大半で、思惑通りには進んでいません。

▼総合事業における介護予防・生活支援サービス事業

要支援認定者もしくは基本チェックリスト該当者が利用対象者

サービス種別		サービス内容の例
訪問型サービス （第1号訪問事業）	訪問型サービス	訪問介護員による身体介護、生活援助
	訪問型サービスA	緩和した基準によるサービス、生活援助 等
	訪問型サービスB	住民主体の自主活動として行う生活援助 等
	訪問型サービスC	市町村の専門職、保健師等による短期集中予防サービス、居宅での相談指導 等
	訪問型サービスD	移送前後の生活支援
通所型サービス （第1号通所事業）	通所型サービス	生活機能の向上のための機能訓練
	通所型サービスA	緩和した基準によるサービス、ミニデイサービス 運動・レクリエーション 等
	通所型サービスB	住民主体による支援－体操、運動等の活動等、自主的な通いの場
	通所型サービスC	（市町村の専門職による短期集中予防サービス）生活機能を改善するための運動器の機能向上や栄養改善などのプログラム
その他の生活支援サービス		栄養改善の目的とした配食
		住民ボランティア等が行う見守り
		訪問型サービス、通所型サービスに準じる自立支援に資する生活支援（訪問型サービス・通所型サービスの一体的提供等）
介護予防ケアマネジメント （第1号介護予防支援事業）		上記サービスのケアマネジメント

※ 上記はサービスの典型例として示しているもの。市町村はこの例を踏まえて、地域の実情に応じた、サービス内容を検討する。

▼総合事業における一般介護予防事業

対象者は、**第1号被保険者**の**すべての者およびその支援のための活動**に関わる者

介護予防把握事業	収集した情報等の活用により、閉じこもりなどの何らかの支援を要する者を把握し、介護予防活動へつなげる
介護予防普及啓発事業	介護予防活動の普及・啓発を行う
地域介護予防活動支援事業	住民主体の介護予防活動の育成・支援を行う
一般介護予防事業評価事業	介護保険事業計画に定める目標値の達成状況などを検証し、一般介護予防事業の評価を行う
地域リハビリテーション活動支援事業	介護予防の取り組みを機能強化するため、通所、訪問、地域ケア会議、住民主体の通いの場などへのリハビリ専門職等による助言などを実施

05 基本チェックリスト

要支援相当の迅速なサービス利用を可能とする 25 項目の判定ツール。介護保険窓口などで 65 歳以上の被保険者（第 1 号）が対象です。

要介護認定を経ずにサービス利用を判断するツール

　要支援相当の人向けのホームヘルプやデイサービス（介護予防・日常生活支援総合事業における訪問型サービスや通所型サービス）などを利用するだけであれば、**要支援・要介護認定（以下、要介護認定等）を受けなくても、利用の可否が判断**できるように介護保険の申請窓口などで用いられるものが基本チェックリストです。

「事業対象者」はスピーディーなサービス利用可能

　運動機能の低下や低栄養状態、口腔機能といった介護予防に関する 25 項目の質問からなり、市町村窓口などでこれを実施することになります。これにより、介護予防・日常生活支援総合事業の対象者（以下、**事業対象者**）と**判定された場合は、その情報が地域包括支援センターへ提供され、介護予防ケアマネジメント**によりサービスを利用することになります。要介護認定等に通常 1 か月かかることに比べ、非常に迅速な処理が可能となったといえるでしょう。事業対象者に該当しないケースについては、すべての高齢者を対象とした一般介護予防事業の利用が勧められることになります（市町村により運用差があります）。

40 〜 64 歳（2 号）被保険者等は対象外

　希望するサービスが**訪問看護や福祉用具といった介護給付や予防給付である場合や 40 〜 64 歳までの被保険者（第 2 号）の場合などは要介護認定等の申請**をすることになります。

　なお、基本チェックリストの実施の結果、非該当となった場合であっても、要介護認定等の申請を不可とするものではありません。申請があった場合には、市町村はこれを受け付けなければなりません。

♥基本チェックリスト

No.	質問項目	回答		該当する基準	
1	バスや電車で1人で外出していますか	0. はい	1. いいえ		
2	日用品の買物をしていますか	0. はい	1. いいえ		
3	預貯金の出し入れをしていますか	0. はい	1. いいえ		
4	友人の家を訪ねていますか	0. はい	1. いいえ		
5	家族や友人の相談にのっていますか	0. はい	1. いいえ		
6	階段を手すりや壁をつたわらずに昇っていますか	0. はい	1. いいえ		
7	椅子に座った状態から何もつかまらずに立ち上がっていますか	0. はい	1. いいえ	〈運動機能の低下〉 □3項目以上に該当	
8	15分位続けて歩いていますか	0. はい	1. いいえ		
9	この1年間に転んだことがありますか	1. はい	0. いいえ		
10	転倒に対する不安は大きいですか	1. はい	0. いいえ		〈複数の項目に支障〉 □10項目以上に該当
11	6か月間で2～3kg以上の体重減少がありましたか	1. はい	0. いいえ	〈低栄養状態〉 □2項目に該当	
12	BMIが18.5未満である BMI＝体重（kg）÷身長（m）÷身長（m）	1. はい	0. いいえ		
13	半年前に比べて固いものが食べにくくなりましたか	1. はい	0. いいえ	〈口腔機能の低下〉 □2項目以上に該当	
14	お茶や汁物等でむせることがありますか	1. はい	0. いいえ		
15	口の渇きが気になりますか	1. はい	0. いいえ		
16	週に1回以上は外出していますか	0. はい	1. いいえ	〈閉じこもり〉 □No.16に該当	
17	昨年と比べて外出の回数が減っていますか	1. はい	0. いいえ		
18	周りの人から「いつも同じ事を聞く」などの物忘れがあると言われますか	1. はい	0. いいえ	〈認知機能の低下〉 □1項目以上に該当	
19	自分で電話番号を調べて、電話をかけることをしていますか	0. はい	1. いいえ		
20	今日が何月何日かわからない時がありますか	1. はい	0. いいえ		
21	（ここ2週間）毎日の生活に充実感がない	1. はい	0. いいえ		
22	（ここ2週間）これまで楽しんでやれていたことが楽しめなくなった	1. はい	0. いいえ		
23	（ここ2週間）以前は楽にできていたことが今ではおっくうに感じられる	1. はい	0. いいえ	〈うつ病の可能性〉 □2項目以上に該当	
24	（ここ2週間）自分が役に立つ人間だと思えない	1. はい	0. いいえ		
25	（ここ2週間）わけもなく疲れたような感じがする	1. はい	0. いいえ		

※ 上記のチェックボックス（□）に一つでも該当すれば、「事業対象者」に該当します。

ズバリ！解説

2021年度より、総合事業Ｂ型などが弾力化！

 要介護者の弾力化
【2021年度～】
※市町村の判断により実施

```
         要介護者                    要支援者
       （要介護認定）                （要支援認定）

  介護給付と事業の   事業のみの利用      事業のみを
  併用を希望する場合  を希望する場合     利用する場合

    居宅介護支援         介護予防ケアマネジメント
  （居宅介護支援事業所）    （地域包括支援センター）

      介護給付

         ＋

                                                介護予防・
  ①訪問型・通所型サービス、②その他の生活支援サービス（栄養改善を
  ※事業内容は、市町村の裁量を拡大、柔軟な人員基準・運営基準

         ＋

      一般介護予防事業（要支援者等も参加できる
```

従来、総合事業については要介護者は利用できませんでした。しかし2021年度より市町村判断で（住民主体のサービスB型など）市町村の補助により実施される第1号事業のサービスについて、①要介護認定を受ける前から利用しており、②要介護認定後も継続利用を希望する場合は利用可能となりました。要介護者が総合事業を利用する場合、それのみの利用なら地域包括支援センター主管での利用となりますが、他の介護給付と併用する場合は居宅介護支援事業所が主管となります。

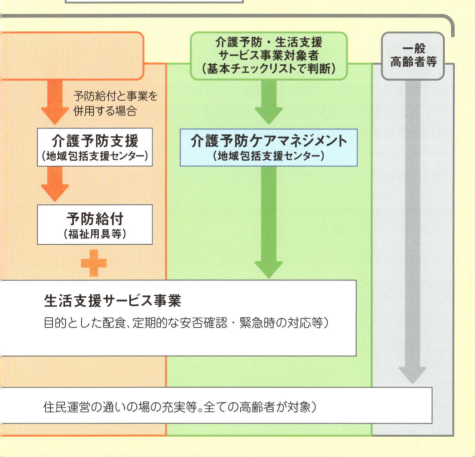

06 介護認定の申請

介護給付や予防給付を受けるためには要支援・要介護の認定が必要であり、65歳以上か否かによって手続きがやや異なります。

年齢により異なる申請手続き

　前項のチェックリストのみで利用が可能な介護予防・日常生活支援総合事業と違い、介護保険の給付を受けるには原則、要支援・要介護認定（以下、介護認定）を受けなければなりません。申請は市町村窓口や地域包括支援センターで受け付けており、本人が来所できない場合は親族などによる申請代行ができます。窓口では、65歳以上の被保険者（＝第1号被保険者）は被保険者証の提示を求められます。被保険者証は65歳到達時に全員に交付されていますが、紛失した場合は事前に電話などで相談する必要があります。

　一方、**40～64歳の被保険者（＝第2号被保険者）には被保険者証は認定前には交付されていないので、医療保険証の提示や申請書への特定疾病の記載**を求められます。保険者によっては第2号に限り、申請前に資格者証の交付を必要とするなど地域ごとで運用に差があります。

入院中の申請・調査も可能

　申請・調査は入院中でも可能です。退院直後から介護保険を利用したい場合は、それを見越して早期に申請・調査を申し込むとよいでしょう。ただし、申請から認定が下りるまでに1か月近く要するため、健康状態が不安定な時期に調査を受けると、認定が出た時点で健康状態が変わっており、実態と認定結果がそぐわない可能性もあります。そのため、がん末期など早急な対応が必要な場合を除き、健康状態がある程度、安定してから申請・調査を行うのが一般的です。

　申請は、①新規の申請　②認定区分の変更を求める変更申請　③認定の有効期間終了時の更新申請の3種類に大別されます。

▼介護保険要介護認定申請書

申請書様式は市町村によって若干異なりますが、概ね見本で紹介している形です。現行第２号被保険者にのみ求められている医療被保険者番号等について、今後は第１号被保険者にも求める様式に変更予定です。

1 被保険者番号

通常は65歳到達時に市町村から交付される被保険者証の内容を転記しますが、40〜64歳の２号被保険者は認定が下りるまで被保険者番号は付与されないため、初回申請時は未記入のまま申請します。第２号被保険者は健康保険証や国民健康保険などの医療保険証を添付します。なお、ここでいう被保険者証と後期高齢者医療保険証と混同することがありますが、87ページの介護保険のものを指します。

2 個人番号

未記入でも受理する自治体が大半です。記載した場合はマイナンバーカードなどの証明書の提示などを求められる場合があります。

3 主治医

認定に必要な主治医意見書を書いてもらう医師を記載します。医師によっては記載を拒む場合があるので、事前に内諾を得ておくのが無難です。

4 医療保険者名、特定疾病名

40〜64歳の第２号被保険者による申請には厚生労働省の定める16種類の特定疾病のいずれかの診断が必要であるため、該当する疾病名を記載のうえで医療保険証を添付して申請します。

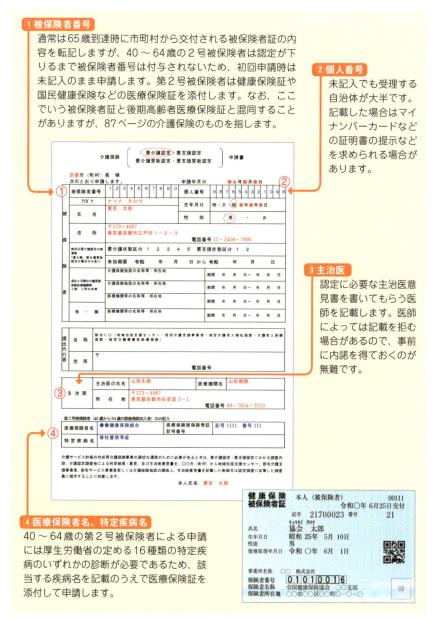

07 介護認定調査

調査員は74項目について小一時間ほどの面接による調査を行います。選択肢の根拠を書くべく、入念な聞き取りが行われます。

新規申請は原則、市町村職員が実施

通常、認定の申請から10日前後で自宅で面接調査は行われます。要支援・要介護の更新認定や認定区分の変更申請の際には、その調査を居宅介護支援事業所のケアマネジャーなどに委託する場合もありますが、**新規申請は原則、市町村**（もしくは指定市町村事務受託法人）の職員が行います。

認定調査票は利用サービス状況や家族状況などを記載する**概況調査**と**基本調査**、基本調査を詳述する**特記事項**の3つに大別されます。基本調査の項目は「身体機能・起居動作」「生活機能」「認知機能」「精神・行動障害」「社会生活への適応」の5群62項目と「特別な医療について」12項目の合計74項目からなります。

1か月以上前のことは反映されません

基本調査の評価の軸としては、歩行などの身体機能や意思の伝達ができるかという認知機能の**能力を評価する項目**、入浴時の洗身には誰かの介助が必要かといった**介助の方法**、そして、マヒや拘縮、認知症によるBPSD（徘徊、暴言、興奮など）などの**有無で評価する項目の3つ**に分かれます。例えば、「排尿」の項目では、介助なしに排尿を行っているか、見守りや声かけだけで可能か、もしくは一部介助が必要であるかなどの介助の方法についての選択肢があり、どれか一つを選択します。その際に、選択根拠として排尿の失敗の頻度や具体的な介助の方法などを特記事項に記載します。そのため判断に迷う部分などは微に入り際に入り質問を重ねる場合も少なくありません。

調査に反映する期間についても1年も前の出来事などは一切反映されず、原則的には、**調査日より概ね過去1週間程度**までです。BPSD関連の有無についても、**調査日より概ね過去1か月間**の出来事しか反映されません。

● 基本調査項目の概要

基本調査の項目は以下の通りです。

分類	番号	項目	分類	番号	項目
身体機能・起居動作	1-1	マヒ	認知機能	3-5	自分の名前を言う
	1-2	拘縮		3-6	今の季節を理解
	1-3	寝返り		3-7	場所の理解
	1-4	起き上がり		3-8	徘徊
	1-5	座位保持		3-9	外出して戻れない
	1-6	両足での立位	精神・行動障害	4-1	被害的
	1-7	歩行		4-2	作話
	1-8	立ち上がり		4-3	感情が不安定
	1-9	片足での立位		4-4	昼夜逆転
	1-10	洗身		4-5	同じ話をする
	1-11	つめ切り		4-6	大声を出す
	1-12	視力		4-7	介護に抵抗
	1-13	聴力		4-8	落ち着きなし
生活機能	2-1	移乗		4-9	一人で出たがる
	2-2	移動		4-10	収集癖
	2-3	嚥下		4-11	物や衣類を壊す
	2-4	食事摂取		4-12	ひどい物忘れ
	2-5	排尿		4-13	一人言・独り笑い
	2-6	排便		4-14	自分勝手に行動する
	2-7	口腔清潔		4-15	話がまとまらない
	2-8	洗顔	社会生活への適応	5-1	薬の内服
	2-9	整髪		5-2	金銭の管理
	2-10	上衣の着脱		5-3	日常の意思決定
	2-11	ズボン等の着脱		5-4	集団への不適応
	2-12	外出頻度		5-5	買い物
認知機能	3-1	意思の伝達		5-6	簡単な調理
	3-2	毎日の日課を理解	その他		特別な医療について
	3-3	生年月日を言う			
	3-4	短期記憶			

08 主治医意見書

認定調査と同様に認定に大きく影響を及ぼすのが主治医の意見書です。第2号の被保険者は特定疾病の記載が必須条件です。

大学病院等と主治医意見書

　介護認定において認定調査同様に重要かつ認定の結果を左右する資料が主治医意見書（以下、意見書）です。様式例を見ればわかるように、病気や健康状態がどのように日常生活に影響しているかといった視点を中心に医学的観点から記載されることが中心です。また、認定の結果が要支援となるか要介護となるかで利用可能なサービスが大きく異なりますが、その審査には、認知症が主治医意見書に反映されているか否かが大きく影響します。

　しかし、専門分化が進んだ大学病院などでは、基本的に診療科目以外の領域は扱いません。例えば、大学病院の呼吸器内科の専門医に認知症の相談をしても、他の認知症専門科目の受診などを勧めて終わってしまうでしょう。つまり呼吸器内科の専門医が認知症のことまで主治医意見書に記載することはあまり期待できません（大学病院などは多忙ゆえ書類作成に数か月かかる場合もあります）。

診療所と主治医意見書

　一方、地域で内科などを診療所として開業している医師は、健康状態全体を広く浅く診療しながら、必要な場合には専門医療機関などへ紹介・連携する運営形態です。前述の例でいえば、呼吸器内科も診れば、認知症も診て、それらを総合的に主治医意見書に記載する病院がほとんどです。その意味で、複数のかかりつけ医がいる場合でも、意見書は1人しか依頼できないため、より「介護の必要性」や「生活上の支障」について記載してもらえる医師を選ぶことが重要です。また、**第2号（40～64歳）被保険者については、主治医意見書の診断名について、厚生労働省の定める特定疾病が記載**されていることが認定の必須条件です。

♥主治医意見書

(主治医意見書の様式画像)

- 第2号被保険者の場合、特定疾病の記載が必要。
- サービス利用のための指示ではありません。
- 要支援2か要介護1に大きく影響する項目。

※2021年度には若干の様式変更が行われます。

ワンポイントアドバイス

主治医意見書は、介護認定およびケアプラン作成時に限ってのみ使用が許可されており、原則、利用者や家族への開示は行われません。

09 介護認定審査会

一次判定と調査票の特記事項、主治医意見書などを複数の人の目で見て、最終判断を行うのが認定審査会です。

人の目で、コンピューター判断を審査・修正

　介護認定のプロセスについては、訪問による認定調査と主治医意見書がコンピューターにかけられ判定がなされます（**一次判定**）。その判定内容について必要な修正を行い、最終的な介護認定を決定するのが**介護認定審査会**（以下、審査会）です（**二次判定**）。

　一つの審査会は保健、医療または福祉に関する学識経験を有する3～5人の委員からなり、**市町村長が任命**します。そして、保険者職員が事務や進行を行い、要介護認定区分の妥当性などを審査していきます。

　審査会では、被保険者に必要な療養について「認知症の急激な悪化が見込まれるため、早急に専門医の診察を受けることが望ましい」などの意見をすることもでき、それに基づき保険者はサービスの種類を指定することができます。その内容は被保険者証「**認定審査会の意見及びサービスの種類の指定**」に記載されます。ただし、これは被保険者のサービス利用権限を制限してしまうことになるため、記載されることは稀です。

審査会事務の簡素化が図られています

　認定審査会の開催が年間200回ほどになる保険者も少なくなく、学識者を確保できない地域などでは、地域医師会や福祉団体などからの推薦を受けた経験者が選任されている現状もあります。そして、認定を公正に行うという観点から原則として、**審査会委員は認定調査を行いません**。保険者職員も審査会委員にならないことが原則です。

　なお、認定審査会のための資料作成など保険者の事務負担も大きいため、2018年度から、認定の有効期間の延長や審査の簡素化がこれまで以上に拡大されました。

▼審査および判定の手順

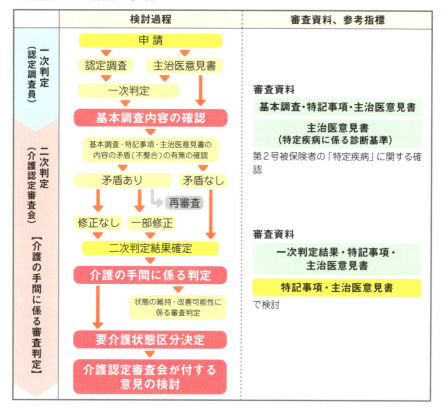

■要支援2と要介護1の分かれ目

　要支援2と要介護1では、利用できるサービスは大きく異なりますが、認定上の違いは微妙なもので、以下の基準で選別は行われます。

　要介護1の認定が下されるためには、その具体的な根拠が認定調査票の特記事項や主治医意見書に記載される必要があります。

- 脳卒中や心疾患、外傷等の急性期や慢性疾患の急性増悪期で不安定な状態にあり、医療系サービス等の利用を優先すべきもの。
- 末期の悪性腫瘍や進行性疾患（神経難病等）により、急速に状態の不可逆的な悪化が見込まれるものなど。
- 「認知症高齢者の日常生活自立度」（→P.271）が概ねⅡ以上の者であって、一定の介護が必要な程度の認知症があるもの。
- その他の精神神経疾患の症状の程度や病態により、予防給付などの利用に係る適切な理解が困難であると認められるもの。

10 要介護認定の結果通知と不服申し立て

申請から認定までは原則 30 日以内ですが、それ以上かかる場合も。認定が実態にそぐわない場合は変更の申請ができます。

認定には原則 30 日かかります

　申請から原則として 30 日以内には、非該当（自立）・要支援 1、2・要介護 1～5 のいずれかの認定が決定されます。しかし、実際には主治医意見書の遅れや認定調査に日時を要するなどの理由により、それ以上かかることも少なくありません。その場合、市町村は 30 日以内に被保険者に対して、**見込み期間と理由**を通知したうえで、認定の延期を行います。

　認定が決定した際には、認定結果通知書と認定結果が記載された被保険者証が郵送されます。被保険者証には要介護状態区分や認定の有効期間などが記載されており、**有効期間満了の 60 日前には更新申請の通知**が届きます。なお、住民票と異なる宛先への送付を希望する場合は、あらかじめ市町村に相談することが必要です。ちなみに、**認定の効力は申請日にさかのぼる**ため、認定の結果通知を待たずに介護保険サービスを利用できます。しかし、認定が下りず「自立」と判定されたり、区分支給限度基準額を超えてまで利用した分については保険が適用されず、全額自己負担となるので注意が必要です。

認定の変更には変更の申請を

　認定の結果について不服がある場合は、都道府県に設けられた**介護保険審査会（以下、審査会）に審査請求**を行い、処分の取り消しなどを求めることが可能です。しかし、これは処分の取り消しを行うだけなので、新規認定の場合は、再度、認定調査を受けなければなりません。認定区分の変更申請の結果を取り消した場合は、変更前の認定区分に戻ることになります。そして、この手続きはかなりの時間を要するので、**単に認定の結果を変更したい場合は要介護状態区分の変更の申請を行うほうがスムーズです**。ただし、再調査の結果、認定が希望どおりになる保証はありません。

▼ 被保険者証

Ⓐ 要介護状態区分等（要支援1・2、要介護1〜5または事業対象者）が記載され、状態区分に応じた給付を受けることになります。

Ⓑ 市町村が認定を行った年月日（総合事業の対象者は基本チェックリスト実施日）が記載されます。

Ⓒ 認定結果等の有効期間が記載され、期間が終了する60日前には更新申請の通知が保険者より送られます。

Ⓖ 保険料の滞納により、給付制限を受けている場合に記載されます。

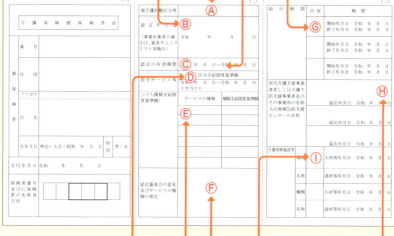

Ⓓ 要介護度に応じた1か月分の支給限度基準額が記載され、在宅などで介護保険の給付を受ける場合の上限となります。

Ⓔ サービスの種類ごとに支給限度基準額を設ける場合に記載されます。

Ⓕ 必要により、介護認定審査会からの意見が記載されます。サービスの種類の指定が行われたときは、利用できるサービスは、指定されたサービスに限定されます。

Ⓗ 居宅サービス計画もしくは介護予防サービス・支援計画の作成を依頼する事業所名などが記載されます。

Ⓘ 施設サービスを利用するとき、介護保険施設などで施設の種類や名称、入退所年月日が記載されます。

> 実際の介護保険サービスを利用する場合は、被保険者証と介護保険負担割合証の確認が重要ですが、紛失している場合などは、保険者（市町村）へ相談しましょう

要支援状態または、要介護状態の区分→P.270

11 認定の更新、変更

更新を希望する場合は終了前に更新申請を行います。心身の状態変化があったときは、期間内でも変更申請が可能です。

有効期間が終わる前に更新申請

被保険者証に認定の有効期間が記載され、その期限が過ぎると保険の給付は受けられなくなります。利用を継続するには更新の申請を行い、再度、認定調査等の一連の審査判定を受ける必要があります。

有効期間の終わる60日前を目安に保険者から更新の案内が届きますが、心身の状態は変わらなくても、予想以上に認定が軽く出てしまい、想定していた介護サービスなどが使えなくなる場合もあるので、早めの申請手続きが無難です。なお、**総合事業の事業対象者は有効期間は原則、ありません**。

心身状態が変化したときは変更申請

認定の有効期間内の途中で心身の状態などが変わり、認定の見直しが必要な場合は「要介護状態区分の変更申請」として、再度、認定調査を受けます。

変更申請の結果、区分の変更がなされた場合は変更の申請日にさかのぼって、保険給付に反映されるため、申請した際には担当ケアマネジャーなどへも伝える必要があります。

ただし、希望通りの認定になる保証はありません。従前と変わらない認定が下りる場合もありますし、従前よりも軽い認定が下りる場合もあります。また、要介護度が重くなることで使える介護保険サービス量や種類が増えることもありますが、同時に利用料金が上がる介護サービスもあります。

このように不確実要素があるため、現在の心身状態の認定が多少、見合っていない場合でも、介護保険の利用上、支障がなければ、必ずしも変更申請を行う必要はありません。

◆有効期間の原則

更新時の認定において、状態が安定していると見込まれる場合、保険者判断により最長で4年間の有効期間が設定可能となっています。

申請区分等		原則の認定有効期間	設定可能な認定有効期間の範囲
新規申請		6か月	3か月〜12か月
区分変更申請		6か月	3か月〜12か月
更新申請	前回要支援→今回要支援	12か月	🆕 3か月〜48か月
	前回要支援→今回要介護	12か月※	3か月〜36か月※
	前回要介護→今回要支援	12か月	3か月〜36か月
	前回要介護→今回要介護	12か月※	🆕 3か月〜48か月※

※ 状態不安定による要介護1の場合は、6か月以下の期間に設定することが適当です。

◆要介護状態区分別の状態像

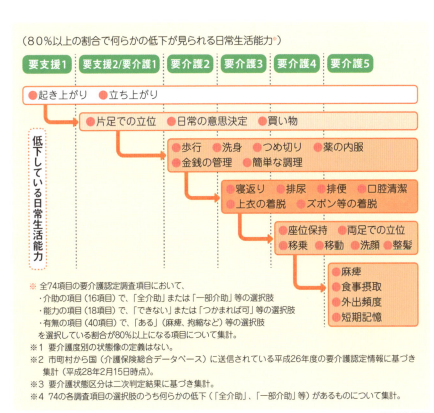

出典:厚生労働省

12 要介護認定と区分支給限度基準額

在宅では、要介護度に応じた保険給付の支給上限があり、それを超えた利用は全額自己負担となります。

在宅介護の給付抑止策

例えば、病院を受診して医療保険を使う場合、「月に5回までしか受診できません」などといった上限の規定はありませんが、自宅などで介護保険を利用する場合には、1か月当たりの給付上の上限が設定されています。それが「**区分支給限度基準額**」(以下、支給限度額)です。支給限度額は要支援1から要介護5まで各段階に応じて7段階に設定されており、**それを超えた介護保険利用については、全額自己負担となります**(総合事業におけるサービス事業対象者の支給限度額は市町村が設定)。これにより、保険利用を抑止し、給付費の膨張に歯止めをかけさせるといった役割を負わせています。

1単位はほぼ10円です

要支援1では、5,032単位が区分支給限度基準額になりますが、これは「約50,320円分相当の介護サービスまでは保険が適用される」という上限を表しています。1単位は、ほぼ10円ですが、厳密には、地域ごとの物価指数を反映できるように、地域ごとの細かい単価設定がなされています。

介護保険の給付は、要支援、要介護の認定申請を行った日から対象となりますが、実際の認定結果は申請から1か月近く待たなければわかりません。しかし、緊急で介護保険を利用したいのにもかかわらず、1か月も使えなくては困ってしまいます。そこで、この問題に対処するために通常は、**およその要支援、要介護の認定区分を想定し、支給限度額を超過しない範囲での、最低限の利用**とし、認定結果が明確に下りたら、あらためて、その認定結果に応じた保険利用に見直します。

●介護認定の申請日と保険適用期間

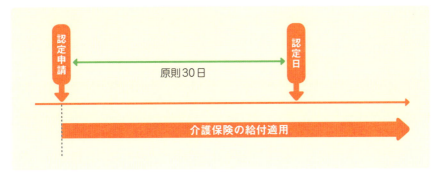

●区分支給限度基準額（在宅の場合）

想定の要介護状態区分以上に介護サービスを利用した場合など、給付の範囲を超えた部分は全額自己負担となる

区分支給限度基準額	5,032	10,531	16,765	19,705	27,048	30,938	36,217

　例えば、要介護4を想定し、28,000単位ほどの介護サービスを利用したところ、認定の結果が要介護1（区分支給限度基準額16,765単位）であったとすると、差額11,235単位の保険は給付されず、約11万円の自己負担となります（1単位が10円地域の場合）。

総合事業の事業対象者の支給限度基準額は5,032単位としている自治体が多い

コラム

新型コロナウイルスと地域づくり

　かねてより地域包括ケアシステム構築の名のもとに地域包括支援センターや生活支援コーディネーターが旗振り役となり、全国各地でサロンづくりや高齢者の居場所づくり、ボランティア運営による体操教室などが展開されてきました。それらは、団塊の世代が後期高齢者になる2025年や、少子高齢化が加速する2040年を見越してのものでした。公的サービスでは支えきれない可能性が高いため、元気な高齢者に地域づくりの担い手としの活躍を期待したのです。

　しかし、これら住民自らによるボランタリーな活動の多くが新型コロナウイルス感染症で打撃を受けました。歌唱をメインに活動していた団体・グループなどは、飛沫感染の可能性が高いということで自粛においやられています。高齢者は重症化しやすいということで引きこもる人も増えています。筆者の印象では、ストレスの高まりから高齢者虐待が増えています。若い人たちは、簡単にオンラインやSNSでつながれますが、高齢者は簡単ではありません。なにより、こうした間接的なつながりを「味気ない」と敬遠する人も多いようです。

　災害が起こると、避難所での高齢者の生活不活発病が問題になりますが、このコロナ禍でも増加していく可能性があります。コロナ禍における介護予防のあり方について、従来の考え方を変えていく必要があります。

自助	・介護保険・医療保険の自己負担部分 ・市場サービスの購入 ・自身や家族による対応
互助	・費用負担が制度的に保障されていないボランティアなどの支援、地域住民の取り組み
共助	・介護保険・医療保険制度による給付
公助	・介護保険・医療保険の公費（税金）部分 ・自治体等が提供するサービス

地域包括ケアシステムの構成要素

介護・リハビリテーション
医療・看護　保健・予防
生活支援・福祉サービス
すまいとすまい方
本人・家族の選択と心構え

3章
ケアマネジメントと利用料

介護保険では、保険給付に際し、
ケアマネジャーによるケアプラン作成などを前提として、
計画に基づく一元的な管理のもと、
効率的かつ効果的にサービスを提供する狙いがあります。
ただし、そのスタイルは施設か在宅か、
などの違いによって大きく異なります。

図解でスッキリ❸ ケアマネジメントとサービス利用の関係 <在宅>

介護保険サービス

利用者・家族等と面接のうえ、介護の課題を分析して、調整する介護サービス等を位置づけたケアプランを作成します

ケアマネジャー
（居宅介護支援事業所の介護支援専門員）

短期入所系
短期入所 など

通所系
地域密着型通所介護
通所介護
通所リハビリ など

訪問系
訪問介護
訪問入浴介護
訪問看護
訪問リハビリテーション など

環境整備
福祉用具貸与
[レンタル]
福祉用具購入
住宅改修 など

ケアプランに基づき個別サービス計画を作成し、利用者に介護サービスを提供します。

定められた負担割合（1〜3割）に応じた利用料金を支払う（原則、ケアマネジャーへの費用は全額、保険給付でまかなわれるため利用者負担は発生しない）。

94

多様な介護サービスや福祉サービスなどの社会資源を総合的、一体的、効率的に提供するしくみとして、ケアマネジャーがサービスの連絡調整を行う「ケアマネジメント」が介護保険では採用されました。

居宅、住宅型有料老人ホーム、サービス付き高齢者向け住宅、軽費老人ホームなど

「要介護者」に対しては居宅介護支援事業所がその提供機関であり、「要支援者」に対しては介護予防支援事業所の指定を受けた地域包括支援センターが提供します

ケアマネジメントとサービス利用の関係 <小規模多機能型居宅介護>

A社 小規模多機能型居宅介護

ケアマネジャー

宿泊

訪問

通所

> 小規模多機能型居宅介護に配置されているケアマネジャーが、利用者・家族等と面接のうえ、介護の課題を分析して、小規模多機能型居宅介護計画およびケアプランを作成します
>
> 看護小規模多機能型居宅介護はさらに訪問看護がセットになったサービスです

A社サービスは原則、月額包括（＝定額）報酬（他サービスは出来高払い）

居宅、
サービス付高齢者向け住宅、
住宅型有料老人ホーム など

定められた負担割合（1～3割）に応じた利用料金を支払う

小規模多機能型居宅介護はケアマネジメント、ホームヘルプ、デイサービス、ショートステイといった在宅メインのサービスが同一事業所の職員により提供されるのが特徴です。

C社
- 福祉用具貸与
- 福祉用具購入
- 住宅改修など

B社

- 訪問入浴
- 訪問看護
- 訪問リハビリ

訪問

環境・整備

小規模多機能型居宅介護の利用料金は、訪問サービスと通所サービスと宿泊サービスを組み合わせてサービス提供を行いますが、毎月、要介護状態区分に応じた定額料金です（宿泊費は別）。他の福祉用具貸与など居宅サービスをあわせて使う場合は、区分支給限度基準額から小規模多機能型居宅介護の単位数を引いた差額の範囲内であれば保険の給付対象となります（訪問介護、通所介護、短期入所生活介護などの併用は不可）。

	（予防）小規模多機能型居宅介護費（1月につき）
要支援1	3,438
要支援2	6,948
要介護1	10,423
要介護2	15,318
要介護3	22,283
要介護4	24,593
要介護5	27,117

3 ケアマネジメントと利用料 ▼ ケアマネジメントとサービス利用の関係（小規模多機能型居宅介護）

ケアマネジメントとサービス利用の関係 <介護保険施設など>

特別養護老人ホーム（地域密着型含む介護老人福祉施設）、介護老人保健施設、介護療養型医療施設、介護医療院、特定施設入居者生活介護（有料老人ホームなど）、認知症対応型共同生活介護などでは、各施設のケアマネジャーがケアマネジメントを行います。

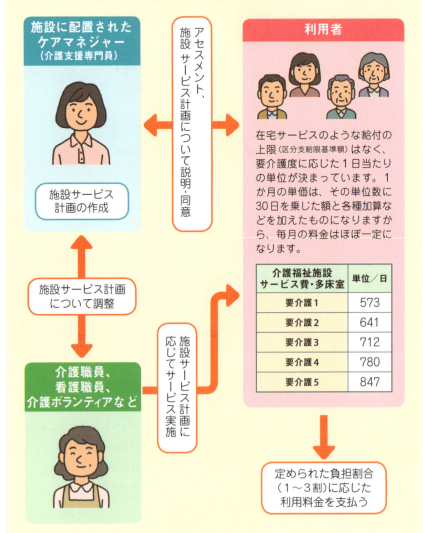

介護福祉施設 サービス費・多床室	単位／日
要介護1	573
要介護2	641
要介護3	712
要介護4	780
要介護5	847

> ズバリ！解説

施設ケアマネジャーと生活相談員の違い

　介護老人福祉施設（特別養護老人ホーム）には、生活相談員という従業者が配置されています。生活相談員とは、社会福祉主事任用資格取得者や社会福祉士であることが求められていますが、実は、その業務内容は明確に規定されていません。実際に担っている業務は、入退所時の対応から、利用者、家族との連絡調整、ケアプラン作成に関わるアセスメントなど、本来、ケアマネジャーが担う業務を行っている場合が少なくありません。

　さらに、行事やイベントなどの準備から実習生の受け入れ対応、防災対応や設備管理、苦情対応など施設全体の「なんでも屋」的な業務を行っている場合もあります。これは、介護保険前から生活相談員が施設全体のマネジメントを担っていた名残りに加え、介護保険できちんと、その責務が規定されていないことに由来します。

　一方、ケアマネジャーは、介護保険制度発足に伴って、ケアプラン作成やサービス担当者会議などサービス調整に特化した職種として誕生し、その責務も細かく規定されました。しかし、介護老人福祉施設のケアマネジャーは生活相談員と兼務も可能ですから、その境界があいまいなまま双方の業務に従事していることも少なくないのです。加えて、生活相談員には兼務や専任などの規定がなく、その業務内容は施設によってバラバラなのです。それは、類似の業務を担うケアマネジャーの業務も標準化されていないことを意味します。

　これらが、利用者や家族が施設と交渉する際のわかりづらさの一因です。施設や業務内容の対応窓口がバラバラであるため、「誰に相談していいのかわからない」事態を生み出すからです。

　そもそも、ケアマネジメントは多様な社会資源を一元的に管理・調整するには有効なシステムなのですが、本来的に「一体的なサービス提供」を前提とする施設介護に適しているとは言い難い面があります。

01 保険給付の支払い方法

保険給付の支払い方法は介護サービスを給付として受ける現物給付と、一旦全額支払い後、給付額を受け取る償還払いに分かれます。

給付手段の多くは現物給付

　要支援・要介護認定を受けて介護保険サービスを利用する場合、被保険者（以下、利用者）は、その料金の１～３割を負担し、残り７～９割は保険給付の支払いとして受け取ります。この７～９割の支払い方法については大きく２つに分かれ、一つは（利用者に支払われる代わりに）**介護サービス事業者へ直接、支払われる方法（代理受領方式）**で、多くの介護サービスの支払い方法はこれに該当します。このとき、利用者は現金ではなく介護サービスそのものを給付として受けるため「**現物給付**」ともいいます。現物給付の条件としては、認定申請後に、ケアプランに位置づけられた指定事業者からの介護サービスであるなど諸条件があります。

一部の給付は後払いの現金で

　他方、利用者への給付が現金で支払われる方法もあります。これは、一旦、利用者が全額の10割分の費用を支払い、あとから給付費を保険者から受け取る方法です（**償還払い**）。**償還払いは一般的には住宅改修や福祉用具購入の際の支払い方法**ですが、一部の地域では利用者の負担軽減のために、事業者が利用者に代わって給付額の立て替えをし、利用者に代わって給付額を受け取る「**受領委任**」も採用されています。

　また、償還払いは介護保険料に滞納がある場合やケアプランに位置づけのない在宅サービスを利用した場合にも適用されます。この場合、利用者はサービス事業者からサービス提供証明書や領収書を受け取り、それらを添付して保険者に給付額の申請を行います。一部の自治体などではケアプランに記載がないサービスは給付されない、といった誤った解釈がまかり通っていますが、ケアプランにない場合も償還払いで給付可能です。

■現物給付

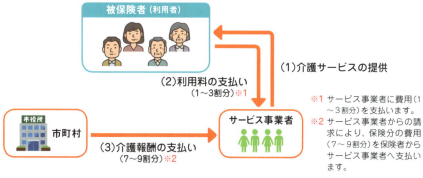

▼現物給付の条件（例）

①要支援、要介護の認定を受けている（申請している）。
②サービス提供時に被保険者証などの提示を受けた。
③指定事業者からのサービスである。
④居宅介護支援事業所のケアマネジャーのケアプランに記載された介護サービスである（在宅サービス）。
⑤被保険者が保険者に（事前届出のうえで）自分でケアプランを作成する（在宅サービス）。

■償還払い

▼償還払いとなる場合（例）

①ケアプランがないまま、指定居宅サービスを利用したとき。
②ケアプランに位置づけられていないサービスを利用したとき（限度額内の利用のみ）。
③保険料の未納や滞納により、「支払方法の変更」がされているとき。
④住宅改修や福祉用具購入費の支給を受けるとき。

02 サービスの質と評価基準

制度上、介護サービスの質をチェックしたり、評価するしくみがありますが、有効に機能しているものは少ないのが実情です。

乱立するチェック・システム

営利企業など多様な法人の参入を認めている介護保険制度は、そのサービスの質を評価し、質の向上につながるような取り組みが複数設けられています。

まず、グループホーム（認知症対応型共同生活介護）については、外部の者による評価（**外部評価**）もしくは**運営推進会議**における評価のいずれかを受けて、その結果を公表しなければなりません。また、特別養護老人ホームなどを運営する社会福祉法人などは社会福祉法上で第三者による評価の努力義務が課されており、これも多くの事業者が実施しています（**福祉サービス第三者評価**）。加えて、通常３～５年ごとに、ほぼすべての介護サービスは都道府県または市町村による立ち入り検査（**実地指導**）が行われるのが通常です。さらに、すべての介護サービスは定期的に事業所の詳細情報をインターネット上で公表することも介護保険法で義務づけられており、利用者のサービス選択時に資する制度設計になっています（**介護サービス情報公表**）。

介護サービス情報公表の課題

このようにさまざまな法制度の下、さまざまな受託機関や行政機関が介護サービス事業者の質の評価や改善に取り組んでいます。それらが本当にサービスの質向上につながっていればよいのですが、残念ながら、評価基準が抽象的かつあいまいであったり、単なる書類のチェックに終始するものも少なくありません。特に、介護サービス情報公表については、原則、すべての介護サービスに義務づけられており、かつ、多くの手数料が流れているにもかかわらず、92.5％の利用者・家族が「利用したことがない」という統計データ（公正取引委員会）もあります。介護人材不足が問題視される状況下で、今後は事業者への負担も考慮し、かつ、本当に役立つ評価制度の構築が望まれます。

■インターネット「介護サービス情報の公表システム」の例

　訪問介護は非常勤の従業者が多く活躍するサービスです。下の図表のC社については、前年度に多くの非常勤が退職していることが気になりますが、5年以上の従業者の定着数も非常に多く、安定していることがうかがえます。

			A社	B社	C社	D社
訪問介護員の前年度退職者数		常勤	2人	1人	0人	0人
		非常勤	4人	1人	8人	2人
訪問介護業務に従事した経験年数	1年未満	常勤	0人	0人	0人	0人
		非常勤	0人	2人	0人	2人
	1〜3年未満	常勤	3人	1人	0人	2人
		非常勤	2人	3人	0人	3人
	3〜5年未満	常勤	1人	0人	0人	0人
		非常勤	3人	0人	2人	7人
	5〜10年未満	常勤	3人	0人	3人	0人
		非常勤	4人	4人	10人	8人
	10年以上	常勤	4人	5人	4人	1人
		非常勤	4人	4人	10人	7人
	経験年数5年以上の割合	常勤	63.60%	83.30%	100%	33.30%
		非常勤	61.50%	61.50%	90.90%	55.60%
訪問介護員資格	介護福祉士	常勤	8人	6人	7人	2人
		非常勤	4人	11人	10人	13人
	実務者研修	常勤	3人	0人	0人	1人
		非常勤	1人	2人	0人	0人
	介護職員初任者研修	常勤	1人	0人	0人	0人
		非常勤	7人	0人	12人	2人

▼サービス選択時の留意点

サービス種別	一口にヘルパーが訪問するサービスといっても訪問介護だけでなく、小規模多機能型居宅介護や定期巡回・随時対応型訪問介護看護まであり、長期的なビジョンをもった選択に留意が必要です
設立年数	介護保険前からの老舗事業所もあれば、新規参入したばかりの事業所もあります。老舗事業者には安定感と硬直性が、新規事業者には柔軟性と不安定感がつきものです
法人種別	医療法人、社会福祉法人、株式会社、NPO法人、生活協同組合などさまざまな法人格が参入しています
所在地	近隣の事業者であれば迅速な対応が見込まれる反面、近すぎて気づまりに感じることもあります
系列事業者数	介護事業を全国的に広域展開している法人もあれば、都道府県単位で展開している法人、一事業所のみで小さく展開している事業所までさまざまです
従業者数	従業者の種類はさまざまで正規・非正規の雇用形態に加え、資格の有無、労働時間の長さなどさまざまです。また、ホームヘルパー（訪問介護員）などは登録制で複数の事業者に掛け持ちで雇用されている場合も少なくありません
系列サービス種別	施設から在宅、訪問系サービスから通所系サービスまで多種多様なサービスを展開し、一法人で囲い込みを推進する法人もあれば、一つのサービス種別のみを展開する法人もあります。囲い込み度が高い場合、関係が良好であれば安心につながりますが、反面、外部の事業者などに変更する余地が狭まる傾向にあります

03 国保連合会と介護給付費の流れ

事業者からの介護給付費の請求の審査および支払い業務を保険者に代わって国民健康保険団体連合会が都道府県単位で行います。

介護給付費の請求は国保連を経て保険者に

　介護保険の給付は通常、現金ではなく介護サービスそのもので行われます（**現物給付**）。例えば、介護保険施設やグループホーム（認知症対応型共同生活介護）では施設ケアプランに則って介護サービスを提供し、その介護給付費の利用者負担額を利用者に請求します（負担割合証で定められた割合）。そして、残りの介護給付費を保険者へ請求しますが、この請求の審査・支払い事務は膨大であるため、保険者は**国民健康保険団体連合会**（国保連）に委託できることになっています。

　介護保険施設などは請求書を国保連へ送り審査を受けます。審査を通過した請求は保険者へ送られ、保険者から再び国保連を経て介護保険施設などへ支払われます。**国保連は都道府県単位で設置**されており、他県の保険者へ請求する場合は、事業所が所在している都道府県の国保連合会へ請求を行うことで、支払いを受けることができます。なお、国保連には**介護給付費審査委員会**が設置されており、必要な場合には、都道府県知事の承認を得て、介護サービス事業者などに対して、出頭や説明を求めることができます。

在宅介護サービスはケアプランとの突合を経て請求

　在宅介護サービスは、介護保険施設と異なり複雑な出来高払いのため、給付額が膨張する可能性があります。そこで、給付額を管理するために、要支援・要介護度別の給付上限（区分支給限度基準額）が設けられているだけでなく、個々の介護サービスの介護給付費も在宅ケアマネジャー（居宅介護支援事業所）がケアプランに位置づけた額しか支払われません。ケアマネジャーは**給付管理票を国保連に提出**し、国保連は介護サービス事業者の請求書と突合します。突合の結果、請求が多すぎる場合には取り下げ、再請求しなければなりません。

▼介護保険施設の場合

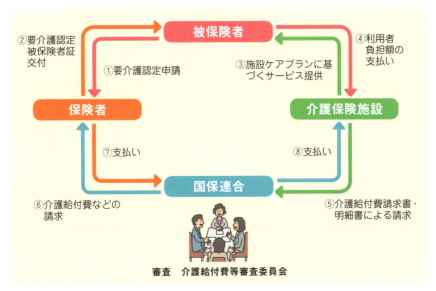

▼居宅ケアマネジャー（居宅介護支援）を介して在宅サービス利用する場合

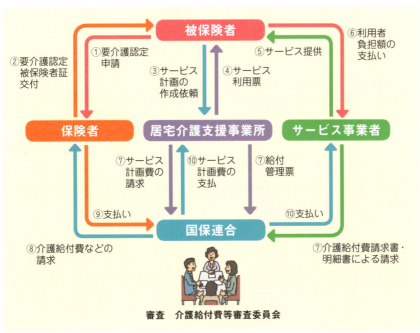

出典：鳥取県の国保連合会。一部改変。

04 利用者負担と割合

介護保険サービスを利用した際には、その所得に応じて定められた負担割合（1〜3割）により利用料金を支払います。

利用者の自己負担

　介護給付・予防給付について、生活保護受給者をのぞき、利用者は利用した額の1〜3割を負担します。負担の割合は前年の収入状況をもとに決定され、毎年6〜7月頃、保険者より**負担割合証**が交付されます。ただし、世帯構成の変更や所得の更正があった場合は、期間中（8月1日〜翌年7月31日まで）でも負担割合が変更となる場合があります。また、保険料滞納により給付の減額が適用されている場合は、そちらの負担割合が適用されます。

　なお、介護サービスを利用する場合の利用者負担には月々の負担上限額が設定されており（**高額介護サービス費**）、一律に負担割合によった額を負担するとは限りません。ちなみに、介護保険施設に入所した場合などの食費や滞在費などは原則、給付対象ではありません。

　ちなみに、訪問看護などの在宅医療系サービスについては、その利用者負担が医療費控除の対象となります（→P.176）。おむつ代についても条件を満たした場合には、医療費控除対象です。

相続等による一時的な所得増に注意

　負担割合については、一旦、決定すると通常は同じ割合がその後も続く傾向にあります。しかし、時に相続などにより一時的に所得が増え、それに伴い負担割合が増加する場合も散見されるため、介護サービス事業者は毎年8月には確認を怠らないことが重要です。

　なお、介護保険料を2年以上、滞納した場合に1〜2割負担者はペナルティとして負担割合が3割に、3割負担者は4割となるので注意が必要です。

▼利用者の自己負担の概要

| 支給限度基準額を超えたサービス費用※1 | 予防給付・介護給付 | 居住費・滞在費 | 食費 | 日常生活費等※3 |

1〜3割負担※2

- 高額介護サービス費や高額医療合算サービス費による1割負担の軽減
- 特定入所者介護サービス費（補足給付）による居住費・滞在費、食費の軽減

※1 在宅サービスについては、要介護度に応じた支給限度基準額（保険対象費用の上限）が設定されている。
※2 居宅介護支援は全額が保険給付される。負担率は負担割合証により示される。
※3 日常生活費とは、サービスの一環で提供される日常生活上の便宜のうち、日常生活で通常必要となる費用。
（例：理美容代、教養娯楽費用、預かり金の管理費用など）

▼利用者負担割合の具体的な基準

利用者負担割合	対象となる人
3割	以下の1. 2. に該当する場合 1. 本人の合計所得金額が220万円以上 2. 同一世帯にいる65歳以上の人の「年金収入＋その他の合計所得金額」が、単身の場合340万円以上、2人以上世帯の場合は463万円以上
2割	3割に該当しない人で、以下の1. 2. に該当する場合 1. 本人の合計所得金額が160万円以上 2. 同一世帯にいる65歳以上の人の「年金収入＋その他の合計所得金額」が、単身の場合280万円以上、2人以上世帯の場合は346万円以上
1割	2割、3割に該当しない人、40歳〜64歳の人（第2号被保険者）、住民税非課税者、生活保護受給者（生活扶助として支給）

▼介護保険負担割合証

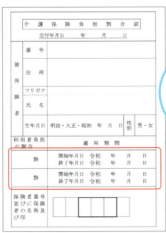

利用者負担の割合の適用期間が記載されています 適用期間内に割合が変更となる場合は、上段に変更前の割合、下段に変更後の割合が記載されます

05 保険料や居住費・食費の軽減策

介護保険の利用者負担には低所得者対策のほかに、失業や不作・不漁などによる著しい収入減の時の減免なども用意されています。

生活保護と境界層措置

　介護保険の負担軽減策については、まず、生活保護受給者は保険料や介護の費用が生活保護より支給されるため実際の負担はありません。また、保険料や介護保険施設の食費など高い段階の料金を設定すると生活保護になってしまう低所得者層には、より低い段階で対応する制度（**境界層措置**）もあります。境界層の証明は福祉事務所が行いますが、該当した場合には、保険料滞納時の給付減額（9割給付が7割給付に減額など）が適用されないなど、段階的な軽減措置があります。

介護保険施設は居住費、食費にも軽減策があります

　特別養護老人ホームなどの介護保険施設の**居住費と食費については、低所得者は負担の上限**が定められており、それを超える額は介護保険から給付されます（**特定入所者介護サービス費**）。

　負担軽減制度については、その他、社会福祉法人や市町村が行う介護保険事業の利用料を軽減する制度（**社会福祉法人等による利用者負担額軽減制度**）や災害や疾病、失業、自然災害などによる農作物の不作、不漁などにより収入が著しく減少した場合の利用料の減免（**居宅介護サービス費等の額の特例**）や自治体が独自に設けているものなど各種あります。

　なお、住民税課税世帯は、原則として介護保険施設等に入所（院）した際の居住（滞在）費と食費の負担額の軽減はありませんが、世帯構成員の一方の人が施設に入所し食費・居住費を負担した結果、在宅で生活する人が生計困難な場合には、一定の条件のもとで減額措置も設けられています（**市町村民税課税層における食費・居住費の特例減額措置**）。

▼特定入所者介護サービス費（補足給付）のイメージ

標準的な費用の額（基準費用額）と負担限度額との差額を特定入所者介護サービス費として施設に給付することで、利用料を補足することから「補足給付」とも呼ばれます。

基準費用額
→ 食費・居住費の提供に必要な額

補足給付
→ 基準費用額から負担限度額を除いた額

▼介護保険施設の利用者負担段階と負担限度額（1日当たり）

対象者は以下の要件をすべて満たしていて、下記の表で利用者負担段階第1段階から第3段階までに該当する人です。

・市町村民税非課税世帯であること（世帯分離をしていても、配偶者が非課税であること）

・預貯金額などの合計が単身の場合は、1,000万円以下、夫婦の場合は2,000万円以下であること

適用されるのは、特別養護老人ホーム、介護老人保健施設、介護療養型医療施設、介護医療院および、それらによるショートステイ、地域密着型介護老人福祉施設のみです。

利用者負担段階	主な対象者	居住費（滞在費）						食費
		ユニット型個室	ユニット型個室的多床室	従来型個室・特養等	従来型個室・老健等	多床室・特養等	多床室・老健等	
第1段階	生活保護受給者または老齢福祉年金受給者（世帯全員が住民税非課税者）	820円	490円	320円	490円	0円	0円	300円
第2段階	世帯全員および配偶者が住民税非課税で、本人の課税対象年金収入額＋合計所得金額＋非課税年金収入が80万円以下の方	820円	490円	420円	490円	370円	370円	390円
第3段階	世帯全員および配偶者が住民税非課税で、本人の課税対象年金収入額＋合計所得金額＋非課税年金収入が80万円を超える方	1,310円	1,310円	820円	1,310円	370円	370円	650円
第4段階	上記以外の人	施設との契約により決まります						
基準費用額（標準的な費用の額）の日額		2,006円	1,668円	1,171円	1,668円	855円	377円	1,392円

※2021年8月以降の改定内容はP275参照

3 ケアマネジメントと利用料 ▼ 保険料や居住費・食費の軽減策

06 高額介護サービス費と高額医療合算介護サービス費

利用料の負担を軽減するために、負担上限額が設けられており、それを超過した場合は、超過分が支給されます。

高額介護サービス費

　介護保険サービスを利用した場合にかかる費用を大別すると、①介護の費用と②その他の費用になります。①の介護の費用について、被保険者ごとに定められた負担割合に応じ1～3割の負担を支払います。しかし、その**支払い額の1月の合計が高額となり、自己負担の上限額を超えた場合は、申請により超過分が後から支給されます（高額介護（介護予防）サービス費）**。ただし、福祉用具購入費、住宅改修費、施設における居住費（滞在費）、食費などの利用者負担は含まれません。自己負担の上限額については所得区分で設定され、所得が上がるほど、上限額も上がります。該当者には保険者から通知が届きます。また、在宅の場合は要介護度別に設定されている**区分支給限度基準額を超えた額は全額自己負担となりますが、この超過額は高額介護（介護予防）サービス費の対象とはなりません**。

高額医療合算介護サービス費

　上記は介護保険に限定したものですが、医療保険の自己負担額とあわせて計算し、その自己負担合計から上限を超えた場合に超過分が支給される制度もあります（**高額医療合算介護サービス費**（高額医療・高額介護合算制度））。先の高額介護サービス費が月ごとの費用を対象とするのに対して、こちらは**1年分の合計額**を対象とします。具体的には、医療保険と介護保険で、それぞれの限度額（1か月）を適用した後、年間の自己負担額を合算して限度額を超えたとき、申請により、その超えた額が後から支給されます。同じ医療保険の世帯で、医療保険と介護保険の両方に自己負担額がある世帯が対象になります。該当者には医療保険者から通知が届きます。

▼高額介護（予防）サービス費の自己負担限度額について（月額）

利用者負担段階区分	世帯の上限額
生活保護の受給者等	15,000円
世帯全員が住民税非課税で、本人が老齢福祉年金の受給者の場合	24,600円
世帯全員が住民税非課税で、本人の合計所得金額と課税年金収入額の合計が80万円以下の人	24,600円
世帯全員が住民税非課税で、本人の合計所得金額と課税年金収入額の合計が80万円を超える人	24,600円
住民税課税世帯の人	44,400円
新 年収約383万～約770万円	44,400円
新 年収約770万～約1160万円	93,000円
新 年収約1160万円以上	140,100円

※新は2021年8月から施行予定

▼高額医療・高額介護合算制度における世帯の負担限度額（年額）

基準総所得額※	70歳以上	70歳未満
901万円超～	212万円	212万円
600万円超～901万円以下	141万円	141万円
210万円超～600万円以下	67万円	67万円
210万円以下（一般）	56万円	60万円
住民税非課税世帯	31万円	34万円
住民税非課税世帯で、世帯全員に所得がない世帯（公的年金控除額を80万円として計算）	19万円	

※ 基準総所得額とは、医療保険の保険料の計算のもとになる所得金額のことで総所得金額等から住民税の基礎控除（33万円）を控除した額です。

ここがポイント！

ケーススタディ

例えば、要介護3で、世帯全員住民税非課税の人（上限額24,600円）が、自己負担額28,300円のサービスを利用した場合、（28,300円－24,600円＝）3,700円が高額介護サービス費として払い戻されます。

07 ケアマネジャーとは

ケアマネジャーは施設、在宅などさまざまな介護サービスに配置されており、主に介護サービスや従業者と連絡調整を行います。

ケアマネジャー（介護支援専門員）とは

要介護者やその家族に相談に応じながら、必要な介護サービスを利用できるように、介護サービス事業者などと連絡調整を行う専門家がケアマネジャーです。

ケアマネジャーは特別養護老人ホーム（介護老人福祉施設）などの施設では100人の利用者数に応じて1人以上の配置が必須で、施設内の利用者に必要な介護が提供されるように連絡調整を行います。在宅では、主に**居宅介護支援事業所**に配置されたケアマネジャーが利用者に必要なホームヘルプ（訪問介護）やデイサービス（通所介護）などと連絡調整します。

ケアマネジャーは、利用者や家族の意向を中心としながらも、利用者の自立支援を目的とした計画性のあるものとなるように事前に聞き取りや介護課題の分析（アセスメント）を行い計画（ケアプラン）を作成します。

ケアマネジャーになるには

ケアマネジャーになるには、介護支援専門員実務研修受講試験に合格し、介護支援専門員実務研修の課程を修了する必要があります。試験を受けるには、**保健医療福祉分野での実務経験（医師、看護師、社会福祉士、介護福祉士など）が5年以上**必要です。

資格取得者の内訳としては介護福祉士が最も多く全体の6割以上を占めています。次いで看護師や社会福祉士となっています。ホームヘルパー2級（介護職員初任者研修）などでも一定の実務経験がある人には受験資格がありましたが、2017（平成29）年度の制度改正によりなくなりました。

ケアマネジャーの配置先

　ケアマネジャーは介護保険施設だけでなくグループホーム（認知症対応型共同生活介護）や特定施設入居者生活介護、小規模多機能型居宅介護、居宅介護支援事業所などさまざまな介護保険サービスに配置されています。担当利用者のケアプランを作成し、介護サービスや従業者を調整する意味では同じ業務内容といえますが、実際には、コーディネートする介護サービスの種類や幅がまったく違い、施設と在宅では別の仕事といっても過言ではありません。

◆主なケアマネジャー合格者の基礎資格（いずれも通算5年以上の経験が必要）

介護福祉士／社会福祉士／看護師／理学療法士／はり師・きゅう師／作業療法士／准看護師／栄養士（管理栄養士を含む）／柔道整復師／薬剤師／あん摩マッサージ指圧師／精神保健福祉士／保健師／歯科衛生士／歯科医師／医師／生活相談員／支援相談員など

◆ケアマネジャーの配置先

- 居宅介護支援事業所
- 特定施設入居者生活介護
- 小規模多機能型居宅介護
- 看護小規模多機能型居宅介護
- 認知症対応型共同生活介護
- 地域密着型特定施設入居者生活介護
- 地域密着型介護老人福祉施設入所者生活介護
- 介護老人福祉施設
- 介護老人保健施設
- 介護療養型医療施設
- 介護医療院

◆ケアマネジャーの主な規定業務

- 利用者・家族に面接を行い介護課題の分析（アセスメント、精査・分析）
- ケアプラン原案の作成（目標設定とその具体策の設定）
- サービス担当者会議（打ち合わせ）
- サービス実施状況の把握（モニタリング、計画実行後の振り返り）
- 必要時のケアプラン変更

◆ケアマネジャー取得後の研鑽

　アマネジャーの資格は5年ごとの更新制です。また、ケアマネジャー実務が5年以上で諸条件を満たした場合には、他の保健医療サービスとの連絡調整や他のケアマネジャーに対する助言、指導などの研修課程を備えた主任ケアマネジャー（主任介護支援専門員）を受講し、都道府県に登録することも可能です。

　なお、ケアマネジャーは介護保険法上に規定され、都道府県に登録する公的な資格ですが、国家資格ではありません。主任ケアマネジャーは介護保険法上には規定されておらず、厚生労働省の定める研修を受講することが要件であるため、その研修内容などは定期的な見直しが繰り返されています。

介護認定からサービスを利用するまで

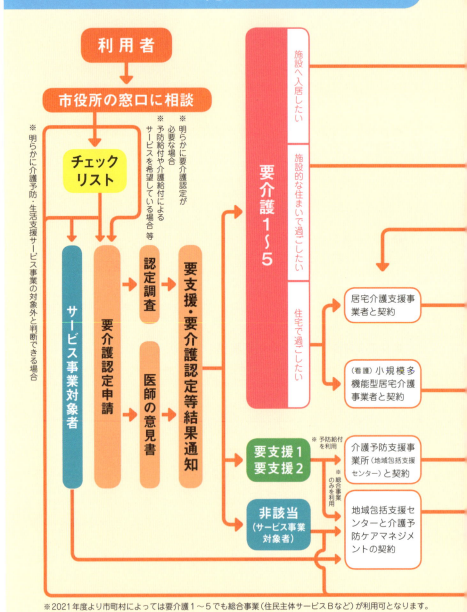

※2021年度より市町村によっては要介護1〜5でも総合事業（住民主体サービスBなど）が利用可となります。

介護保険サービスの利用は原則、ケアプランに基づきますが、そのケアプラン作成機関が利用サービスによって異なります。また、一般的なサービス付き高齢者向け住宅や住宅型有料老人ホームは、介護保険上は「居宅」すなわち利用者の自宅とみなした制度運用となります。利用サービスによっては、契約が複数回に及ぶものもあります。

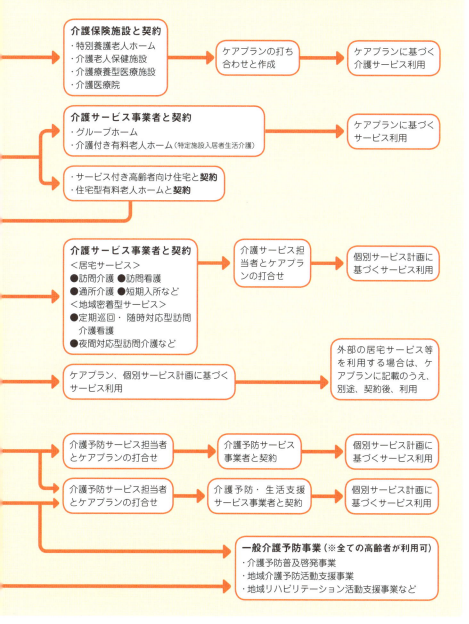

08 ケアマネジメントの構造

多様な事業者を調整する在宅系と一つの事業者がすべてをまかなう施設系に大別されます。

ケアマネジメントとケアプラン

- 介護保険サービスは利用者本位を基本とし、効率的かつ効果的な提供となるよう、都度、介護サービスの種類や内容がケアマネジャーにより調整されます。それをケアマネジメントと呼び、そのための計画がケアプランです。
- ケアプランを作成する前段では、利用者や家族の訴えのままに介護サービスを提供するのではなく、介護の課題などを把握するべく、事前の聞き取りや分析が行われます（**アセスメント**）。
- 利用者の意向やアセスメントの結果に基づきつくられたケアプランは、サービス担当者などと打ち合せを行うことが義務づけられています（**サービス担当者会議**）。
- 高齢者の心身の状態変化や介護の長期化に対応できるよう、随時、ケアプランの見直しや変更を行うことが義務づけられています（**モニタリング**）。
- 以上の過程は循環されることから、「**ケアマネジメント・プロセス**」や「ケアマネジメント・サイクル」と呼ばれます。

在宅のケアプラン

- 在宅向けのケアプラン（**居宅サービス計画**）はケアマネジャーが作成します。その最大の役割は、どのような内容の介護サービスをどの程度の頻度で利用するのかを位置づける、基本計画（マスタープラン）としてのものです。
- 訪問介護や通所介護などの介護サービス事業者は利用者ごとに訪問介護計画や通所介護計画を作成し、介護サービスを提供します。
- 訪問介護計画や通所介護計画を総じて**個別サービス計画**と呼び、それはケアプランに沿って作成されます。
- 個別サービス計画も適宜、見直しや変更が行われ、利用者の心身の状態変化に応じた介護サービスを提供することが求められています。
- 通所介護などが、個別機能訓練加算などを算定する際には、**個別機能訓練計画**なども作成され、それもまた、適宜、見直しや変更がなされます。

▼居宅サービス計画（ケアプラン）

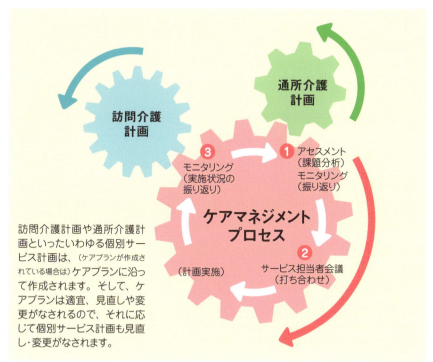

訪問介護計画や通所介護計画といったいわゆる個別サービス計画は、（ケアプランが作成されている場合は）ケアプランに沿って作成されます。そして、ケアプランは適宜、見直しや変更がなされるので、それに応じて個別サービス計画も見直し・変更がなされます。

施設のケアプラン

▼施設サービス計画（ケアプラン）

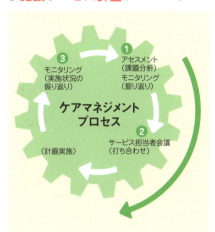

- 特別養護老人ホームなどの介護保険施設では、介護そのものは施設内で完結するという前提のもと、その他の介護保険サービスの利用は想定されていません。そのため介護は施設ケアプランに基づき提供されます。在宅の場合の訪問介護計画のような個別サービス計画は作成されません。
- 特定の加算などを算定する場合は、加算要件を満たした計画様式を用いて、より個別具体的なサービス提供が行われることになります。

09 居宅サービス計画書①
第1表-第3表

在宅向けのケアプランは5種類の帳票からなり、給付の根拠を示す帳票は、第1表〜第3表です。

ケアプラン全体の方向を示す第1表

給付の根拠を示す帳票は、第1表〜第3表です。第1表にはケアプラン全体の方向性を決定づける「**利用者及び家族の生活に関する意向**」が記載されています。次に第2表に続くケアプランを総括する観点から「**総合的な援助の方針**」が書かれています。被保険者証に「**認定審査会意見及びサービスの種類の指定**」の記載がある場合は、それを転記し、それに基づくケアプランを作成することになります。

ケアプランの中核的な第2表

第2表はケアプランの中核ともいえるもので、給付する介護保険サービスの根拠を示すものです。具体的には利用者や家族の意向を根底に踏まえながら、ケアマネジャーが専門的観点から分析した「**生活全般の解決すべき課題**」が記載され、個々の課題を段階的に解決するために「**長期目標**」と「**短期目標**」が設定されます。さらには、短期目標を達成する手段として「**サービス内容**」が記載され、どういった介護サービスがどの程度の頻度で、どの程度の期間、その役割を担うのかが明示されています。

利用サービスを視覚化した第3表

第3表は一週間単位で見た場合に、第2表で位置づけられた介護サービスなどが、どの曜日の何時頃に提供されるかが記されます。また、利用者の平均的な一日の過ごし方や他の介護サービスなどとの調整に重複の有無など視覚的にも確認しやすくなっています。

▼第1表：ケアプラン全体の方向性を決定づけるもの

第1表　　居宅サービス計画書（1）				初回・紹介・継続　認定済・申請中	居宅サービス計画書（原案）についての説明を受け、その内容に同意いたしました。
利用者氏名 山田 花子			生年月日 S15.12.3		令和　　年　　月　　日
居宅サービス計画作成者		本間 清文	電話　03-0000-0000		
居宅介護支援事業所及び所在地		介護支援所ファイト	（東京都中野区1-1-1）		氏名
居宅サービス計画作成日（変更）日		20●●／4/16			
認定日　20●●／4/1		3認定の有効期間	初回居宅サービス計画作成日 20●●／10/1		代理人
要介護度　　要介護			●●～●●		

利用者及び家族の生活に対する意向を踏まえた課題分析の結果	本人：立ったり歩くことなど、移動起居面での動作が、1人では難しい状態。自宅での入浴が難しく、施設などでの入浴を希望されています。 夫：上記の状態の奥さんを二人住まいのご主人が見ていかれますが、御自身も（目立った病気はありませんが）80才と高齢なことから、介護サービスの利用を継続しながら、家で見て行きたいと御考えです。
介護認定審査会の意見及びサービス種類指定	
総合的な援助方針	◎ご本人に対して＞＞座位、離床時間の延長。立位、移乗動作、歩行などを中心に日常の生活動作の訓練、遊び、やさまずまの活動機会の提供。また、認知面での低下をふせぐために対人交流支援も行います。 ◎ご主人に対し＞＞介護や見守りの代行支援。通院、外出時の移動支援を行います。 主治医　●●病院　●●医師　03-1234-5678
生活援助中心型の算定理由	1)一人暮らし　　　　2)家族が障害、疾病　　　　3)その他（　　　　　　　　　　　　　）

▼第2表：給付する介護保険サービスの根拠を示すもの

第2表 居宅サービス計画書（2）　利用者：山田花子様　作成年月日：　年　月　日								
生活全般の解決すべき課題	目標				援助内容			
	長期目標	期間	短期目標	期間	サービス内容（短期目標を達成するための手段）	サービス種類	介護保険対象	事業者	頻度	期間
全身の筋力低下により、立ったり、歩くことが難しいが、寝たきりではない生活を送る必要がある	就寝時以外はベッドから離れて生活できるようになる	●年●月～●年●月	布団からの起上がり、自力での食事トイレでの排泄更衣移動入浴などができるようになる	●年●月～●年●月	*特殊寝台（理由 起上がり困難）*車イス（理由 歩行困難）*簡易トイレ（理由 *イレへの移動困難）*トイレや簡易と入れでの排泄訓練*その他、日常生活行為（食事、更衣、整容など）の自立支援*入浴援助	用具貸与用具購入 セルフサービス 訪問介護 通所介護		●●システム 家族 ●●上高田 ●●ヘルプ	1/月 1/月 上限 2/週 2/週	●月●日～●月●日
物忘れや、理解力の低下があるが、知的低下をすすめたくない	好きな民謡を忘れないでいられる	●年●月～●年●月	適度な緊張や社交性を維持する	●年●月～●年●月	他人との交流や適度な活動	セルフサービス 通所介護		家族 ●●ヘルプ	2/週 2/週	●月●日～●月●日
歩行困難で、敷地外への移動に段差もあるが、通院通所などの外出もしたい	段差を解消し、第3者の援助を受けて、外出を可能にする	●年●月～●年●月	段差を解消し、第3者の援助を受けて、外出を可能にする	●年●月～●年●月	*スロープ貸与（理由 段差があり）、車椅子移動が困難）*移乗、移動介助	用具貸与 訪問介護		●●システム ●●上高田	1/月 月	●月●日～●月●日

▼第3表：一週間単位で視覚的にも確認しやすくなっている

第3表 週間サービス計画表　利用者名 山田花子 殿　作成年月日 ●年●月●日

掲載のものは要介護1〜5のケアプラン様式です。要支援1〜2は別に「介護予防サービス計画」として厚生労働省により規定されたものがあります

10 居宅サービス計画書②
利用票（第6表）、別表（第7表）

在宅向けのケアプランのうち利用票と別表は1か月当たりの介護給付費や利用料金の計算を行うものです。

1か月単位のサービスを記載する利用票

利用票の冒頭では、主に被保険者証の認定情報などが記されます。そして、月間サービス計画として、第1～3表で示した介護保険サービスについて1か月単位で提供されるサービスの種類や時間帯、回数が細かく記載されます。計画欄は予定と実績の2項目で構成されており、実際に利用した回数を実績に記載し、計画の進捗状況が把握できるようになっています。

サービスを計算する別表

別表は利用票で記載した各種のサービスについて、**サービスコード**や地域ごとに異なるレート（**単位数単価**）を掛け率として計算した結果や保険の給付額、自己負担額などが記載されます。在宅では、要介護認定区分ごとに設定された単位数の上限（**区分支給限度基準額**）を超えた分は利用者の全額自己負担になります。また、同じ介護サービスや加算でも区分支給限度基準額の対象となるものとならないものが複雑に入り組んでおり、計算は通常はコンピューターソフトを用いて行われます。

利用票、別表＝提供票、別表

利用票・別表とほぼ同じ内容ですが、介護サービス事業者向けのものは「**提供票**」、「**提供票別表**」といいます。1か月の計画終了後、介護サービス事業者は計画欄の実績に数値を書いてケアマネジャーへ交付します。このとき、ケアマネジャーのケアプランより給付額がオーバーしている場合は請求が通らないため、必要な場合にはケアマネジャーは利用票、別表を修正します。

▼第6表・サービス利用票

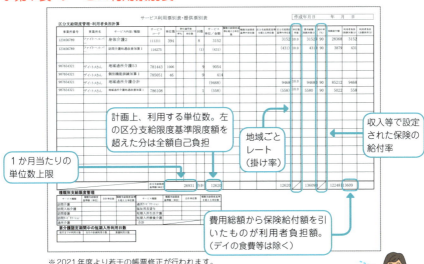

▼第7表・サービス利用票別表

※2021年度より若干の帳票修正が行われます。

ケアプランの自己作成

　ケアプランを被保険者が（ケアマネジャーを介することなく）自分で作成する場合は、この利用票、別表を保険者へ届け出ることになります。しかし、制度や加算減算の複雑化に伴い、ケアプランの自己作成は昨今、非常にハードルが高いものとなっています。

11 介護保険施設のケアプラン

介護保険施設では、施設内のケアマネジャーが100人ごとに1人配置されケアプランをつくります。

施設ケアプランには利用票、別表はありません

　特別養護老人ホームや介護老人保健施設など（以下、介護保険施設）では、他の介護保険サービスを併用できません。そのため在宅向けケアプランに見られる、どのサービス種別でどの程度の費用管理を認めるかといった帳票（サービス利用票、サービス利用票別表）も存在しません。介護保険施設のケアマネジャーが一人ひとりの利用者や家族の意向などを踏まえながら個別の介護課題を分析し、施設の従業者がどのようなサービスを提供するのかが記載されます。

　施設では、利用者の変化に応じて介護内容の変更などが迅速に行われるため、時にケアプランと実際の介護のあり方がかけ離れていたり、ケアプランが重要視されないといった介護保険施設も散見されます。また、在宅では利用者35人ごとに1人のケアマネジャーという配置基準であるのに対して、**介護保険施設は100人ごとに1人です**。本来であれば、外部のボランティアや介護保険外のサービスも利用者の必要性にあわせて連絡調整されるべきですが、現実には、そこまでの人的余裕がないのが実情です。

12 小規模多機能型居宅介護のケアプラン

ヘルパー、デイ、ショート、ケアマネといったサービスパックのため柔軟かつスピーディーに対応しうる独自様式が開発されました。

ライフサポートワーク様式がよく使われます

小規模多機能型居宅介護のケアプランは、全国小規模多機能型居宅介護事業者連絡会によって**ライフサポートワーク**という様式が開発されています。

介護サービスの運営手法が、従来の広域型サービスとは異なり、利用者やその家族等のニーズに適宜対応するため、顔なじみのスタッフが必要なサービス**(訪問、通い、宿泊)を柔軟に提供する**という特徴にあわせて、従来のケアプラン様式を改良してつくられました。具体的には、介護サービスの内容の変更に柔軟に対応できるなどの工夫がされています。もちろん、在宅向けの居宅サービス計画（1～7表）を用いてもかまいません。

訪問看護や福祉用具などの介護サービスも支給限度基準額の範囲内で利用できるため、小規模多機能型居宅介護のケアマネジャーは利用票、利用票別表も作成することになります。

♥ライフサポートワークの様式の紹介

出典：全国小規模多機能型居宅介護事業者連絡会

13 アセスメント

ケアプランを作成する際には、介護に関する課題の効率的かつ根本的な解決となるように事前に分析を行います。

介護に関する情報を収集し、課題を分析する作業

利用者や家族のなかには、認知症や高齢化のために、自らの介護上の問題や困りごとを正しく把握できていない場合があります。また、誰か1人の意向だけが極端に優先される形で介護サービスを利用しようとする場合もあります。しかし、それでは、困りごとの根本的な解決につながりません。ケアマネジャーは、面接や資料などから多面的に情報を集め、本当に解決すべき課題を見極めていくのです。それがアセスメントという作業であり、ケアマネジャーがケアプランを作成する際に義務として課されています。

アセスメントについては、利用者や家族に面接して行うのが原則であり、また、その方法も、ケアマネジャーの個人的な考え方や手法で行うのではなく、厚生労働省が定める一定の質問項目などを踏まえたものを用いることになっています。

♥アセスメントで必要とされる標準的な23項目

1	基本情報（受付、利用者等基本情報）	13	認知
2	生活状況	14	コミュニケーション能力
3	利用者の被保険者情報	15	社会との関わり
4	現在利用しているサービスの状況	16	排尿・排便
5	障害老人の日常生活自立度	17	褥瘡・皮膚の問題
6	認知症老人の日常生活自立度	18	口腔衛生
7	主訴	19	食事摂取
8	認定情報	20	問題行動
9	課題分析（アセスメント）理由	21	介護力
10	健康状態	22	居住環境
11	ＡＤＬ（日常生活動作）	23	特別な状況
12	ＩＡＤＬ（手段的日常生活動作）		

14 サービス担当者会議等

アセスメント後、ケアプランのたたき台（原案）を作成し、利用者やサービス担当者と打ち合わせるのがサービス担当者会議です。

サービス担当者会議とは

　ケアプランに位置づけられた介護サービス事業者などをケアマネジャーが招集し、その内容などについて打ち合わせることをサービス担当者会議（以下、会議）と言います。この会議における関係者の合意をもってケアプランの内容や方向性が決まります。医療における処方箋や治療計画が「医師の診断」に基づいてトップダウンで行われるのとは対照的に、ケアプランの内容決定は話し合いで決めることが重要視されているのです。

　在宅介護では新たにケアプランの原案を作成した場合や要介護認定の更新認定を受けた場合などに開催が義務づけられており、開催しない場合などには厳しいペナルティ（報酬減算）が課されています。

　ただし、担当者の都合などにより会議に参加できない場合には、電話や書面による照会（問い合わせ）でもよく、必ずしもすべての関係者が出席しなければいけないわけではありません。

♥サービス担当者会議が開催される主な場合

- ●ケアプランの原案を新たに作成した場合
- ●ケアプランを変更する場合
- ●要介護更新認定を受けた場合
- ●要介護状態区分の変更の認定を受けた場合

ケアマネジャーの行う「アセスメント」はケアプラン作成時における「事前調査」や「下調べ」といったニュアンスに近いかもしれません

15 モニタリング

介護サービスが始まると、ケアマネジャーは適宜、実施状況を把握し、必要に応じてケアプランを変更します。

ニーズに即したケアプランのために

ケアプランが作成され、実際に介護サービスの利用が始まったあとも漫然とした利用や実態とかけ離れたケアプランとしないために、ケアマネジャーには、適宜、ケアプランの実施状況を把握することが義務づけられています。それをモニタリングといいます。**簡単にいえば「振り返り」です**。

ケアマネジャーはモニタリングによって、従前の利用者の心身状況や家族の状況、その他の介護を取り巻くさまざまな状況に変化がないかを確認しつつ、ケアプランの変更の必要性をも検討していきます。

そのうえで、**ケアプラン変更の必要性があるときには、新たなケアプラン変更案を作成し、サービス担当者会議などに図ってケアプランを確定**します。利用者の希望による単なる目標期間の延長などのケアプランの軽微な変更の場合には、サービス担当者会議などを省略できます。

月に1回、利用者宅でのモニタリングが義務づけ

介護保険施設のように24時間、職員の関与の下で介護サービスが提供されていれば利用者の様子などは比較的、容易に把握できますが、在宅ではそうもいきません。

そのため在宅介護では、このモニタリングについて、**ケアマネジャーには少なくとも1月に1回の利用者宅への訪問と面接が義務づけられています**（要支援を対象とした介護予防支援では3月に1回）。

利用者や家族のなかには、毎月のモニタリング訪問に拒否的な場合もありますが、訪問を特段の理由もなく拒否する場合は、契約を破棄される可能性もあるので注意が必要です。

▼ケアプランとモニタリングの関係・概要

ケアプラン（サービス種別）	モニタリング概要
介護予防サービス計画（介護予防支援）	担当職員は少なくとも3か月に1回およびサービスの評価機関が終了する月などは利用者の居宅を訪問し、面接する
居宅サービス計画（居宅介護支援）	ケアマネジャーは少なくとも1か月に1回、利用者の居宅を訪問し、利用者に面接する
認知症対応型共同生活介護計画（認知症対応型共同生活介護）	計画作成担当者は、他の介護従業者等との連絡を継続的に行う
小規模多機能型居宅介護計画（小規模多機能型居宅介護）	ケアマネジャーは常に小規模多機能型居宅介護計画の実施状況と利用者の様態の変化等の把握を行う
施設サービス計画（特別養護老人ホーム等）	ケアマネジャーは定期的に入所者に面接する

▼ケアプランの軽微な変更（＝担当者会議等が不要）と考えられる例

サービス提供の曜日変更	利用者の体調不良や家族の都合等の臨時的、一時的なもので、単なる曜日、日付の変更のような場合
サービス提供の回数変更	同一事業所における週1回程度のサービス利用回数の増減のような場合
利用者の住所変更	
事業所の名称変更	
目標期間の延長	単なる目標設定期間の延長を行う場合（ケアプラン上の目標設定［課題や期間］を変更する必要がなく、単に目標期間を延長する場合等）
福祉用具で同等の用具に変更するに際して単位数のみが異なる場合	福祉用具の同一種目における機能の変化を伴わない用具の変更
目標もサービスも変わらない（利用者の状況以外の原因による）単なる事業所変更	目標もサービスも変わらない（利用者の状況以外の原因による）単なる事業所変更
目標を達成するためのサービス内容が変わるだけの場合	第一表の総合的な援助の方針や第二表の生活全般の解決すべき課題、目標、サービス種別等が変わらない範囲で、目標を達成するためのサービス内容が変わるだけの場合
担当介護支援専門員の変更	契約している居宅介護支援事業所における担当ケアマネジャーの変更（ただし、新しい担当者が利用者はじめ各サービス担当者と面識を有していること）のような場合

16 給付管理とケアマネジャー

ケアマネジャーが毎月、要介護度ごとの上限を管理する帳票を提出することで、それ以上の介護サービスの請求は通りません。

ケアマネジャーは要介護度ごとの利用上限を管理します

在宅では、さまざまなサービスを組み合わせて利用しますが、要介護度ごとに設定された上限（**区分支給限度額**）までしか保険が給付されません。それを超えると利用者の自己負担となるので、ケアマネジャーの上限管理が重要です。

各サービスごとの請求上の上限を管理するため、毎月、ケアマネジャー（居宅介護支援）は上限管理の帳票（**給付管理票）を国保連に提出します**。その給付管理票と介護サービス事業者の請求額を国保連で突合し、給付管理票よりも多い金額を介護サービス事業所が請求した場合には、跳ね返され、請求できないしくみとなっています。給付管理票や介護サービスの請求書は、毎月1～10日に（前月分が）国保連に提出され、突合されます。

一方で、在宅のケアマネジャーは、この給付管理票を提出することが介護報酬請求の条件になっているので、退院時に長時間の相談や介護サービスの連絡調整を行った場合であっても、結果的に退院とならず、在宅での介護サービス利用がなかった場合は、給付管理票を発行できず、ケアマネジャーには一切介護報酬が発生しないという問題があります。

上限管理の対象でないサービスや加算があります

給付管理票の提出は、区分支給限度額の管理を行う居宅介護支援、介護予防支援、小規模多機能型居宅介護、看護小規模多機能型居宅介護などが行います。ケアプランを利用者が自己作成する場合は、保険者が給付管理票を作成します。なお、在宅向けの介護サービスであっても、医療機関等が利用者の家を訪問し、療養上の管理指導などを行うサービス（居宅療養管理指導）や一部の加算・減算は区分支給限度基準額の対象に含まれません。

▼介護給付における居宅サービスの基本的な流れ

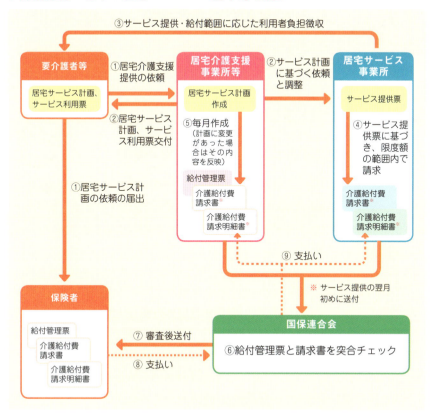

▼給付管理票と居宅サービス事業所からの請求内容と突合イメージ

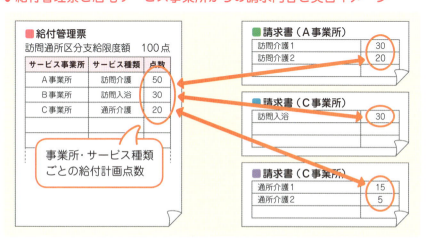

17 生活保護受給者と介護保険

65歳以上の生活保護受給者は第1号被保険者に該当し、サービス利用時の支払い額も生活保護費から支給されます。

生活保護の介護サービス利用料は原則、無料

65歳以上の生活保護受給者の介護保険料は生活保護から支給（**生活扶助**）されます。第1号被保険者に該当するので、介護サービス費用としての9割が介護保険から介護サービス事業者に支払われ、自己負担の1割が生活保護から支給（**介護扶助**）されます。

しかし、40歳以上65歳未満の生活保護受給者は、（通常、医療保険未加入により、介護保険料を納めていないため）第2号被保険者には該当しません。厚労省の定める特定疾病となった場合は、「**被保険者以外の者（みなし2号）**」という扱いで、要介護認定から介護サービス費用のすべてを生活保護法の支給（介護扶助）で介護サービスを利用することになります。なお、介護サービス事業者は利用料に当たる1割分を（利用者ではなく）国民健康保険団体連合会に請求しますが、そのためには福祉事務所から**介護券の交付**を受けなければなりません。介護券はケアマネジャーが福祉事務所へケアプラン（サービス利用票、サービス利用票別表）の写しを提出することで発行されます。

生活保護が支給されないものもあります

生活保護受給者の介護保険の通常の利用は可能ですが、例えば、ホームヘルプ（訪問介護）が大掃除を行った場合やデイサービス（通所介護）の食費などの自費サービスに該当する部分は利用者が支払う必要があります（介護保険施設の食費などは介護扶助に含まれます）。

また、介護保険施設への入所について、生活保護受給者は原則、相部屋（多床室）とされており、個室（従来型、ユニット型）の費用負担は想定されていませんが、施設が社会福祉法人による減免などを行っている場合などで、福祉事務所が認めた場合には入所することも可能です。

▼65歳以上の生活保護の介護サービス費の内訳

| 9割（介護保険） | 1割（介護扶助） |

▼40〜65歳未満の生活保護の介護サービス費の内訳

| 10割（介護扶助） |

▼高齢者に特に関係する生活保護の支給概要

生活扶助	介護施設入所者基本生活費	介護施設に入所している被保護者に対し、利用者が施設に支払う身の回り品等の必需的な日常生活費を補塡するものとして支給（例：歯ブラシ、下着、寝衣など）
	介護施設入所者加算	介護施設に入所している被保護者に対し、理美容品等の裁量的経費を補塡するものとして支給（例：嗜好品、教養娯楽費など）
	介護保険料加算	第1号被保険者に対し、納付すべき介護保険料に相当する経費を補塡するものとして支給
	入院患者日用品費	病院等に入院している被保護者に対し、身の回り品等の日常生活費を補塡するものとして支給
住宅扶助	家賃、間代等、住宅維持費	
介護扶助	介護保険サービスの**利用にかかる経費**を補塡するものとして支給	
医療扶助	病院等における医療サービスの利用にかかる経費を補塡するもの	

被保険者以外の人の申請

「被保険者以外の者（みなし2号）」が認定の申請を行う場合は、（介護保険法ではなく生活保護法によるため）福祉事務所への申請となります。その後、当人が65歳に達した時点で介護保険料が生活扶助として支払われるため第1号被保険者に変わります。このとき、被保険者番号も変わるため、実際には同一人物ですが、制度上（給付算定上）は別人として扱うことになります。また、生活保護受給者が介護サービスを利用する場合、そのサービス事業者が生活保護法上の指定を受けている必要があります（指定介護機関）。中国残留邦人などが介護保険を利用する場合も、生活保護に準じます。

18 介護保険と障害者総合支援法

障害者が介護保険の被保険者に該当する場合は、要支援・要介護認定を受けたうえで介護保険優先適用となります。

障害福祉サービスから介護保険への移行

　障害者総合支援法と介護保険法の双方の給付を受ける権利がある人で、サービス内容や機能から、障害福祉サービスに相当する介護保険サービスがある場合は、**原則、介護保険の給付を優先**します（障害者施設などの介護保険適用除外施設入所者は除きます）。そのため、例えば、身体障害者が介護保険の第1号被保険者である65歳到達日にスムーズに介護保険に移行できるように、誕生日の3か月前以内に市町村から介護保険の申請を促されます。

　以前は、障害福祉サービスと介護保険の制度的な縦割り運用のために、障害福祉サービスから介護保険に切り替わった途端になじみのサービスが利用できなくなることが多く介護保険の申請をしない場合も散見されました。それを受け2018（平成30）年度からは障害福祉サービスと介護保険の利用者を同時一体的に受けられる**共生型サービス**も創設されました。

　また、低所得者であっても障害福祉サービスから介護保険になった途端に利用料が新たに発生していた問題も、障害福祉制度により償還されるしくみが設けられるなど円滑な移行策が整備されつつあります（障害者総合支援法）。

障害福祉サービス併用の条件

以下のような場合には、介護保険だけでなく障害福祉サービスの給付が可能です。
① 同行援護、行動援護、自立訓練（生活訓練）、就労移行支援、就労継続支援等といった障害福祉サービス固有のもの
② 市町村が適当と認める支給量が、区分支給限度基準額の制約から介護保険サービスで確保できない場合

③ サービス事業者または施設が身近にない、あっても利用定員に空きがない場合
④ 要介護認定で非該当
⑤ 車いす、歩行器、歩行補助杖であって、医師や身体障害者更生相談所などにより障害者の身体状況に個別に対応することが必要と判断される場合

▼共生型サービスの概要

障害福祉の指定事業所であれば、基本的に介護保険（共生型）の指定を受けることができます（その逆も可能）。

○介護保険事業所が共生型障害福祉サービスの指定を受け障害報酬を得る場合

近隣の通所介護事業所が（障害福祉の指定事業所である）共生型生活介護になることで、65歳未満の障害児・者の受け入れが可能。

○障害福祉サービス事業所が共生型介護保険サービスの指定を受け介護報酬を得る場合

なじみのある障害福祉サービス事業所が共生型の通所介護の指定を受けることで、65歳以降も引き続き同じ施設へ通所が可能。

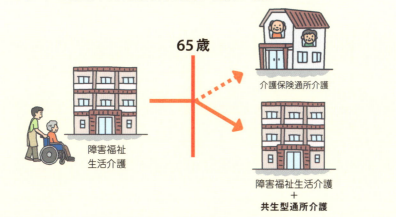

コラム

居宅介護支援事業所の管理者要件について

　居宅介護支援事業所の管理者に主任介護支援専門員を配置しなければならない人員基準の経過措置として2021年3月末まで猶予期間が設けられていました。しかし、配置できない事業所が多いことから、以下のとおりさらに猶予期間が延長されます。

■ 2021年3月31日時点で主任介護支援専門員を配置できていない事業所の場合

　それまでの介護支援専門員の管理者が交代しない限りは、猶予期限を2027年3月31日までに延長します。

■ 2021年4月1日以降に新たに配置する管理者が主任介護支援専門員でない場合

　2021年4月以降、管理者は必ず主任介護支援専門員を配置しなければなりません。しかし、次のような場合であって保険者が「不測の事態」と判断した場合は猶予措置があります（猶予期間は原則1年ですが、地域に他に居宅介護支援事業所がない場合など、利用者保護の観点から特に必要と認められる場合には、保険者の判断により延長可能です）。ただし、保険者に「管理者確保のための計画書」の届け出が必要です。

不測の事態の例
①管理者本人の死亡、長期療養など健康上の問題の発生
①急な退職や転居 等
②特別地域居宅介護支援加算または中山間地域等における小規模事業所加算を取得できる場合

4章
介護保険サービスの種類

介護保険サービスの種類は、
(予防給付などの類似サービスも厳密に数えると) 40種類近くあり、
非常に多種多様です。また、
各サービスごとに実施上の細かいルールが設定されています。
介護保険法以外の法令が関係するものもあります。

サービス分類一覧

	サービス種別	サービス概要
施設系（介護保険施設）	介護老人福祉施設 (→P.188)	常に介護が必要な要介護者について、入所定員30人以上の特別養護老人ホームに入所させ、食事や入浴、排せつその他の日常生活上の世話や機能訓練、健康管理および療養上の世話を行います
	介護老人保健施設 (→P.192)	病状が安定期になり入院治療の必要のない要介護者について、介護老人保健施設に入所させ、看護、医学的管理の下における介護および機能訓練その他必要な医療、日常生活上の世話を行います
	介護療養型医療施設 (→P.196) (2024年度廃止予定)	病状が安定期にある長期療養患者について、病院・診療所の病床にて、療養上の管理、看護、医学的管理の下における介護その他の世話、機能訓練その他必要な医療を行います
	介護医療院 (→P.194)	長期にわたる療養が必要な要介護者について、病院等にて、療養上の管理、看護、医学的管理の下における介護、機能訓練その他必要な医療、日常生活上の世話を行います
施設系（介護保険施設以外）	(介護予防)認知症対応型共同生活介護 (→P.198)	認知症の被保険者が5～9戸からなる共同生活を営むべき住居において、入浴、排せつ、食事等の介護その他の日常生活上の世話および機能訓練を行います
	(介護予防)特定施設入居者生活介護 (→P.200)	入居定員30人以上の介護保険施設ではない有料老人ホームや軽費老人ホーム等で食事や入浴、排せつその他の日常生活上の世話や機能訓練を介護保険にて行います
	地域密着型特定施設入居者生活介護 (→P.200)	入所定員29人以下の介護保険施設ではない有料老人ホームや軽費老人ホーム等で食事や入浴、排せつその他の日常生活上の世話や機能訓練を介護保険にて行います
	地域密着型介護老人福祉施設入所者生活介護 (→P.188)	常に介護が必要な要介護者について、定員29人以下の特別養護老人ホームに入所させ、食事や入浴、排せつその他の日常生活上の世話や機能訓練、健康管理および療養上の世話を行います
在宅セットサービス系	(介護予防)小規模多機能型居宅介護 (→P.178)	宿泊が可能なデイサービスであり、かつ、デイサービスの職員がヘルパーとして自宅を訪問します。ケアマネジャーもセットで月額料金が定額です
	看護小規模多機能型居宅介護 (→P.180)	看護職員のいる小規模多機能型居宅介護です
その他	(介護予防)住宅改修 (→P.174)	自宅の手すりの取付けや段差解消など厚生労働大臣が定める種類の住宅の改修について、住宅改修費を支給します
	(介護予防)特定福祉用具販売 (→P.172)	自宅での入浴や排せつなどに用いる福祉用具であって、レンタルになじまないものを販売します
	(介護予防)居宅療養管理指導 (→P.176)	病院などの医師、歯科医師、薬剤師その他厚生労働省令で定める者が自宅での療養上の管理および指導を行います

	サービス種別	サービス概要
ケアマネジャー	**居宅介護支援** (介護予防支援) (→P.148)	居宅の要介護者を対象として、利用者が適切に居宅サービスなどを利用できるようにケアプランを作成し、居宅サービス事業者等と連絡調整を行います
在宅サービス選択系	**訪問介護** (→P.152)	ホームヘルパー(訪問介護員)が居宅を訪問し、入浴、排せつ、食事等の介護その他の日常生活上の世話を行います
	(介護予防)訪問入浴 (→P.160)	看護職員と介護職員が自宅を訪問し、持参した浴槽で入浴の介護を行います
	(介護予防)訪問看護 (→P.156)	看護職員が自宅を訪問し、主治医の指示に基づく療養上の世話や診療の補助を行います
	(介護予防)福祉用具貸与(→P.170)	生活動作の改善や転倒防止、介護負担の軽減などに役立つ福祉用具を自宅用にレンタルします
	(介護予防)訪問リハビリテーション (→P.161)	理学療法士、作業療法士、言語聴覚士などが自宅を訪問し、心身機能の維持回復や日常生活の自立に向けたリハビリを行います
	(介護予防)通所リハビリテーション (→P.166)	介護老人保健施設や病院、診療所などの施設に通い、医師の指示の下で、理学療法、作業療法その他必要なリハビリテーションを行います
	(介護予防)短期入所生活介護 (→P.168)	介護老人福祉施設(特別養護老人ホーム)等に短期間入所させ、その施設において入浴、排せつ、食事等の介護その他の日常生活上の世話および機能訓練を行います
	(介護予防)短期入所療養介護 (→P.168)	医療機関や介護老人保健施設に短期間入所させ、その施設で看護、医学的管理の下における介護および機能訓練その他必要な医療、日常生活上の世話を行います
	通所介護 (→P.162)	送迎車にて施設(19人以上)に通い、食事や排せつ、入浴などの日常生活上の世話や機能訓練を行います
	地域密着型通所介護 (→P.162)	通所介護であって定員18人以下のものです
	(介護予防)認知症対応型通所介護 (→P.165)	認知症の被保険者を老人デイサービスセンター等に通わせ、その施設で入浴、排せつ、食事等の介護その他の日常生活上の世話や機能訓練を行います
	定期巡回・随時対応型訪問介護看護 (→P.182)	介護職員または看護職員が定期的な巡回訪問や随時通報への対応を24時間、365日提供します
	夜間対応型訪問介護 (→P.181)	夜間帯にホームヘルパー(訪問介護員)が自宅を訪問します

01 指定基準と算定基準

介護サービス事業者が事業運営するための最低限のルールとしての指定基準と、報酬算定ルールとしての算定基準があります。

介護サービス提供上の最低ルールとしての指定基準

　都道府県や市町村からの指定を受けた介護サービス事業者は利用者に介護サービス提供を行った際には、介護報酬を請求できます。しかし、厚生労働省が定めた職員数を配置していなかったり、資格要件を満たさない職員が介護サービスを提供した場合には、適正な介護サービスが提供されなかったものとして介護報酬の支払いがなされない場合があります。特に従業者の名義貸しや虚偽申請などで悪質なルール違反があった場合は、指定そのものが取り消される場合もあります。

　このように介護サービス事業者がサービス提供するうえで最低の基準として設けられたのが、各サービスごとの「**人員、設備及び運営に関する基準**」（指定基準）です。それを適宜、補足したり疑義解説したりするために解釈通知や事務連絡などが厚労省から発出されています。

介護報酬を定める算定基準

　介護サービス事業者は指定基準を順守したうえで、介護の報酬を請求できますが、その請求に関してもルールがあります。最も多いのは、必要な人員が不足している場合の**減算**や、一定の条件を満たした上で質の高いサービスを提供した場合などに適応される**加算**です。

　サービスごとに介護報酬の算定方法ルールが定められており（**算定基準**）、さらにそれを補足するために留意事項の通知文（**算定基準の留意事項通知**）やＱ＆Ａが厚労省から発出されています。介護サービス事業者の請求内容が、このルールを逸脱していれば介護報酬の返還対象ですし、悪質な場合には、指定の取り消し処分などが行われることもあります。

　ただし、近年、これら指定基準や算定基準に関するルールが非常に複雑かつ

膨大な量となり、チェックする自治体職員でさえ理解不十分であったり、誤った理解である場合も散見され、制度全体の簡素化、シンプル化を求める声があがっています。

▼介護保険サービスを規定する主な法規と種類

介護サービス事業者が業務を適正に行うための根拠となる告示等の優劣関係は①～⑦の順になります。

		訪問介護や通所介護など	居宅介護支援	地域密着型通所介護など	特別養護老人ホーム	介護老人保健施設
① 法律		介護保険法				
② 政令		介護保険法施行令				
③ 省令	施行規則	介護保険法施行規則				
	指定基準	指定居宅サービス等の事業の人員、設備及び運営に関する基準	指定居宅介護支援等の事業の人員及び運営に関する基準	指定地域密着型サービスの事業の人員、設備および運営に関する基準	指定介護老人福祉施設の人員、設備及び運営に関する基準	介護老人保健施設の人員、施設及び設備並びに運営に関する基準
④ 告示	算定基準	指定居宅サービスに要する費用の額の算定に関する基準	指定居宅介護支援に要する費用の額の算定に関する基準	指定地域密着型サービスに要する費用の額の算定に関する基準	指定施設サービス等に要する費用の額の算定に関する基準	
	厚生労働大臣が定めるもの	報酬告示（単価・級地、利用者基準、施設基準など）				
⑤ 通知	指定基準の解釈通知	指定居宅サービス等および指定介護予防サービス等に関する基準について	指定居宅介護支援等の事業の人員および運営に関する基準について	指定地域密着型サービスおよび指定地域密着型介護予防サービスに関する基準について	指定介護老人福祉施設の人員、設備および運営に関する基準について	介護老人保健施設の人員、施設および設備ならびに運営に関する基準について
	算定基準の留意事項通知	老企第36号、老企第40号	老企第36号	老計発第0317001号	老企第40号	
⑥ 事務連絡						
⑦ Q&A						

▼各サービス指定基準の構成

- ・基本方針
- ・人員に関する基準
- ・設備に関する基準
- ・運営に関する基準
- ・基準該当サービスに関する基準

▼算定基準の構成

- ・指定居宅サービス介護給付費単位数表、注釈文

02 指定の申請と欠格事由

法人の役員や事業所の管理者等が介護保険法の欠格事由に該当する場合は、介護保険法に基づく事業所の指定は受けられません。

指定申請の様式は指定権者から取り寄せます

　在宅向けの指定居宅サービスや地域密着型サービスなどは法人格を有したうえで、人員基準や設備基準を満たせば指定を受けることが可能です。

　指定申請に必要な書式の入手は、都道府県や市町村のホームページに掲載されていることが大半で難しくありません。

　ただし、法人の役員や事業所の管理者などが、5年以内に介護保険サービスに関し不正または著しく不当な行為をした者であるときなどは指定申請は通りません。具体的には次のような欠格事由が設けられています。

♥指定申請の欠格事由一覧

- 禁錮以上の刑を受けて、その執行を終わるまでの者であるとき。
- 介護保険法その他保健医療福祉に関する法律により罰金刑を受けて、その執行を終わるまでの者であるとき。
- 申請者が、労働に関する法律の規定であって政令で定めるものにより罰金の刑に処せられ、その執行を終わり、または執行を受けることがなくなるまでの者であるとき。
- 社会保険料等の滞納処分を受け、かつ、未納付であるとき。
- 指定取消から5年を経過しない者であるとき。
- 指定取消処分に係る聴聞（予定）通知日から処分の日等までの間に事業廃止の届出を行い、その届出日から5年を経過しない者であるとき。
- 申請前5年以内に介護保険サービスに関し不正または著しく不当な行為をした者であるとき。

●指定申請時の提出書類の例（通所介護の場合）

	申請書および添付書類の例
申請書	指定居宅サービス事業所・指定介護予防サービス事業所指定申請書、通所介護事業所の指定に係る記載事項
1	申請者の定款、寄附行為等およびその登記簿謄本または条例等
2	従業者の勤務体制および勤務形態一覧表、就業規則の写し、組織体制図、資格証の写し、雇用契約書の写しまたは誓約文
3	サービス提供実施単位一覧表 日課表等（サービス提供単位ごとのサービス内容がわかるもの）
4	事業所の管理者の経歴書
5	事業所の平面図・建築図面 外観および内部の様子がわかる写真
6	運営規程（料金表含む）
7	利用者からの苦情を処理するために講ずる措置の概要
8	当該申請に係る資産の状況 （決算書（貸借対照表、損益計算書）、資産の目録、事業計画書、収支予算書、損害保険証書の写し、車検証等）
9	介護保険法第70条第2項各号の規定に該当しない旨の誓約書
10	役員名簿
11	介護給付費算定に係る体制等に関する届出書

ここがポイント！

指定の更新制度と市町村関与など

　介護サービスの指定には有効期間があり、6年ごとに更新が必要です。また、地域密着型通所介護については、一定の条件を満たした場合には、市町村は指定の拒否も可能です。
　一方、都道府県が指定するサービスについては、市町村からの協議により、都道府県が指定の拒否や指定の際に条件を付加する（市町村協議制）などのしくみがあります。

03 サービスの類型

介護サービスは大きくは介護給付と予防給付に分類され、さらにそれぞれに地域密着型サービスがあります。

要介護の人が利用する介護給付

介護保険の給付は大きくは要介護1以上の被保険者が利用する**「介護給付」と、要支援の被保険者が利用する「予防給付」に大別されます**。介護給付には、特別養護老人ホーム（介護老人福祉施設）などの介護保険施設が含まれ、要支援1、2の人は利用できません（短期入所は除く）。

なお、認知症対応型共同生活介護（グループホーム）や特定施設入居者生活介護（介護付き有料老人ホーム）なども「施設」と思いがちですが、介護保険上の介護保険施設には含まれません。

要支援の人が利用する予防給付

一方、予防給付については要支援の人を対象としたサービスですが、**かつての介護予防訪問介護と介護予防通所介護は地域支援事業に移管**され、予防給付から外されたことが大きな特徴です。財源面から制度の持続性を論じる際に、国の会議などでは要支援者など比較的、軽度な被保険者への給付削減が議題にあがることが多く、介護予防訪問介護などの地域支援事業への移管もこの流れのなかで行われました。

地域住民限定の地域密着型サービス

介護給付、予防給付ともに2005年制度改正により地域密着型サービスが創設されました。地域密着型サービスは介護が必要になっても、住み慣れた地域で、その生活を支えるというコンセプトの下、**市町村が介護サービスを指定する権限をもち、その市町村の住民のみを対象としてサービスを提供する**ことを基本とするものです（隣接市町村の住民には例外もあり）。また、市町村や住民の代

表者、利用者やその家族に対して日頃の介護サービスの運営状況などを報告する場（**運営推進会議**等）の開催が義務づけられているのも特徴です。

　2005年創設の小規模多機能型居宅介護や2012年創設の定期巡回・随時対応型訪問介護看護など、近年、新たに創設されたサービス種別の多くは地域密着型サービスです。それだけ厚労省の期待が表れているといえる反面、普及率は低く制度設計と現場のニーズとの間にギャップがあることを物語っています。

▼ 要支援、要介護者が利用できるサービス

介護給付	**居宅サービス**	●訪問介護　●訪問入浴介護　●訪問看護 ●訪問リハビリテーション　●居宅療養管理指導 ●通所介護　●通所リハビリテーション ●短期入所生活介護　●短期入所療養介護 ●特定施設入居者生活介護　●福祉用具貸与
	地域密着型サービス	●定期巡回・随時対応型訪問介護看護 ●夜間対応型訪問介護　●地域密着型通所介護 ●認知症対応型通所介護　●小規模多機能型居宅介護 ●認知症対応型共同生活介護 ●地域密着型特定施設入居者生活介護 ●地域密着型介護老人福祉施設入所者生活介護 ●看護小規模多機能型居宅介護
	居宅介護支援	
	特定福祉用具購入費、住宅改修	
	施設サービス	●介護福祉施設サービス　●介護保健施設サービス ●介護療養施設サービス　●介護医療院サービス
予防給付	**介護予防サービス**	●介護予防訪問入浴介護　●介護予防訪問看護 ●介護予防訪問リハビリテーション ●介護予防居宅療養管理指導 ●介護予防通所リハビリテーション ●介護予防短期入所生活介護 ●介護予防短期入所療養介護 ●介護予防特定施設入居者生活介護 ●介護予防福祉用具貸与
	地域密着型介護予防サービス	●介護予防認知症対応型通所介護 ●介護予防小規模多機能型居宅介護 ●介護予防認知症対応型共同生活介護
	介護予防支援	
	介護予防特定福祉用具購入費、介護予防住宅改修	

143

04 介護報酬の算定方法

介護サービス利用時の費用（介護報酬）は基本部分と加算・減算に大別され、地域ごとの物価指数なども反映されます。

介護報酬は全国一律ではありません

　介護サービス事業者（以下、事業者）に支払われるサービス費（介護報酬）は、全国一律ではありません。地域による物価の違いなどもあり、従業者への賃金も異なるため、それを反映できるしくみが設けられています。介護サービスの内容ごとに設定された価格は、円や点ではなく**単位**とされています。この単位数に、地域別・サービス別のレート（掛け率）を乗じたものが介護報酬の総額です。

　利用者は利用料金として、1～3割のいずれかを支払います。また、食費や部屋代（居住費・滞在費）などは介護報酬には含まれていないため、別途、請求された額を支払います。なお、事業者が故意に利用者から利用料金を受け取らず無料とすることは禁じられています。

　また、区分支給限度基準額を超過した場合の保険外サービスの費用については、以前は介護保険と同水準の費用が義務づけられていましたが、2018年度より、利用者に丁寧な説明同意を行えば、事業者が別価格を設定することが可能となりました。

介護報酬は基本部分と加算に大別されます

　介護サービスごとの単位数は、時間や人員配置ごとに設定された**基本部分**と、それ以外のプラスアルファを行った場合の**加算**に大別され、原則、3年ごとに改定されます。近年は加算などが非常に複雑になり、その組み合わせの数が全体で25,000種類を超えており、非常に難解な制度になりました。

　なお、サービスごとの単位数は、あらかじめ都道府県に届けることで割引も可能ですが、実際にはほとんど行われていません。

▼介護報酬の算定

以下の計算式により算出されます。

サービスごとに算定した単位数（指定居宅サービスの費用の額の算定に関する基準（告示）等） × サービスごと、地域ごとに設定された1単位の単価（10円～11.40円）（厚生労働大臣が定める一単位の単価(告示)） ＝ 事業者に支払われるサービス費（1～3割は利用者の自己負担）

▼サービスごとの地域単価

サービス種類※	1級地	2級地	3級地	4級地	5級地	6級地	7級地	その他
・居宅療養管理指導 ・福祉用具貸与	10円							
・通所介護 ・短期入所療養介護 ・特定施設入居者生活介護 ・地域密着型通所介護 ・認知症対応型共同生活介護 ・地域密着型特定施設入居者生活介護 ・地域密着型介護老人福祉施設入所者生活介護 ・介護老人福祉施設サービス ・介護老人保健施設サービス ・介護療養型医療施設サービス ・介護医療院サービス	10.90円	10.72円	10.68円	10.54円	10.45円	10.27円	10.14円	10円
・訪問リハビリテーション ・通所リハビリテーション ・短期入所生活介護 ・認知症対応型通所介護 ・小規模多機能型居宅介護 ・看護小規模多機能型居宅介護	11.10円	10.88円	10.83円	10.66円	10.55円	10.33円	10.17円	
・訪問介護 ・訪問入浴サービス ・訪問看護 ・定期巡回・随時対応型訪問介護看護 ・夜間対応型訪問介護 ・居宅介護支援 ・介護予防支援	11.40円	11.12円	11.05円	10.84円	10.70円	10.42円	10.21円	

（左側ラベル：2021年度から2023年度末までの間の地域単価）

※ サービス種類については、介護予防サービスのある居宅サービスおよび地域密着型サービスは介護予防サービスを含む。

▼介護報酬の構造イメージ（訪問看護の場合）

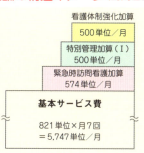

看護体制強化加算 500単位／月
特別管理加算（I） 500単位／月
緊急時訪問看護加算 574単位／月
基本サービス費 821単位×月7回 ＝5,747単位／月

例えば、1時間未満の訪問看護を月7回利用した場合、5,747単位の基本サービス費となり、さらに条件を満たせば緊急時訪問看護加算、特別管理加算、看護体制強化加算などの加算が算定可能。

05 個別サービス計画

在宅系の介護サービスの多くはケアプラン（居宅サービス計画）に沿って個別サービス計画を作成しなければなりません。

ほとんどのサービスは個別サービス計画をつくります

　自宅などに簡易浴槽を搬入し、入浴介護を行う訪問入浴介護を除き、概ねすべての在宅向け介護サービスは計画的な提供が必要とされ、事業者は計画書を作成することが求められています。具体的には、訪問介護では、①訪問介護の目標、②目標を達成するための具体的なサービスの内容などを記載した**訪問介護計画**を作成しなければなりません。通所介護では、①機能訓練などの目標、②目標を達成するための具体的なサービスの内容などを記載した**通所介護計画**を作成しなければなりません（これら個別のサービス種別ごとの計画の総称を**個別サービス計画**といいます）。そして、短期入所（ショートステイ）については、概ね4日以上連続する場合に、作成することが義務づけられています。

ケアプランとの二重構造

　また、既にケアマネジャー（介護支援専門員）が作成した**ケアプランが存在する場合は、それに沿った内容の個別サービス計画**としなければなりません。つまり、在宅サービスはケアプランを基本プランとしたうえで、個別サービス計画に具体的なサービス計画を盛り込む二重構造となっているのです。なお、訪問介護計画や通所介護計画に様式については、厚生労働省からの参考様式は示されておらず、必要な要件を満たせばよいとされています。

ワンポイントアドバイス

ケアプランにはサービス目標の達成時期を盛り込むことが省令上、義務づけられていますが、個別サービス計画には義務づけられていないなど、両者には細かい違いがあります。

●ケアプラン（居宅サービス計画）と個別サービス計画の関係

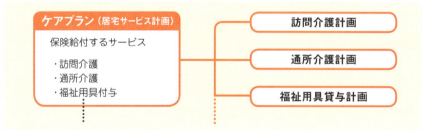

●訪問介護計画のサンプル

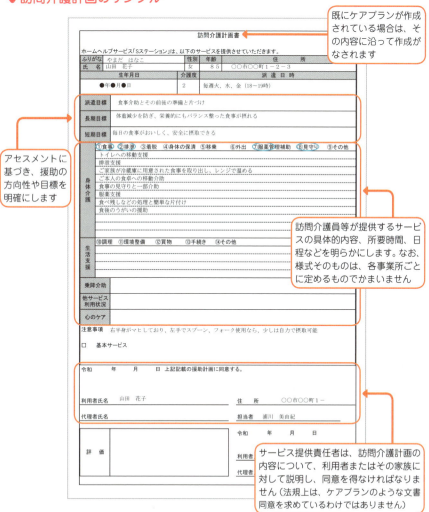

在宅系サービス①

06 居宅介護支援、介護予防支援、介護予防ケアマネジメント

要介護者向けの在宅サービスを調整するケアマネジャーは居宅介護支援事業所に配置されています（要支援や総合事業対象者は別）。

ケアプランをつくり、毎月の保険給付の管理をします

　在宅の要介護者はさまざまな介護サービスを組み合わせて使うことが可能ですが、そのサービスの連絡調整を行うのが居宅介護支援です（要支援では介護予防支援、総合事業では介護予防ケアマネジメント）。居宅介護支援事業所にはケアマネジャー（介護支援専門員）という有資格者が必置で、他の介護サービスが毎月請求する費用の上限管理も行います（**給付管理**）。

　居宅介護支援事業所のケアマネジャーは、連絡調整を行うために、ケアプラン（居宅サービス計画）を作成します。ケアマネジャーがケアプランを作成するプロセスについては厳格な規定が設けられています。

　さらに、特定の法人のサービスのみをケアプランに位置づけることが報酬減算となったり、ホームヘルプ（訪問介護）の生活援助（家事代行）を標準回数よりも多く位置づけたりした場合は、ケアプランを保険者に届け出なければならないなど、制度上のルールが厳しく定められています。ケアマネジャー**常勤1人につき担当人数は35件が基準**であり、それを超える場合は依頼を断られる場合もあります。

原則、利用者からのケアマネジャーへの支払いはありません

　その業務の重要性から居宅介護支援について、制度当初より利用者の料金負担はなく全額、介護保険でまかなわれてきました。しかし、昨今、制度の改正議論において、利用料の負担を求める論調もあり、今後の行方が注視されています。

　なお、居宅介護支援事業所のなかには、ケアマネジャーを手厚く配置し、24時間対応等をうたう「**特定事業所**」もあります。

● 居宅介護支援の基準概要

居宅介護支援

	必要となる人員
管理者	常勤の主任介護支援専門員を配置 （配置できない場合の経過措置あり）
介護支援専門員	利用者35人に対し1人を配置

介護予防支援

	必要となる人員
管理者	常勤の者を配置
担当職員	1人以上を配置 （保健師、介護支援専門員、社会福祉士、経験ある看護師、高齢者保健福祉に関する相談援助業務に3年以上従事した社会福祉主事のいずれかの要件を満たす者）

● ケアマネジメントの流れ

アセスメント
・利用者の置かれている状況の把握
・生活上の支障・要望などに関する情報を収集
・心身機能の低下の背景・要因を分析
・解決すべき生活課題（ニーズ）と可能性を把握
（→P.124）

→ 予後予測 →

ケアプラン（原案作成）
・総合的な援助方針、目標（達成時期等）を設定
・目標達成のために必要なサービス種別、回数等を設定
（→P.118〜123）

サービス担当者会議等
・ケアプラン原案に関して各サービス提供事業者から専門的な視点で検討
・調整、認識を共有（多職種協働）し、利用者への説明・同意を得てプラン決定
（→P.125）

→ サービス提供 → 給付管理 →

モニタリング評価
・予後予測に基づく再アセスメント
（→P.126）

ワンポイントアドバイス

居宅介護支援は地域密着型サービスではないため、他の市区町村の利用者へのサービス提供も可能ですが、その指定は市区町村が行います。地域包括支援センターが行う介護予防支援（予防給付）と介護予防ケアマネジメント（地域支援事業「第一号介護予防支援」）は、住所地特例対象者などを除き、原則、地域包括支援センターが所在する市区町村に住民票がある住民をサービス提供の対象とします。

ズバリ！解説

テクノロジーは介護職員不足を補えるか

◆ 2021年改正の特徴

　介護施設はできたものの、介護職員不足から開所できないという事態が一部では起こっています。今後、介護人材の不足はさらにエスカレートすることが予測されています。

　さて、このような問題に対して2021年度改正で目立ったポイントが二つありました。一つはP222で紹介した「科学的介護」です。そして、もう一つが足りない介護の手を補う道具としての機械、いわゆる「介護ロボット」の導入促進策です。

◆ 介護ロボットの課題と展望

　介護ロボットというと鉄腕アトムのような人型ロボットを想像しがちですが、もちろん、そんな高度なものはまだ開発されていません。

　厚生労働省が現在、ロボットの定義としているのは、①センサー系、②知能・制御系、③駆動系の3要素を有する、知能化した機械システムです。具体的には、見守りセンサーや自動排泄処理装置、高齢者を抱きかかえるときなどに使う装着型パワーアシスト等が中心です。いずれも現場にはほとんど普及していません。高額だからというのも理由の一つですが、一番の理由は、介護現場の役に立つほどのものではないからです（普及促進のために現在は補助金等もあります）。

　これからさらに高齢者人口が増える2025年、2040年には、今よりももっと進化した介護ロボットが開発されているかもしれません。科学的介護も今はデータベース構築中の段階ですが、その頃には、すぐれた人工知能と化しているでしょう。

　テクノロジーを多用する介護の現場で、介護職の仕事は、今とどのように変わっているでしょうか。

◆ 人材不足を補うための方策で人材不足が加速!?

　介護ロボットの一つに自動排泄処理装置というのもあります。寝たままでも排泄の後始末をすべて機械がやってくれるものです。排泄の介護を嫌悪する人も少なくないため、これは一見、画期的なロボットのように感じるかもしれません。しかし、その一方で、介護職員の中には、寝たままで排泄することへの抵抗感から、きちんとトイレに座って排泄してもらいたいと思う者も少なくありません。そのために、さまざまな工夫をしてトイレで排泄してもらい、すっきりした顔で「ありがとう」と言ってもらう。そうした一瞬に介護の喜びを個人でも、チームでも感じている介護の現場は少なくありません。しかし、自動排泄処理装置が普及すればするほど介護職員のそうしたやりがいはなくなっていくでしょう。そして、なにより読者であるあなたが、もしも寝たきりになったとき、紙オムツかトイレのどちらで用を足したいでしょうか（筆者は紙オムツで排泄した不快感を体験ずみなので断然、トイレ派です）。

　なお、介護職員の離職率の多さが長年、問題になっています。離職の最大の理由は「人間関係」ですが、業務を継続する上でもっとも重要なものは「やりがい」という調査結果が出ています。介護ロボットは、その使われ方次第で介護職から「やりがい」を搾取し、離職を促進する危険性をも秘めています。

　本来、介護職の不足を補うための道具でしかないコンピューターや介護ロボットによって、介護職がやりがいをなくし仕事を続けられなくなってしまったとしたら本末転倒です。介護職員不足に拍車がかかるようなことがないよう祈るばかりです。

諸外国では、介護職員不足を外国人でカバーする国も少なくありませんが、日本では積極的には取り組まれていません

在宅系サービス②

07 ホームヘルプ（訪問介護）

日常生活を営む「家」の中で、利用者本人（家族は対象外）の日常生活上の世話を行います。大掃除や趣味趣向は対象外です。

居宅で行われる本人のための日常生活上の世話

　ホームヘルパー（訪問介護員等）が利用者の**居宅**を訪問し、①入浴・排せつ・食事などの介護（**身体介護**）、②調理・洗濯・掃除などの家事など（**生活援助**）を提供します。ホームヘルプが行われる居宅とは、利用者が日常生活を営む社会通念上の住まいを指し、**一部の有料老人ホームなども「居宅」**に含まれます。旅行先などは居宅とはみなされず、介護給付の対象ではありません。

　家事の代行（生活援助）は単身者や家族が疾病・障害がある場合など、やむを得ない理由がある場合に限ります。通院介助などは、居宅内で行われるものではありませんが、居宅内で行われる目的地（病院など）に行くための準備という日常生活上の世話と「一連のサービス行為」として見なされ、例外的に認められています。

モラル低下しないよう細かいルールがあります

　ホームヘルプは原則、利用者の自立支援のために**日常生活上の世話**を行うものです。同居家族へのサービス提供は対象ではありませんし、大掃除のような特別手間のかかる家事も非日常的なものとして対象にはなりません。また、映画鑑賞への付き添いなど、趣味趣向のための援助も介護保険の給付対象ではありません。

　ホームヘルプは家という閉鎖空間で行われるサービスの性質上、**モラル低下を起こさないように厳格なルールが細かく規定**されています。ヘルパーは（一部の従業者を除き）週に3～4時間のみ働くといった短時間労働や複数事業所を掛け持ちで働く登録ヘルパーが数多く活躍しているのも特徴で、年代的には40～60代の女性が主流ですが、70代、80代の女性ヘルパーもいます。

　介護予防給付は2017年度末で廃止され、**地域支援事業**における訪問型サー

ビスに移管されました。障害者総合支援法上の類似サービスとの一体的な運用も可能である共生型サービスもあります(→P.132)。

▼家事援助(生活援助)の利用が認められる場合

- 利用者が一人暮らしの場合
- 利用者の家族等が障害や疾病等の理由により、家事を行うことが困難な場合
- 利用者の家族が障害や疾病でなくても、その他の事情により、家事が困難な場合
    - 例）・家族が高齢で筋力が低下していて、行うのが難しい家事がある場合
        - 家族が介護疲れで共倒れなどの深刻な問題が起きてしまうおそれがある場合
        - 家族が仕事で不在のときに、行わなくては日常生活に支障がある場合

▼一般的に介護保険の家事援助の範囲に含まれないと考えられる事例

1.「直接本人の援助」に該当しない行為
主として家族の利便に供する行為または家族が行うことが適当であると判断される行為

- 例）・利用者以外のものの洗濯、調理、買い物、布団干し
    - 主として利用者が使用する居室等以外の掃除
    - 来客の応接（お茶、食事の手配など）
    - 自家用車の洗車・清掃等

2.「日常生活の援助」に該当しない行為

(1) ヘルパーが行わなくても日常生活を営むのに支障が生じないと判断される行為
- 例）・草むしり
    - 花木の水やり
    - 犬の散歩等ペットの世話等

(2) 日常的に行われる家事の範囲を超える行為
- 例）・家具・電気器具等の移動、修繕、模様替え
    - 大掃除、窓のガラス磨き、床のワックスがけ
    - 室内外家屋の修理、ペンキ塗り
    - 植木の剪定等の園芸
    - 正月、節句等のために特別な手間をかけて行う調理等

❤訪問介護の基準概要

必要となる人員・設備等	
訪問介護員等	常勤換算方法で2.5以上
サービス提供責任者[※]	介護福祉士、実務者研修修了者、旧介護職員基礎研修修了者、旧1級課程修了者 ●訪問介護員等のうち、利用者の数40人に対して1人以上 （原則として常勤専従の者であるが一部常勤職員でも可） ●以下の要件をすべて満たす場合には、利用者50人につき1人 ・常勤のサービス提供責任者を3人以上配置 ・サービス提供責任者の業務に主として従事する者を1人以上配置 ・サービス提供責任者が行う業務が効率的に行われている場合 ※ 共生型訪問介護事業所においては、特例がある。
管理者	常勤で専ら管理業務に従事するもの
設備・備品	・事業の運営を行うために必要な広さを有する専用の区画（利用申込の受付、相談等に対応できるもの）を有していること ・訪問介護の提供に必要な設備および備品を備え付けていること

※ サービス提供責任者の業務
①訪問介護計画の作成 ②利用申込みの調整 ③利用者の状態変化、サービスへの意向の定期的な把握 ④居宅介護支援事業者との連携（サービス担当者会議出席等）⑤訪問介護員に対しての具体的援助方法の指示および情報伝達 ⑥訪問介護員の業務の実施状況の把握 ⑦訪問介護員の業務管理 ⑧訪問介護員に対する研修、技術指導等

❤訪問介護の料金概要

　要介護の料金内訳は大きくは①身体介護　②生活援助　③通院等乗降介助からなり、身体介護の料金が割高になっています。

サービス内容		訪問介護費（1単位＝10円地域）	
①身体介護	利用者の身体に直接接触して行われるサービス等 （例：入浴介助、排せつ介助、食事介助 等）	20分未満	167円
		20分以上30分未満	250円
		30分以上1時間未満	396円
		1時間以上	579円に30分を増すごとに＋84円
（20分以上の身体介護に引き続き行う）生活援助		所要時間20分から起算し、25分ますごとに加算	67（201円上限）円
②生活援助	身体介護以外で、利用者が日常生活を営むことを支援するサービス （例：調理、洗濯、掃除 など）	20分以上45分未満	183円
		45分以上	225円
③通院等乗降介助	通院等のための乗車または降車の介助 （乗車前・降車後の移動介助等の一連のサービス行為を含む）	1回につき	99円

●ヘルパーができる医療除外行為（専門的管理が必要でないものに限る）

以下の行為は医療行為ではないとされ、ヘルパーが行うことが認められています。

	できること	条件など
1	体温測定	電子・水銀体温計を使った、脇の下の測定と、耳式電子体温計による外耳道での測定であること
2	血圧測定	自動血圧気による測定であること
3	パルスオキシメーターの装着	入院治療が必要でない人に対し、動脈血酸素飽和度を測定するためであること
4	軽度な切り傷、すり傷、やけどなどの処置	専門的な判断や技術を必要としない処置であること 汚物で汚れたガーゼの交換も含む
5	軟膏の塗布	褥瘡（床ずれ）の処置を除く
6	湿布の貼付	
7	点眼薬の点眼	
8	一包化された内服薬の内服介助	舌下錠も含む
9	座薬の挿入	
10	鼻腔粘膜への薬剤噴霧	
11	爪切り	爪ヤスリによるやすりがけも含む。ツメそのものに異常がなく、爪の周囲の皮膚にも化膿や炎症がなく、かつ、糖尿病等の疾患による専門的な管理が必要でない場合
12	口腔内の刷掃・清拭	重度の歯周病等がない場合に限る。歯ブラシ、綿棒などを用いた、歯、口腔粘膜、舌に付着している汚れの除去
13	耳垢の除去	耳垢塞栓の除去を除く
14	ストマ装具のパウチにたまった排せつ物の除去	ストマ装具の交換も含む。肌への直接面に皮膚の保護機能を有する装具のみ
15	自己導尿の補助	カテーテルの準備、体位の保持などを行うこと
16	市販のディスポーザルグリセリン浣腸器を用いての浣腸	挿入部の長さが5～6cm程度以内、グリセリン濃度50％、成人用の場合で40g程度以下の容量のもの

※5～10は患者の容態が安定しており、医療職による専門的観察が不要かつ、薬剤の使用法にも専門的配慮が不要であるものに限る。

●ヘルパーができる医療行為（医療的ケア）

医療行為のなかで「痰の吸引」と「経管栄養」については、ヘルパーなどの介護職も実施できるようになりました。ただし、研修を終了し、都道府県に登録特定行為事業者として登録する必要があるなど諸条件があります。

条件付きで介護職にできる医療行為と具体的な内容

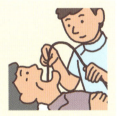

痰の吸引
口腔・鼻腔内および気管カニューレ内部の痰の吸引

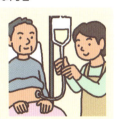

経管栄養
胃ろう・腸ろう・経鼻経管を通じた栄養剤の注入

在宅系サービス③

08 訪問看護

看護師や理学療法士等が医師の指示の下、家を訪問し、医療管理や健康状態のサポート、リハビリ等を行い、医師に報告します。

利用までに3週間から1か月近くかかる場合も

　病院や訪問看護ステーションから看護師や理学療法士、作業療法士などが利用者の家を訪問し、**療養上の世話や診療の補助**を行います。利用するには処方薬などと同様に、医師の指示（**訪問看護ステーションの場合は指示書**）が必要なため、訪問介護などの福祉系サービスに比べ、サービス開始までに3週間から1か月近くかかる場合もあります。

　そのため退院直後などで頻回の訪問看護が必要な場合は医療保険（**特別指示**）での給付となる場合もあります。

　事業所の指定については申請によるもののほか、健康保険法に定める保険医療機関の指定などを受けていれば、介護保険の指定も受けたとみなされます（**みなし指定**）。

訪問看護にできること

　サービス内容は、床ずれや気管切開の処置、点滴、中心静脈栄養、胃ろうなどの経管栄養の管理や痰の吸引などです。さらに、病状が不安定な利用者の入浴介助やシャワー、便秘対応や服薬指導、医師とのパイプ役など在宅医療を広く支えています。

　また、訪問介護ステーションに理学療法士や作業療法士などがいる場合は、訪問看護の一環としてリハビリや作業療法を行うことも可能であるため、訪問リハビリテーションが不足している地域では、その代替サービスとして利用されています。なお、定期巡回・随時対応型訪問介護看護と看護小規模多機能型居宅介護もサービスの一環として訪問看護の提供が可能です（→P.180、P.182）。

♥訪問看護の基準概要

必要となる人員・設備等

	指定訪問看護ステーション	病院または診療所である指定訪問看護事業所
人員配置基準	・保健師、看護師または准看護師（看護職員）常勤換算で2.5以上となる員数　うち1名は常勤 ・理学療法士、作業療法士または言語聴覚士　指定訪問看護ステーションの実情に応じた適当数 【管理者】 ・専従かつ常勤の保健師または看護師であって、適切な指定訪問看護を行うために必要な知識および技能を有する者	・指定訪問看護の提供に当たる看護職員を適当数
設備・備品	・事業の運営を行うために必要な広さを有する専用の事務室 ・指定訪問看護の提供に必要な設備および備品等	・事業の運営を行うために必要な広さを有する専ら事業の用に供する区画 ・指定訪問看護の提供に必要な設備および備品

♥訪問看護で受けられる主なサービス内容

主治医等との連携	入退院時における医療機関との連携
相談、助言	服薬管理、指導
急変、急性増悪等による緊急時対応	清拭、入浴介助等
カテーテル管理、吸引、経管栄養法管理、気管カニューレ・人工呼吸器使用上の管理等	口腔ケア、嚥下訓練
排せつ管理、ストーマ管理等	認知症・精神障害に対するケア
点滴注射、褥瘡・創傷処置等	リハビリテーション

一部の民間企業などが運営する訪問看護ステーションなどでは、保険外の自費サービスとして死後の処置や旅行への付き添いなどを行うところもあります

医療保険が適用される場合

要支援、要介護認定を受けた被保険者は、他の制度よりも介護保険適用を優先されるのが原則ですが、以下の場合は例外的に医療保険が適用されます。

① 訪問看護が医療保険給付となる疾病

- 末期の悪性腫瘍
- スモン
- プリオン病
- ハンチントン病
- 多発性硬化症
- 筋萎縮性側索硬化症 [ALS]
- 進行性筋ジストロフィー症
- 重症筋無力症
- 脊髄小脳変性症
- パーキンソン病関連疾患 [進行性核上性麻痺、大脳皮質基底核変性症、パーキンソン病※]
- 多系統萎縮症 [線条体黒質変性症、オリーブ橋小脳萎縮症、シャイ・ドレーガー症候群]
- 後天性免疫不全症候群 [AIDS]
- 亜急性硬化性全脳炎
- 頸髄損傷または人工呼吸器を使用している状態
- ライソゾーム病
- 副腎白質ジストロフィー
- 脊髄性筋萎縮症
- 球脊髄性筋萎縮症
- 慢性炎症性脱髄性多発神経炎

※ ホーエン・ヤールの重症度分類がステージ3以上であって、生活機能障害度がⅡ度またはⅢ度のものに限る

② 要支援・要介護者であっても訪問看護が医療保険給付となる疾病

主治医が以下の状態により、一時的に頻回（週4日以上）の訪問看護を行う必要性を認め特別訪問看護指示書が出された場合

1月に1回、14日以内
急性増悪、終末期、退院直後など

1月に2回、28日以内
- 気管カニューレを使用している状態にある者
- 真皮を越える褥瘡の状態にある者

介護保険では、区分支給限度基準額の範囲でしか保険が効かないから、頻回な訪問を必要とする疾病や状態の場合は、介護保険ではなく医療保険が適用されるのですね

●医師からの指示書の例

（別紙様式16）

訪 問 看 護 指 示 書
在宅患者訪問点滴注射指示書

※該当する指示書を○で囲むこと

訪問看護指示期間 （　　　年　月　日　〜　　　年　月　日）
点滴注射指示期間 （　　　年　月　日　〜　　　年　月　日）

患者氏名		生年月日	年　　　月　　　日（　　　歳）
患者住所		電話（　　　）　−	

主たる傷病名	（1）	（2）	（3）

現在の状況（該当項目に○等）	病状・治療状態	
	投与中の薬剤の用量・用法	1.　　　　　　　　　　2. 3.　　　　　　　　　　4. 5.　　　　　　　　　　6.
	日常生活自立度	寝たきり度　　J1　J2　A1　A2　B1　B2　C1　C2
		認知症の状況　　I　　IIa　　IIb　　IIIa　　IIIb　　IV　　M
	要介護認定の状況	要支援（ 1 2 ）　要介護（ 1 2 3 4 5 ）
	褥瘡の深さ	DESIGN分類 D3 D4 D5　　NPUAP分類 III度 IV度
	装着・使用医療機器等	1.自動腹膜灌流装置　2.透析液供給装置　3.酸素療法（　　　　l／min） 4.吸引器　　　　　5.中心静脈栄養　6.輸液ポンプ 7.経管栄養　（経鼻・胃瘻 ： サイズ　　　　　、　日に1回交換） 8.留置カテーテル（部位：　　　　サイズ　　　　、　日に1回交換） 9.人工呼吸器　（陽圧式・陰圧式 ：設定　　　　　　　　　　　） 10.気管カニューレ（サイズ　　　　　） 11.人工肛門　　12.人工膀胱　　13.その他（　　　　　　　　）

留意事項及び指示事項
I 療養生活指導上の留意事項

II 1．リハビリテーション
　　理学療法士・作業療法士・言語聴覚士が訪問看護の一環として行うものについて
　　1日あたり 20・40・60・（　　　）分を週（　　　）回（注：介護保険の訪問看護を行う場合に記載）

　　2．褥瘡の処置等

　　3．装着・使用医療機器等の操作援助・管理

　　4．その他

在宅患者訪問点滴注射に関する指示（投与薬剤・投与量・投与方法等）

緊急時の連絡先
不 在 時 の 対 応

特記すべき留意事項（注：薬の相互作用・副作用についての留意点、薬物アレルギーの既往、定期巡回・随時対応型訪問介護看護及び複合型サービス利用時の留意事項等があれば記載して下さい。）

他の訪問看護ステーションへの指示
　（　無　　有　： 指定訪問看護ステーション名　　　　　　　　　　　　　　　　　　）
たんの吸引等実施のための訪問介護事業所への指示
　（　無　　有　： 訪問介護事業所名　　　　　　　　　　　　　　　　　　　　　　　）

上記のとおり、指示いたします。

　　　　　　　　　　　　　　　　　　　　　　　　　　　年　　　月　　　日

　　　　　医療機関名
　　　　　住　　所
　　　　　電　　話
　　　　　（FAX.）
　　　　　医師氏名　　　　　　　　　　　　　　　　　印

事業所　　　　　　　　　　　殿

在宅系サービス④
09 訪問入浴

看護師、介護職などが組み立て式浴槽を利用者の家に持ち込み、入浴介護を行います。寝たきりの人も入浴できます。

終末期の入浴も可能

訪問入浴は何らかの理由で自宅でお風呂に入れず、かつ、デイサービスなどの入浴も利用できない場合などに利用されます。医師から禁止などがなされていない限り、がん末期でも入浴が可能です。ただし、健康状態によっては清拭や部分浴だけの判断となる場合もあります。基本的にはケアプランに沿って提供されるサービスですが、他の在宅サービスと違い、個別サービス計画の作成は不要です。

♥訪問入浴のしくみ　1件のサービスは約40分程度です。

準備（約15分）：体調チェック → 脱衣・浴槽へ移動

入浴（約10分）：顔拭き → 洗髪 → 洗身 → 上がり湯

片付け（約15分）：異動・着衣 → 体調チェック

♥訪問入浴の基準概要

必要となる人員・設備等	
従業者の員数	指定訪問入浴介護事業者が事業所ごとに置くべき従業者の員数については、次の通り 1．看護師または准看護師1以上 2．介護職員2以上
管理者	指定訪問入浴介護事業者は、指定訪問入浴介護事業所ごとに専らその職務に従事する常勤の管理者を置かなければならない
設備備品等	指定訪問入浴介護事業所には、事業の運営を行うために必要な広さを有する専用の区画を設けるほか、指定訪問入浴介護の提供に必要な浴槽等の設備および備品を備えなければならない

在宅系サービス⑤
10 訪問リハビリテーション

医師の指示の下、理学療法士等が利用者の家を訪問し、リハビリを行います。

病院、老人保健施設などから派遣

　病院や介護老人保健施設から、医師の指示の下、理学療法士や作業療法士などのリハビリ職が利用者の自宅を訪問しリハビリテーション（以下、リハビリ）を行うサービスです。地域によっては訪問リハビリの事業所がなく、訪問看護ステーションに所属する理学療法士などが行く代替サービスが普及している場合もあります。

　なお、通所リハビリテーションとの併用については、「通院により、同様のサービスが担保されるのであれば、通院サービスを優先すべき」とされています。なお、リハビリについては、医療保険で利用している人が介護保険で利用する場合には、医療保険を終了としなければならない場合があるなど、給付調整が必要な場合があります。

　料金は要介護認定者で1割負担の場合は、1回につき290〜320円前後（地域差あり）で、その他の加算があります。

▼訪問リハビリテーションの基準概要

必要となる人員・設備等

・人員基準

理学療法士 作業療法士 言語聴覚士	適当数置かなければならない

・設備基準

設備及び備品	病院、診療所または介護老人保健施設であること
	指定訪問リハビリテーションに必要な設備および備品等を備えているもの

在宅系サービス⑥

11 （地域密着型）通所介護

送迎車で施設に迎え、食事や入浴、機能訓練などを日帰りで提供するデイサービスです。

通所介護と類似サービスの違い

通所介護は利用定員が**19名以上の通所介護と18名以下の地域密着型通所介護**に大別されます。さらに地域密着型通所介護の一類型として看護師をより手厚く配置した療養通所介護があります。類似サービスに医師の指示に基づく医学的リハビリテーションを提供する通所リハビリテーションがありますが、通所介護では医学的リハビリテーションは行いません。また、認知症を対象として通所介護を行う認知症対応型通所介護とは違い、（地域密着型）通所介護は特に利用者の条件はなく、認知症の人も利用可能です。なお、地域密着型通所介護は事業者の所在地に住所を置く被保険者しか原則的には利用できません。要支援・要介護の被保険者だけでなく、障害児・者も受け入れ、一体的にサービス提供する運営形態も認められています（共生型）。

競争激しく、特長、利用時間、サービス内容もさまざま

通所介護の数は全介護サービスのなかで最も多く、事業者間の競争も熾烈です。各事業者が利用者獲得のためにさまざまな工夫や特徴をうちだしています。多いのは、高齢者向けのスポーツジムのように個別の機能訓練に特化したタイプや入浴の提供だけに特化したタイプ、施設の空き室に夜間の宿泊も受け入れるタイプなどです。なかには家の中やベッドまで利用者を送迎する事業者もあります。また、半日タイプ、一日タイプといった利用時間の違いもあります。

地域密着型通所介護と認知症対応型通所介護は、他の地域密着型サービス同様に地域住民や利用者・家族、市町村職員などを交えた**運営推進会議**の開催義務があります。なお、2017年3月をもって**介護予防通所介護は廃止され、介護予防・日常生活支援総合事業**における通所型サービスに移管されました。

▼ 通所介護（デイサービス）の主な類型

	地域密着型 通所介護		通所介護		
対象住民	事業所と同じ市町村に 住む住民		特に規定なし		
定員	10人未満	11〜18人	通常規模 (平均利用延人員数 750人以内／月)	大規模Ⅰ (平均利用延人員数 750人〜900人／月)	大規模Ⅱ (平均利用延人員数 900人／月超)
サービス提供 時間	・半日タイプ　・一日タイプ　・宿泊タイプ				
サービス の特色	・入浴　・運動　・マージャン・将棋等　・趣味作業　・歌・音楽				
その他	・食事の有無　・理髪サービスの有無				

※ 上記は通所介護を選ぶ指標の一例です。

▼ 通所介護の基準概要

必要となる人員・設備等

・人員基準

生活相談員 （社会福祉士等）	事業所ごとにサービス提供時間に応じて専従で1以上（常勤換算方式） ※ 生活相談員の勤務時間数としてサービス担当者会議、地域ケア会議等も含めることが可能。
看護職員 （看護師・准看護師）	単位ごとに専従で1人以上 ※ 通所介護の提供時間帯を通じて専従する必要はなく、訪問看護ステーション等との連携も可能。
介護職員	① 単位ごとにサービス提供時間に応じて専従で次の数以上（常勤換算方式） 　ア　利用者の数が15人まで1人以上 　イ　利用者の数が15人を超す場合アの数に利用者の数が1人増すごとに0.2を加えた数以上 ② 単位ごとに常時1人配置されること ③ ①の数および②の条件を満たす場合は、当該事業所の他の単位における介護職員として従事することができる
機能訓練指導員	1人以上
生活相談員または介護職員のうち1人以上は常勤	

※ 定員10名以下の地域密着型通所介護事業所の場合は看護職員または介護職員のいずれか1名の配置で可。

・設備基準

食堂	それぞれ必要な面積を有するものとし、その合計した面積が利用定員×3.0㎡以上
機能訓練室	
相談室	相談の内容が漏えいしないよう配慮されている

在宅系サービス⑦

12 療養型通所介護

看護師をより手厚く配置した地域密着型通所介護に、重度要介護者や、重症心身障害児・者などを受け入れるデイサービスです。

高い報酬だが、事業所数は100か所未満

　看護師をより手厚く配置した地域密着型通所介護に、難病等の重度要介護者やがん末期の利用者を通わせ、入浴、排せつ、食事等の介護その他の日常生活上の世話や機能訓練を提供します。

　自宅で24時間、要介護者の健康状態に注意しなければならない介護者家族の休息（レスパイト）として機能します。重症心身障害児・者を通わせる児童発達支援などを実施しているところもあります。

　ただし、このサービスは全国的に非常に少なく、まったくない地域も多くあります。介護報酬は、他のデイサービス（通所介護）よりも高く設定されていますが、2012年以降、事業所数はほとんど増えていません（100か所未満）。

▼療養型通所介護の基準概要

必要となる人員・設備等

・人員基準

管理者	管理者1人（看護師：兼務可）
嘱託医	ー
従業者	看護師または介護職員 （利用人数に応じて1.5：1を配置） （定員内で利用者外の者を受け入れる場合、利用者合計数に応じて1.5：1を満たす配置が必要）
支援管理責任者	ー

・設備基準

定員	18人以下
設備	専用部屋（6.4㎡／人） 必要な設備（兼用可）

在宅系サービス⑧

13 認知症対応型通所介護

認知症の人を専門に預かる地域密着型日帰りの施設です。グループホームを使った共用型もあるものの、普及はしていません。

地域密着通所介護に類似のデイサービス

　認知症のある人を専門的に日帰り施設に送迎し、日常生活上の世話や機能訓練を提供します。**定員は12人以下**であり、地域住民しか利用できない地域密着型サービスです。法規的には、地域密着型通所介護と非常に似ており、その違いがあいまいです。そのため、制度改正の議論ではサービス類型の再分類などを求める声も出ています。

　なお利用対象である「認知症」の確認方法については厚生労働省は医師による診断書などまでは求めていません（地域によっては診断書等を利用要件としているところもあります）。特別養護老人ホームなどに併設された「**併設型**」と、併設されていない「**単独型**」が主流ですが、グループホーム（認知症対応型共同生活介護）の居間や食堂を活用した「**共用型**」もあります。管理者には実践者研修と認知症対応型サービス事業管理者研修が義務づけられています。

●認知症対応型通所介護の基準概要（単独型・併設型）

必要となる人員・設備等

・人員基準

生活相談員	1人（事業所のサービス提供時間に応じて1以上配置）
看護職員または介護職員	2人（1人＋単位のサービス提供時間に応じて1以上配置）
機能訓練指導員	1人以上
管理者	厚生労働大臣が定める研修を修了しているものが、常勤専従

・設備基準

定員	単位ごとの利用定員は、12人以下
設備	・食堂、機能訓練室、静養室、相談室及び事務室のほか、消火設備その他の非常災害に際して必要な設備等を備える ・食堂および機能訓練室 　3㎡×利用定員以上の面積

165

在宅系サービス⑨

14 通所リハビリテーション（デイケア）

施設に日帰りで通い、医師の指示によるリハビリを実施。通所介護に比べ、医療系スタッフが多くいます。

利用のための医療書類の調整に時間がかかる場合も

　通所リハビリテーション（以下、通所リハビリ）では要介護者が病院や診療所、介護老人保健施設などに日帰りで通い、理学療法や作業療法、その他必要な医学的リハビリテーションを行います。**通称、デイケア**と呼ばれています。施設によっては、食事や入浴を提供するところもあります。

　利用するためには、各事業所に配置されている医師の指示が必要です。そこの医師への受診を求められることもあるため、類似サービスであるデイサービス（通所介護）より利用までに時間がかかります。

デイケアとデイサービスの違い

　デイサービス（通所介護）とデイケア（通所リハビリ）の最大の違いは、医師の指示、管理下において行われる医学的なリハビリの有無です。デイケアには理学療法士、作業療法士といった医療専門職が手厚く配置されています。デイケアは入院によるリハビリ終了後、引き続きリハビリを希望する場合などによく利用されます。

　なお、リハビリについては、医療保険で利用している人が介護保険で利用する場合には、医療保険を終了としなければならない場合があるなど、給付調整が必要な場合があります。

　また、介護保険の通所リハビリを利用するということは、その通所リハビリを併設する医療機関（であって、多くは整形外科）に受診するということでもあります。しかし、そことは別の整形外科などに以前より通院している場合は、担当医から利用を反対される場合もあるため、事前に相談することが重要です。料金は利用時間にもよりますが、概ねデイサービス（通所介護）よりも高くなります。

● 通所リハビリテーションの基準概要

必要となる人員・設備等

・人員基準

医師	専任の常勤医師1人以上 （病院、診療所併設の介護老人保健施設では、当該病院、診療所の常勤医との兼務可）
従事者 （理学療法士、作業療法士もしくは言語聴覚士または看護師、准看護師もしくは介護職員）	単位ごとに利用者10人に1人以上
理学療法士、作業療法士、言語聴覚士	上の内数として、単位ごとに利用者100人に1人以上※

※ 所要時間1～2時間では適切な研修を受けた看護師、准看護師、柔道整復師、あん摩マッサージ師で可。

・設備基準

リハビリテーションを行う専用の部屋	指定通所リハビリテーションを行うために必要な専用の部屋（3㎡に利用定員を乗じた面積以上）設備

● デイサービスとデイケアの比較概要

	通所リハビリテーション （通称・デイケア）	通所介護 （通称・デイサービス）
運営母体	主に医療法人、社会福祉法人	主に営利民間法人、社会福祉法人
医師	配置あり	配置なし
理学療法士、作業療法士等	原則、配置あり	加算算定時は配置あり
看護師	看護師か介護職のいずれか配置されることが多い	短時間の配置が多い
介護職		配置あり
生活相談員 （社会福祉士等）	配置なし	配置あり
サービスの特徴	医師の指示の下に行われるリハビリテーションのほか、入浴、食事、送迎が行われることも	レクリエーションや歌、手芸など楽しみ・親睦重視の内容。なかには理学療法士などを配し、リハビリ顔負けの機能訓練を提供するところもあるなどバラエティ豊か

在宅系サービス⑩

15 短期入所生活介護、療養介護（ショートステイ）

ショートステイは生活系と医療系に大別され、医療系は診療情報などが必要。ケアマネジャーを介して要支援でも利用可能です。

医療系ショートは医師の書類が必要です

短期入所生活介護（以下、ショートステイ）は特別養護老人ホーム（介護老人福祉施設）や専用の入所施設に利用者が短期間、入所して食事、排せつ、入浴などの介護、その他の日常生活上の世話や機能訓練を提供します。

大きくは、**10個以下の個室と共有スペースからなるタイプ（ユニット型）と、個室ではあるものの共有スペースはないタイプ（従来型個室）、相部屋タイプ（多床室）** に分けられます。

一方、短期入所療養介護（以下、医療ショートステイ）は介護老人保健施設や介護療養型医療施設、介護医療院などの医療系の介護保険施設などに短期間、入所するものですが、介護老人保健施設以外での受け入れは、あまりなされていないのが実情です。

入所に際しては、**施設の医師の管理下におけるサービスのため、診療情報などの書類（紹介状の類）を求められることが一般的です**。ショートステイに比べ、看護師やリハビリテーション（以下、リハビリ）などを担う理学療法士などの医療職の配置が手厚くなっています。

利用期間は原則30日です

ショートステイは、ケアマネジャー（居宅介護支援）のケアプランを介した利用であり、概ね4日以上、利用する場合はケアプランに沿った個別サービス計画がつくられます。

利用期間は、原則的には連続30日、要支援・要介護の認定期間の2分の1以内とされています（特に必要な場合等除く）。要支援でも利用可能です。

所得に応じた軽減制度があります

介護保険施設同様に部屋代（滞在費）と食費には所得に応じた軽減制度があります（**特定入所者介護サービス費**）。平均的な料金は要介護3、特別養護老人ホーム内併設型の多床室で1割負担者の1日分が概ね800～1,000円前後です（部屋代、食費は別）。

♥短期入所生活介護の基準概要

必要となる人員・設備等

・人員基準

医師	1人以上
生活相談員	利用者100人につき1人以上（常勤換算）[※1]
介護職員または看護師もしくは准看護師	利用者3人につき1人以上（常勤換算）
栄養士	1人以上[※2]
機能訓練指導員	1人以上
調理員その他の従業者	実情に応じた適当数

[※1] うち1人は常勤（利用定員が20人未満の併設事業所を除く）。
[※2] 利用定員が40人以下の事業所は、一定の場合は、栄養士を置かないことができる。

・設備基準

利用定員等	20人以上とし、専用の居室を設ける[※]
居室	定員4人以下、床面積（1人当たり）10.65㎡以上
食堂及び機能訓練室	合計面積3㎡×利用定員以上
浴室、便所、洗面設備	要介護者が使用するのに適したもの

[※] ただし、併設事業所の場合は、20人未満とすることができる。
※ その他、医務室、静養室、面談室、介護職員室、看護職員室、調理室、洗濯室または洗濯場、汚物処理室、介護材料室が必要。

> 短期入所生活介護利用中でも、末期の悪性腫瘍患者である場合と（認知症を除く）精神科訪問看護基本療養費を算定する場合は、（医師の指示により）医療保険による訪問看護が利用できます

在宅系サービス⑪

16 福祉用具貸与

介護ベッドや車いすなど13種類がレンタル対象ですが、要介護度や心身状況など利用の条件が細かく設定されています。

介護ベッドは原則、要介護2以上か相当の理由が必要

　福祉用具のレンタルは福祉用具専門相談員が利用者などの相談を受け、介護ベッド（特殊寝台）などの機器を利用者の自宅に搬入します。レンタル対象は、段差解消スロープや車いすなど13種類。無条件に借りられるわけではなく、例えば、**介護ベッドは原則、要介護2以上**が給付対象とされており、要支援1から要介護1で利用するには、認定調査「起き上がり」の項目が「できない」者や「寝返り」が「できない」者など諸条件があります。なお、福祉用具の保管や消毒は他業者に委託も可能で、実際のレンタル時には別業者が搬入することも少なくありません。レンタルに際し、福祉用具専門相談員は利用者に対して、**原則、複数の商品情報を提示し、福祉用具貸与計画を作成**します。

▼福祉用具の範囲

・車いす、付属品

・特殊寝台、付属品

・体位変換器

・手すり

・スロープ

・歩行器

・認知症老人徘徊感知機器

・歩行補助つえ

・移動用リフト

・自動排せつ処理装置

・床ずれ防止用具

レンタル料金は自由価格だが、上限あり

　レンタル料金については、以前は業者の価格競争を促す観点から自由価格でしたが、一部で不当に高額な料金設定をする事業者もあったため2018年10月からレンタル価格の上限が設定されるようになりました。なお、身体障害者手帳と介護認定の2つを持っている人が車いすを使用する場合は、原則、介護保険を優先適用します。しかし、個別の身体状況にフィットする商品が介護保険にない場合は障害者総合支援法からの給付も可能とされています。

●要支援1〜要介護1に対する福祉用具貸与の例外給付の条件の概要

対象外種目	【例外給付対象】	認定(基本情報)調査の結果
車いす・付属品 ※①または②に該当	①日常的に歩行が困難な者	基本調査1－7 「3．できない」
	②日常生活範囲における移動の支援が特に必要と認められる者	主治医から得た情報、適切なケアマネジメントで判断
特殊寝台・付属品 ※①または②に該当	①日常的に起き上がりが困難な者	基本調査1－4 「3．できない」
	②日常的に寝返りが困難な者	基本調査1－3 「3．できない」

　　　　　　　　　　　　　　　　　　　　　　　　↓ 該当しない場合

次のいずれかに該当する旨が医師の医学的な所見に基づき判断され、かつサービス担当者会議などを通じた適切なケアマネジメントにより、福祉用具貸与が特に必要である旨が判断されている場合

ⅰ	疾病その他の原因により、状態が変動しやすく、日によってまたは時間帯によって、頻繁に上表の【例外給付対象】に該当する者 (例：パーキンソン病の治療薬によるＯＮ・ＯＦＦ現象)
ⅱ	疾病その他の原因により、状態が急速に悪化し、短期間のうちに上表の【例外給付対象】に該当するに至ることが確実に見込まれる者(例：がん末期の急速な状態悪化)
ⅲ	疾病その他の原因により、身体への重大な危険性または症状の重篤化の回避等医学的判断から上表の【例外給付対象】に該当すると判断できる者 (例：ぜんそく発作などによる呼吸不全、心疾患による心不全、嚥下障害による誤嚥性肺炎の回避)

※ 床ずれ防止用具、体位変換器、認知症老人徘徊感知機器などは省略している。

在宅系サービス⑫

17 特定福祉用具販売

衛生面などの理由でレンタルになじまない排せつや入浴の用具は購入対象です。ケアプランを要しないため原則、償還払いです。

1年に月10万円までが給付対象です

　家の中で使用する簡易トイレ（ポータブルトイレ）やシャワーチェア（入浴用椅子）など衛生面で、レンタルになじまない福祉用具は介護保険の購入対象です。どの店舗で購入しても介護保険が使えるわけではなく都道府県の指定事業者からの購入物品に限ります。インターネット販売等も対象ではありません。

　支給額は1年間（4月から翌年3月末）10万円で、1～3割を負担割合に応じて支払います。給付は他の在宅介護サービスと異なり、購入時に一旦、利用者が全額を支払い、後日、申請により保険給付分（7～9割）が支払われます（**償還払い**）。ただし、一部の地域では利用者の負担軽減の観点から、事業者が被保険者に代わって給付額を立て替えて、被保険者に代わって給付額を受け取る**「受領委任」**も採用されています。

　償還払いが原則のサービスなのでケアマネジャーを介さなくても要支援か要介護の認定を受けていれば利用が可能です。同一年度内では、同一種目の購入は1回までとされていますが、破損や介護の程度が著しく高くなった場合などで、市町村が認める場合は例外購入も可能です。

便利になる反面、危険が増す場合もあります

　購入対象品目はシャワーチェアやポータブルトイレが多いのですが、その他にもいろいろと便利なものがあります。例えば、和式便器の上に設置して洋式にする便座や浴槽の縁にかけて浴槽の出入りを容易にする入浴台などは知名度が低いですが、うまく使えば生活の質を向上させることができます。

　便利な福祉用具ですが、使用することでかえって掃除の手間が増えたり、利用者の状況によっては転倒などの危険性が高まるものもあるため、使用前の十分な検討が重要です。

▼福祉用具販売の対象用具

腰掛便座

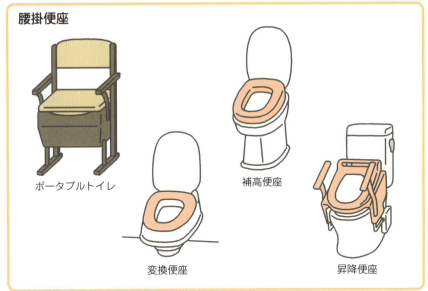

ポータブルトイレ / 補高便座 / 変換便座 / 昇降便座

自動排せつ処理装置の交換可能部品

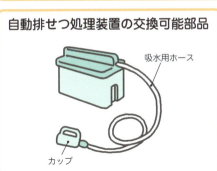

移動用リフトのつり具部分

入浴補助用具

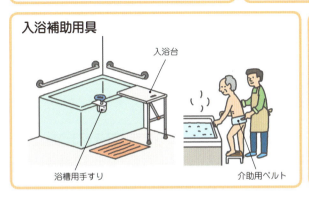

簡易浴槽

在宅系サービス⑬

18 住宅改修

手すり設置など、20万円までの小規模な住宅改修の費用が支給されます。原則、事前申請が必要で、償還払いが一般的です。

トラブルが多く、事業者登録制としている地域も

　手すりの取り付けや段差の解消、浴室床材の変更など、厚生労働省の定める小規模な住宅改修について、利用者が居住する住宅について行った場合に、その費用が支給されます。手続きはケアマネジャーを介さなくても行えますが、施工前に市町村からの許可を得なければなりません。提出書類の一部にケアマネジャーか専門職などの記載が必要なもの（**住宅改修が必要な理由書**）もあるため、ケアマネジャー経由の利用が一般的です。施工業者は、原則的にはどの事業者でも可能ですが、施行内容や手続き上のトラブルが多いため登録制としている地域もあります。

　支払い方法は、原則、工事完了後に利用者が全額を支払い、事後申請で支払を受けるしくみです（**償還払い**）。利用者負担を軽減する観点から、事業者が被保険者に代わって給付額の立て替えをし、被保険者に代わって給付額を受け取る「**受領委任**」を採用する地域もあります。

事前申請で施工許可を得る

　給付額については利用者1人につき20万円分までとしており、そのうち各利用者ごとに定められた負担割合（1～3割）に応じ支払います。

　工事の費用が20万円に満たなかった場合の残額は持ち越され、以後、住宅改修を行う際に使うことができます。全額使ってしまった場合、再支給はありません。

　例外的に再支給されるのは、**転居した場合や要介護状態区分が3段階以上重くなった場合**です。なお、家の新築にあわせて本給付を受けることはできません。退院前の施工は、市町村が認めた場合は可能ですが、結果的に退院しないこととなった場合は、支給されないので注意が必要です。

▼住宅改修の種類

(1) 手すりの取付け

(2) 段差の解消

(3) 滑りの防止及び移動の円滑化等のための床または通路面の材料の変更

(4) ざらつきのあるタイルで転倒を予防
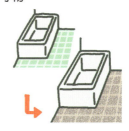

(5) 引き戸等への扉の取替え

(6) 洋式便器等への便器の取替え

(7) その他(1)～(6)の住宅改修に付帯して必要となる住宅改修

▼住宅改修の流れ

ケアマネジャー等に相談 → 施工事業者の選択・見積もり依頼 → 市町村へ工事前に申請 → 市町村は内容を確認し、結果を教示 → 改修工事の施工 → 完成／施工業者へ支払 → 市町村へ工事後に改修費の支給申請 → 住宅改修費の支給額の決定・支給

在宅系サービス⑭

19 居宅療養管理指導

医師、歯科医師、薬剤師、歯科衛生士、管理栄養士などが訪問して、ケアマネジャーや利用者に助言等を行います。

自宅を訪問し療養上の管理や指導を行います

医師、歯科医師、薬剤師などが、通院困難な利用者の自宅を訪問し、療養上の管理および指導を行います。独歩で家族・介助者等の助けを借りずに通院ができる場合などは、通院は容易であると考えられるため、居宅療養管理指導費は算定できません。ケアマネジャーが開催するケアプランに関する打ち合わせ(**サービス担当者会議**)の場などにおいて主治医が医学的見地から助言、指導を与えたり、利用者の健康状態などについて書面で情報提供することなどが代表的です。

また、一人暮らしの軽度認知症者などが薬剤をうまく管理できずに誤って服用してしまう場合などに、薬剤師が自宅を訪問し、薬を仕分けるなど服薬管理の指導なども行います。

その他、管理栄養士、歯科衛生士などの訪問による居宅療養管理指導もありますが、医師・歯科医師以外の職種が指導を行う場合には、医師・歯科医師の指示が必要です。

ケアマネジャーがいなくても利用可能

支給限度基準額の対象サービスではないため、ケアプランがなくても利用可能です。利用に際しては、ケアマネジャーを介する必要はありません。ただし、在宅介護サービスなどを利用している場合は、担当のケアマネジャーと連携を図りながら行うのが原則です。

一部の有料老人ホームなどでは提携している医療機関や薬局などが、なかば機械的に訪問し、診療報酬とは別に、本サービス料を請求していることもありますが、必要性がなければ断ることはもちろん可能です。本サービスを利用している場合、**他の医療系サービス同様に、通所介護や訪問介護(身体介護)などが医療費控除の対象**となります。

▼居宅療養管理指導の基準概要

各職種が行う指導の概要	
医師または歯科医師	●計画的かつ継続的な医学的管理または歯科医学的管理に基づいて実施 ●居宅介護支援事業者に対する、居宅サービス計画の策定等に必要な情報提供 ●居宅要介護者や家族等に対する、居宅サービスを利用するうえでの留意点や介護方法等についての指導および助言 ●訪問診療または往診を行った日に限る
薬剤師	●医師または歯科医師の指示に基づいて実施される薬学的な管理及び指導 ●居宅介護支援事業者に対する、居宅サービス計画の策定等に必要な情報提供
歯科衛生士	●訪問歯科診療を行った歯科医師の指示に基づき、管理指導計画に従った口腔内の清掃や有床義歯の清掃等に関する実地指導
管理栄養士	●計画的な医学的管理を行っている医師の指示に基づき、栄養管理に係る情報提供および指導または助言を30分以上行う

※ 居宅療養管理指導の事業を行うことができるのは、病院、診療所、薬局等である。

▼医療費控除の対象（または対象外）となる居宅サービス等の概要

	居宅サービス等の種類　※介護予防サービス含む
① 医療費控除の対象となる居宅サービスなど	●訪問看護●訪問リハビリテーション●居宅療養管理指導●通所リハビリテーション●短期入所療養介護●定期巡回・随時対応型訪問介護看護（一体型事業所で訪問看護を利用する場合に限る）●看護小規模多機能型居宅介護（生活援助中心型の訪問介護の部分を除く）
② ①の居宅サービス等とあわせて利用する場合のみ医療費控除の対象となる居宅サービス等	●訪問介護（生活援助（調理、洗濯、掃除等の家事の援助）中心型を除く）●夜間対応型訪問介護●訪問入浴介護●通所介護●地域密着型通所介護●認知症対応型通所介護●小規模多機能型居宅介護●短期入所生活介護●定期巡回・随時対応型訪問介護看護（一体型事業所で訪問看護を利用しない場合及び連携型事業所に限る）●看護小規模多機能型居宅介護（上記①の居宅サービスを含まない組み合せにより提供されるもの（生活援助中心型の訪問介護の部分を除く）に限る）●地域支援事業の訪問型サービス（生活援助中心のサービスを除く）●地域支援事業の通所型サービス（生活援助中心のサービスを除く）
③ 医療費控除の対象外となる居宅サービス等	●訪問介護（生活援助中心型）●認知症対応型共同生活介護●特定施設入居者生活介護●地域密着型特定施設入居者生活介護●福祉用具貸与●看護小規模多機能型居宅介護（生活援助中心型の訪問介護の部分）●地域支援事業の訪問型サービス（生活援助中心のサービスに限る）●地域支援事業の通所型サービス（生活援助中心のサービスに限る）●地域支援事業の生活支援サービス

在宅系サービス⑮

20 小規模多機能型居宅介護

デイサービス、ホームヘルプ、ショートステイ、ケアマネジャーが定額セットになった地域住民限定の29名登録制サービスです。

認知症の独居などに力を発揮するサービス

　デイサービスを中心としつつ、時には、そこに宿泊したり、そこの職員がホームヘルパーとして利用者の家に訪問もする、そんなスタッフが1人3役をこなすサービスが小規模多機能型居宅介護です。サービスの違いによって担当スタッフが変わることがないため、なじみの人間関係がつくりやすく、認知症ケアや独居高齢者などに有効なサービスと言われています。

ホームヘルプやデイサービスは使えません

　利用上の注意点としては、ケアマネジャーも小規模多機能型居宅介護のケアマネジャーになるため、**一般の在宅向けのケアマネジャー（居宅介護支援）を利用している場合は、ケアマネジャーを変更することになります**。また、小規模多機能型居宅介護が提供できない訪問看護や福祉用具などのサービスは併用可能ですが、**デイサービスやホームヘルプ、ショートステイについては他事業者の利用はできなくなります**。料金は原則、一か月定額の固定料金ですが、何らかのサービス提供を、概ね週4日以上提供することが求められており、下回る場合は費用の減額がなされます。

　なお、事業所の指定は市町村が行う地域密着型サービスですが、公募を通じた選考を行うことも可能で、事業者数がいたずらに増えすぎないようにコントロールすることも可能なため、事業者の数はホームヘルパーやデイサービスほど多くはありません。また、実績のある法人であって、一定の条件を満たした場合には、「**サテライト型事業所**」として本体事業所とは別に簡易タイプの事業所を設置できます。これは、一部の職員を本体事業所の職員でまかなったり、融通を効かせ、本体事業所と連携を図りながら運営されるもので、登録定員も18名とやや少なめです。

▼小規模多機能型居宅介護のイメージ

在宅生活の支援 / **小規模多機能型居宅介護事業所**

様態や希望により、「訪問」

訪問

人員配置は固定にせず、柔軟な業務遂行を可能に。どのサービスを利用しても、なじみの職員によるサービスが受けられる。

「通い」を中心とした利用

様態や希望により、「泊まり」

利用者の自宅

介護職 / ケアマネ

運営推進会議
利用者、利用者の家族、地域住民、市町村の職員、地域包括支援センターの職員等による会議において、概ね2月に1回以上、活動状況等について協議・報告・評価を行う

○外部の視点の評価による地域に開かれたサービス
○サービスの質の確保

利用者
- 1事業所の登録定員は29名以下
- 「通い」の利用定員は登録定員の2分の1～15名の範囲内（一定の要件を満たす場合は最大18名）
- 「泊まり」の利用定員は通いの利用定員の3分の1～9名の範囲内

人員配置
- 介護・看護職員
  日中：通いの利用者3人に1人＋訪問対応1人
  夜間：泊まりと訪問対応で2人（1人は宿直可）
- 介護支援専門員1人

設備
- 居間および食堂は機能を十分に発揮しうる適当な広さ
- 泊まりは4.5畳程度でプライバシーが確保できるしつらえ

要介護度別の月単位の定額報酬

▼小規模多機能型居宅介護基準概要

小規模多機能型居宅介護はサテライトの設置も可能です。

必要となる人員・設備等

			本体事業所
代表者			認知症対応型サービス事業開設者研修を修了した者
管理者			認知症対応型サービス事業開設者研修を修了した常勤・専従者
小規模多機能型居宅介護事業所	日中	通いサービス	常勤換算方法で3：1以上
		訪問サービス	常勤換算方法で1以上（他のサテライト型事業所の利用者に対しサービスを提供することができる。）
	夜間	夜勤職員	時間帯を通じて1以上（宿泊利用者がいない場合、置かないことができる）
		宿直職員	時間帯を通じて1以上
	看護職員		小規模多機能型居宅介護従業者のうち1以上
介護支援専門員			介護支援専門員であって、小規模多機能型サービス計画等計画作成担当者研修を修了した者1以上

※ 代表者・管理者・看護職員・介護支援専門員・夜間の宿直者（緊急時の訪問対応要員）は、本体との兼務等により、サテライト型事業所に配置しないことができる。

21 在宅系サービス⑯ 看護小規模多機能型居宅介護

> 小規模多機能（訪問、通所、宿泊）に訪問看護を加えたサービスで訪問看護には医師の指示が必要です。事業所数はまだ少数です。

運営ノウハウの確立が難しく事業者少数

　小規模多機能型居宅介護（以下、小多機）の通所・宿泊・訪問介護に、あらたに**訪問看護**の機能を加えたものが看護小規模多機能型居宅介護です（複合型サービスが2015年改正で名称変更）。

　想定している利用者像としては、**①退院直後の在宅生活へのスムーズな移行、②がん末期等の看取り期、病状不安定期における在宅生活の継続、③家族に対するレスパイトケア、相談対応による負担軽減**といったものです。そして、地域密着型サービスのため事業所所在地の被保険者を対象としています。看護師の訪問を利用するには、訪問看護と同様に医師の指示が必要です。

　ただし、このサービスは全国的にはあまり普及していません。背景には看護職員の確保が難しいことや、採算性が悪いことなどがあると考えられています。地域の医療ニーズの受け皿として必要な機能をもったサービスであるため、今後、運用面や費用面でのテコ入れや緩和策が見込まれます。

●看護小規模多機能型居宅介護の概要

登録利用者への看護小規模多機能型居宅介護の提供

通い、泊まり ― 自宅 ― 訪問（看護・介護）

看護小規模多機能型居宅介護事業所
医療ニーズの高い利用者の状況に応じたサービスの組み合わせにより、地域における多様な療養支援を行う
- 登録定員：29名以下（通い定員18名以下・宿泊定員9名以下）
- 主な人員：常勤換算2.5以上の看護職員（うち常勤保健師または看護師1以上）、専従の介護支援専門員、その他職員

登録利用者以外への訪問看護
登録利用者以外の地域住民に対しても訪問看護を提供
（指定訪問看護事業所の指定をあわせて受けている場合）

在宅系サービス⑰

22 夜間対応型訪問介護

在宅版の夜間ナースコールでホームヘルパーが自宅に来てくれるサービスです。しかし、あまり普及していません。

都市部の一部に偏在するのみ

病院のナースコールのようにボタンを押せば、夜間にホームヘルパーが自宅を訪問してくれたり、定期的に排せつ介助にも対応します。2000年に介護保険が始まって以降、ホームヘルプ（訪問介護）は爆発的に増加したものの、ほどなくして独居高齢者や高齢者世帯を在宅で支えきれていないといった課題が生じました。特に夜間帯の在宅サービスがなく安易な救急車要請や入院に結びつくような実態がありました。そこで、2006年度に本サービスが誕生したのですが、大都市の一部を除き、あまり普及していません。運用面、採算面などの問題から手を上げるサービス事業者がほとんどいないからです。

▼夜間対応型訪問介護のイメージ

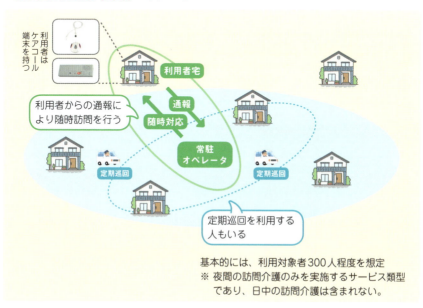

基本的には、利用対象者300人程度を想定
※ 夜間の訪問介護のみを実施するサービス類型であり、日中の訪問介護は含まれない。

在宅系サービス⑱

23 定期巡回・随時対応型訪問介護看護

ホームヘルプ（訪問介護）と訪問看護の定期的な訪問はもちろんのこと、ナースコールを押せば臨時対応もしてくれるサービスです。

都市部を除き普及率は少なめです

　24時間、定期的な訪問に加え、コールを押せばホームヘルパーや看護師が通話対応してくれて、必要なら自宅に訪問してくれる。まさに病院のナースコールを在宅にもってきたようなサービスが定期巡回・随時対応型訪問介護看護です。名前の通りホームヘルプ（訪問介護）と訪問看護を提供するのですが、訪問介護と訪問看護の提供は必ずしも同一事業所で行う（**一体型**）必要はなく、他の訪問看護事業所に委託する形も可能です（**連携型**）。看護師の訪問には主治の医師の指示が必要です。地域密着型サービスなので事業所所在地の住民だけが利用できます。

　ただし、このサービスは都市部を除き、全国的にはあまり普及していないのが実情です。

料金は定額制で複雑な算定ルールはありません

　従来の訪問介護は1回ごと、時間に基づく出来高払いでしたが、本サービスは1か月の定額制です。サービス提供上の細かい制限やルールもさほど多くはないためサービスとしては、訪問介護より優れているといえます。

　利用するには、ケアマネジャー（居宅介護支援）のケアプランを介した利用になります。ただし、訪問介護と異なり、サービス提供の日時など、ケアプランに記載がなくても本サービス従業者の判断で行ってよいことになっています。

　また、本サービスは地域に開かれたサービスとなるよう、利用者・家族や町内会役員などの地域住民代表者、医療関係者などに向けて定期的に事業報告を行い評価を受けることになっています（**介護・医療連携推進会議**）。

▼定期巡回・随時対応サービスのイメージ

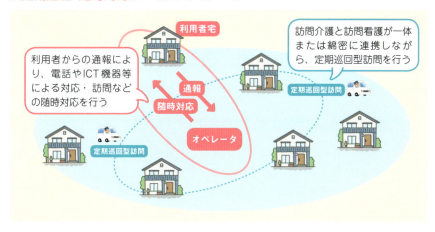

▼定期巡回・随時対応型訪問介護看護の基準

職種		資格等	必要な員数等
訪問介護員等	定期巡回サービスを行う訪問介護員など	介護福祉士、実務者研修修了者介護職員基礎研修、訪問介護員1級、訪問介護員2級	・交通事情、訪問頻度等を勘案し適切に定期巡回サービスを提供するために必要な数以上 ・常時、専ら随時訪問サービスの提供に当たる訪問介護員が1以上確保されるための必要数（利用者の処遇に支障がない場合、定期巡回サービスに従事することができる） ・夜間・深夜・早朝の時間帯（午後6時から午前8時まで）についてはオペレーターが随時訪問サービスを行う訪問介護員等を兼務可能
看護職員	うち1名以上は、常勤の保健師または看護師とする	保健師看護師、准看護師PT、OT、ST	・2.5以上（併設訪問看護事業所と合算可能） ・常時オンコール体制を確保
オペレーター		看護師、介護福祉士等のうち、常勤の者1人以上＋1年以上訪問介護のサービス提供責任者として従事した者	・利用者の処遇に支障がない範囲で、当該事業所の他職種および同一敷地内の他の事業所・施設等（特養・老健等の夜勤職員、訪問介護のサービス提供責任者、夜間対応型訪問介護のオペレーター）との兼務可能 ・夜間・早朝と同様の事業所間の連携が図られている時は、オペレーターの集約を認める
上記の従業者のうち、1人以上を計画作成責任者とする		看護師、介護福祉士等のうち、1人以上	
管理者			・常勤・専従の者（当該事業所の職務や併設事業所の管理者等との兼務を認める）

(注) ▭ …介護・看護一体型にのみ配置が必要となる職種（介護・看護連携型の場合は連携先の訪問看護事業所に配置される）。
※ 訪問介護員等については、利用者の処遇に支障がない範囲で、他の施設等の夜勤職員（加配されている者に限る）との兼務可能。
※ 「オペレーションセンター」の設置は設備基準としては求めず、地域を巡回しながら適切に随時のコールに対応する形態も可能。
※ 利用者がコールを行う、オペレーターがコールを受ける際の機器は、一般に流通している通信機器等の活用が可能。

> ズバリ！解説

科学的介護とは？

◆介護人材不足の切り札？

　わが国はこれまでの高齢化問題に加えて、生産年齢人口の急激な減少というダブルパンチがやってきます。このままでは今以上に〈少ない人手で、多くの老人の介護をする〉ことになるのは必至です。そうした状況の下で厚生労働省は、今後は介護から無駄や非効率な業務をなくし、効率性や生産性を上げる必要があると考えています。そこで切り札として考えている策が「科学的介護」です。

◆2021年度よりさらに推進される科学的介護

　これは全国の介護サービス事業者が提供したサービス情報で構築した膨大なデータベースを人工知能などに分析させて必要な介護やサービスを介護サービス事業者等へ戻していく仕組みです（2021年度改正でも科学的介護の推進のために多くの改正が行われました）。

　例えば、要介護でリハビリを受けている高齢者Aさんがいます。Aさんの運動機能はデータ上、他の高齢者ほど運動の効果が出ていません。また、Aさんは低体重で、かつ食事の摂取量が必要量に比べると少ないようです。サービス事業者はそれら各種のデータを入力し、厚生労働省のデータベースへ情報提供します。その際、運動面だけでなく、栄養面等でも同様にデータを提供していきます。

　そうして集積されたAさんに関するさまざまなデータを厚生労働省のデータベースが分析し、「Aさんはリハビリだけではなく、間食を食べることでリハビリの効果が高まる」等のフィードバックがサービス事業者になされます。それを受けたサービス事業者は、Aさんに間食も取り入れたサービス計画などを作成し対応します。

　と、いうのが大まかな流れです。この例は、Aさん個人に対する活用法で

すが、B事業所全体のデータ分析からB事業所に必要なプログラム等を提案するような活用策も想定されています（p.222「コラム　科学的介護への懸念」も参照してください）。

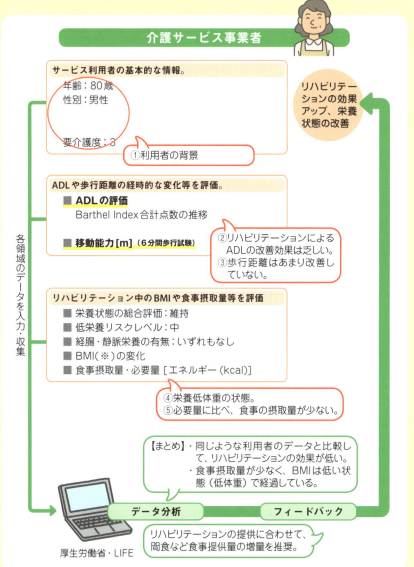

主な施設の類型と料金

名称	法的位置付け	ケアマネジメント	法的なサービス概要	住所地特例
サービス付き高齢者向け住宅	高齢者住まい法※1に基づく安否確認等のサービス付き住宅	居宅介護支援を経た外部の介護サービスにより提供※2	高齢者を入居させ、状況把握サービス、生活相談サービスその他の高齢者が日常生活を営むために必要な福祉サービスを提供する	食事提供などあれば適用
シルバーピア（シルバーハウジング）	旧建設省・厚生省通知による公的な賃貸住宅	居宅介護支援を経た外部の介護サービスを利用	高齢者の生活特性に配慮した住宅等の供給とライフサポートアドバイザーにより福祉サービスの提供を行う	適用されない
介護付有料老人ホーム（特定施設入居者生活介護）	有料老人ホーム（老人福祉法）の内、特定施設入居者生活介護（介護保険法）の指定を受けているもの	施設ケアマネジャーが施設サービスまたは外部サービスを調整して利用	高齢者を入居させ、入浴、排せつ、もしくは食事の介護、食事の提供またはその他の日常生活上必要な便宜であって、厚生労働省令で定めるものの供与をする事業を行う施設	適用
健康型有料老人ホーム	有料老人ホーム（老人福祉法）であって自立の人が入居	要介護状態になれば、介護専用室に移り住んでサービスが受けられる		適用
住宅型有料老人ホーム	有料老人ホーム（老人福祉法）であって、食事等はつくが、介護は別契約で居宅サービスを利用	居宅介護支援を経た外部の介護サービスにより提供		適用
軽費老人ホーム（ケアハウス）	老人福祉法（昭和38年）に基づき、食事提供等をする施設。A型、B型、ケアハウス、都市型に区分される	居宅介護支援を経た外部の介護サービスにより提供※2	無料または低額な料金で、高齢者を入所させ、食事の提供その他日常生活上必要な便宜を供与する	適用
養護老人ホーム	生活保護世帯などにより家で養護を受けることが困難な人が行政措置により入所する（老人福祉法）	居宅介護支援を経た外部の介護サービスにより提供※2	65歳以上の者であつて、環境上の理由および経済的理由により居宅において養護を受けることが困難な人を入所させる	適用
介護老人福祉施設（特別養護老人ホーム）	特別養護老人ホーム（老人福祉法上）を介護保険法上に位置付けたもの。ユニット型、従来型などで費用が異なる。虐待ケースなどでは老人福祉法による措置入所も	介護保険施設。食費、居住費の負担軽減制度あり。オムツ代も介護費用に含む。施設ケアマネジャーのもと施設スタッフによる介護サービス提供	入浴、排せつ、食事等の介護その他の日常生活上の世話、機能訓練、健康管理および療養上の世話を行う	適用
介護老人保健施設	旧老人保健法による老人保健施設を介護保険法上で位置付けたもの		看護、医学的管理下における介護、機能訓練、医療、日常生活上の世話等を行う	適用
介護療養型医療施設	療養病床（医療法）の病床を介護保険法に位置付けたもの。2024年3月末廃止予定		療養上の管理、看護、医学的管理下における介護、機能訓練、医療などを行う	適用
介護医療院	要介護1以上。介護療養型医療施設などの転換候補		療養上の管理、看護、医学的管理下における介護、機能訓練、医療、日常生活上の世話を行う	適用
認知症対応型共同生活介護	認知症高齢者グループホーム（老人福祉法）を介護保険法上に位置付けたもの。地域密着型サービスのため施設所在地の住民の利用が原則	施設の計画作成担当者と施設スタッフによる介護サービス提供	要介護者で認知症の人に共同生活住居で、入浴、排せつ、食事等の介護その他の日常生活上の世話および機能訓練を行う	適用されない

上記のほか、短期入所、（看護）小規模多機能型居宅介護の宿泊サービス、通所介護の保険外宿泊事業などもある。
※1 高齢者の居住の安定確保に関する法律（高齢者住まい法）。
※2 特定施設入居者生活介護の指定を受けている場合は、施設ケアマネジャーにより一般型または外部サービス利用型の類型に準じたサービス提供。

▼認定区分と施設費用のめやす

月額費用

健康型有料老人ホーム
住宅型有料老人ホーム
[入居金0〜数千万円]

介護付有料老人ホーム
[入居金0〜数千万円]

サービス付き高齢者向け住宅
[物件により敷金0〜150万円等]

認知症対応型共同生活介護
[一部入居金あり]

軽費老人ホーム
[入居金0〜数百万円]

介護老人福祉施設※
介護老人保健施設
介護療養型医療施設
介護医療院
[入居金なし]

シルバーピア
[入居金なし]

養護老人ホーム
[生活保護など]

30万円
25万円
20万円
15万円
10万円
5万円

要介護度

| 自立 | 要支援1 | 要支援2 | 要介護1 | 要介護2 | 要介護3 | 要介護4 | 要介護5 |

※ **要介護1〜2の介護老人福祉施設の特例入所要件**
・認知症、知的障害・精神障害等で日常生活に支障を来すような症状・行動や意思疎通の困難さが頻繁
・家族等による深刻な虐待が疑われることなどにより、心身の安全・安心の確保が困難
・単身世帯である、同居家族が高齢、病弱である等により家族等による支援が期待できず、かつ、地域での介護サービスや生活支援の供給が不十分

※ 上記費用などはすべて目安。また、外部（居宅）介護サービスを利用する場合、区分限度額を超えた費用は全額自己負担となる。

4

介護保険サービスの種類 ▼ 主な施設の類型と料金

187

施設系サービス①

24 介護老人福祉施設
（地域密着型介護老人福祉施設入所者生活介護）

終身の入所を前提とした生活施設です。対象は原則、要介護3以上ですが、例外要件もあります。（特別養護老人ホームのこと）

希望者が多く数年待ちというところも

　基本的には要介護の認定を受けた人の終身入所を前提としている施設です。特別養護老人ホームは10戸以下の個室と共同生活室を一区画として介護を提供する**ユニット型**と、単に個室が配置された**従来型個室、相部屋（多床室）**に大別され、それぞれ費用も異なります。生活保護を受給している人の場合、個室料金が割高なユニット型の利用を原則的に認めない自治体もあります。他の介護保険施設に比べて、費用的には安いため申し込み希望者が多く、地域によっては数年待ちといったところもあります。

　2015年に入所の要件が見直され、要介護1、2の人は特別な場合を除いて入所できなくなりました。さらに、サービス付き高齢者向け住宅など他の受け皿増加の影響もあり、近年は都市部でも空きが出始め、入所しやすくなっています。

ケアも入所対応もさまざま

　入浴または清拭は週に2回以上行うことが義務づけられています。原則的に、身体をベッド上にしばりつけること（身体拘束）は行われません（やむを得ない場合を除く）。痰の吸引が必要な人や胃ろうなどの経管栄養の人の受け入れについては、人員整備や対応可能な範囲が施設によって違いますので事前に確認する必要があります。看取りは、利用者や家族の求めに応じて半数以上の施設が行っていますが、これもマンパワー不足や医療対応が必要な場合などは病院へ搬送される場合も少なくありません。

　入所手続きは、地域や施設により異なります。「地域密着型（29人以下）」を除いて、住所地以外の施設にも申し込めますが、優先順位は下がる傾向があります。利用料は所得や要介護度、居室の種類やサービス内容（加算等）により、

異なりますが総じて月額5〜15万円の範囲です（1割負担の場合）。

▼介護老人福祉施設の基準概要

必要となる人員・設備等

・人員基準

医師	入所者に対し健康管理および療養上の指導を行うために必要な数
生活相談員	常勤の者で、入所者の数が100またはその端数を増すごとに1以上
介護職員または看護職員	入所者の数が3またはその端数を増すごとに1以上
栄養士機能訓練指導員	1以上
介護支援専門員	1以上（入所者の数が100またはその端数を増すごとに1を標準とする）

・設備基準

居室	原則定員1人、入所者1人当たりの床面積10.65㎡以上
医務室	医療法に規定する診療所とすること
食堂及び機能訓練室	床面積入所定員×3㎡以上
廊下幅	原則1.8m以上
浴室	要介護者が入浴するのに適したものとすること

ユニット型介護老人福祉施設の場合、上記基準に加え、以下が必要
・共同生活室の設置
・居室を共同生活室に近接して一体的に設置
新・1のユニットの定員は概ね10人以下とし、15人を超えないこと
・昼間は1ユニットごとに常時1人以上の介護職員または看護職員、夜間は2ユニットごとに1人以上の介護職員または看護職員を配置
・ユニットごとに常勤のユニットリーダーを配置など

▼主な料金

1日当たりの利用料金のあらまし（要介護3、多床室、1単位10円地域の場合）

基本介護費用	各種加算	居住費	食費	その他の日常生活費
712円（1割負担者の場合）※1	平均0〜300円※1	（相部屋の場合）平均0〜855円	平均300〜**新**1,445円※4（2021.8〜）	
軽減あり※2		軽減あり※3		

※1 利用者の負担率は負担割合証により示される。
※2 利用者負担額については、高額介護サービス費や高額医療合算介護サービス費による利用者負担額の軽減あり。
※3 特定入所者介護サービス費（負担限度額）による居住費・滞在費、食費の軽減あり。
※4 2021年7月まで基準費用額は1,392円

介護保険施設と住所地の特例

他市町村の介護保険施設などへ入所し、住民票を移した場合でも、入所前の市町村が介護保険の被保険者となり、これを住所地特例といいます（→P.54）。これは施設が多い地域の保険料高騰などに対処するためです。

▼住所地特例制度について

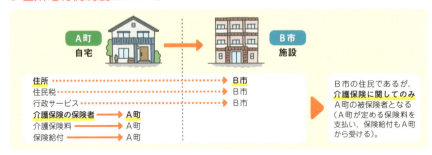

入所の必要性の高さを判断する基準の例

入所の優先順位については、先着順ではなく、必要性を判断する基準が保険者により設けられています。

介護の必要の程度	要介護度
家族の状況	単身世帯か否か 同居家族が高齢または病弱か否かなど
その他	居宅サービスの利用に関する状況など

▼要介護1、2の人の特例的な施設への入所要件

特別養護老人ホームの対象は原則、要介護3以上ですが、例外規定も設けられています。

(1) 認知症である者であって、日常生活に支障を来すような症状・行動や意思疎通の困難さが頻繁に見られること。
(2) 知的障害・精神障害などを伴い、日常生活に支障を来すような症状・行動や意思疎通の困難さ等が頻繁に見られること。
(3) 家族等による深刻な虐待が疑われることなどにより、心身の安全・安心の確保が困難であること。
(4) 単身世帯である、同居家族が高齢または病弱であるなどにより家族等による支援が期待できず、かつ、地域での介護サービスや生活支援の供給が不十分であること。

▼居室のタイプ

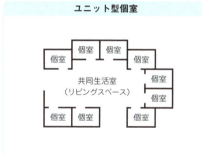

ユニット型個室

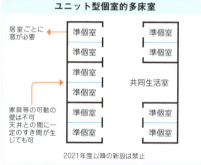

ユニット型個室的多床室
2021年度以降の新設は禁止

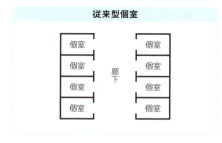

従来型個室

多床室

▼とある施設の一日

7:00ごろ	起床・洗面・整容
8:00	朝食、歯磨き・口腔ケア
9:15ごろ～	体操
9:30～	入浴
10:30～	機能訓練
12:00～	昼食、歯磨き・口腔ケア
14:00ごろ～	余暇活動（お散歩や外出活動、グループ活動など）
14:30～	お茶・お菓子 入浴
18:00～	夕食
21:00ごろ	就寝

※上記のほかに季節の行事やイベントなどを多くの施設が行っている。

施設系サービス②

25 介護老人保健施設

自宅と病院の中間施設としてリハビリや医療ケアの必要な人が、およそ3〜12か月間を目安に入所する施設です。

3〜12か月での退所を前提としたリハビリ施設

病状が安定し、入院による治療などの必要性はないが、リハビリを中心とする医療ケアや介護を必要とする要介護1以上の人が入所する施設です。そのため、**管理者は原則、医師**であり、特別養護老人ホームに比べ、看護師やリハビリテーション（以下、リハビリ）などを担う理学療法士などの医療職の配置が手厚くなっています。

在宅復帰に力を入れている施設なので、終身の入所施設ではなく、3〜12か月での退所が大半です。ただし、一部には寝たきりや重い認知症の人などを長期に受け入れる療養型も存在します（**介護療養型老人保健施設**）。

1割負担者は平均月額85,000円〜

入所手続きは、利用者または家族などが直接、施設に申し込みます。入所は、先着順ではなく、医学的管理の下における介護および機能訓練の必要性が**判定会議**で検討され、必要性の高い人からの入所となります。

入所手続きに、相応の時間を要するため（1〜3か月所要）、2週間前後の入院後に、そのまま介護老人保健施設へ入所することは通常は困難です。対応できる医療や投与薬剤に限界もあるため、場合によっては入所を断られたり、薬の変更・減薬などを条件とされる場合があります。

料金については、所得や要介護度、居室の種類やサービス内容（加算など）により、異なりますが総じて月額6〜20万円の範囲です（1割負担の場合）。

入所後は施設のケアマネジャーがケアプランを作成し、それに基づき、看護、医学的管理の下における介護やリハビリ（機能訓練）その他の必要な医療などが行われます。

●介護老人保健施設の基準

必要となる人員・設備等

・人員基準

医師	医師常勤1以上、100対1以上
薬剤師	実情に応じた適当数（300対1を標準とする）
看護・介護職員	3対1以上、うち看護は2/7程度
支援相談員	1以上、100対1以上
理学療法士、作業療法士または言語聴覚士	100対1以上
栄養士	入所定員100以上の場合、1以上（100対1を標準とする）
調理員、事務員その他の従業者	実情に応じた適当数

・設備基準

療養室	1室当たり定員4人以下、入所者1人当たり8㎡以上
機能訓練室	1㎡×入所定員数以上
食堂	2㎡×入所定員数以上
廊下幅	1.8m以上（中廊下は2.7m以上）
浴室	身体の不自由な者が入浴するのに適したものなど

ユニット型介護老人保健施設の場合、上記基準に加え、
・共同生活室の設置
・療養室を共同生活室に近接して一体的に設置
・1のユニットの定員は概ね10人以下
・昼間は1ユニットごとに常時1人以上、夜間および深夜は2ユニットごとに1人以上の介護職員または看護職員を配置
・ユニットごとに常勤のユニットリーダーを配置など

●主な料金について

1日当たりの利用料金のあらまし（要介護3、多床室、1単位10円地域の場合）

基本介護費用	各種加算	居住費	食費	その他の日常生活費
884円（1割負担者の場合）※1	平均0〜500円 ※1	（相部屋の場合）平均0〜377円	平均300〜1,445円※4（2021.8〜）	
※2		※3		

※1 利用者の負担率は負担割合証により示される。
※2 利用者負担額については、高額介護サービス費や高額医療合算介護サービス費による利用者負担額の軽減あり。
※3 特定入所者介護サービス費（負担限度額）による居住費・滞在費、食費の軽減あり。
※4 2021年7月まで基準費用額は1,392円

ここがポイント！

「指定」がつく施設とつかない施設

　指定介護老人福祉施設は老人福祉法上の設置許可を得た特別養護老人ホームがケアマネジャーなどを配置して、指定を受けた場合の名称です。しかし、介護老人保健施設や介護医療院は設置根拠を介護保険法にもち、基準等を満たせば、そのまま開設許可を得るため「指定」は行われません。よって、名称には「指定」を冠しません。

施設系サービス③

26 介護医療院

病院における長期療養の機能と介護保険施設における生活施設としての役割をあわせ持つ施設です。2018年度に新設されました。

療養病床等からの転換策

介護医療院は2つに大別され、一つは**医療療養病床や介護療養型医療施設からの転換を想定したもの（Ⅰ型）**。もう一つは、長期療養を必要とする利用者を受け入れる**介護療養型老人保健施設からの転換を想定したものです（Ⅱ型）**。

職員配置や設備基準などは、それぞれに準拠したものとなっています。

Ⅰ型とⅡ型の比較

Ⅰ型（療養機能強化型A・B相当）は、痰の吸引や経管栄養の対応を必要とし、かつ要介護4、5を中心とした長期の医療・介護が必要な人が対象です。重篤な身体疾患を有する人、身体合併症を有する認知症のある人で容体が急変するリスクがある人や24時間の看取り・ターミナルケアにも対応すべく当直体制（夜間・休日の対応）や電話による呼び出し対応（オンコール対応）も行います。

Ⅱ型（療養型介護老人保健施設相当）は、Ⅰ型同様の医療の必要性はあるものの、**容体が比較的安定した利用者を想定**しています。理学療法士等のリハビリ専門職を置くことが必須となっていない点などが、介護老人保健施設とは異なります。

Ⅰ型、Ⅱ型ともに利用者1人当たりの床面積は、8.0㎡／人です。床面積6.4㎡／人の場合は改修などが必要になります（大規模改修までは経過措置あり）。また、レクリエーションルームも必要です。

料金については、所得や要介護度、居室の種類やサービス内容（加算など）により、異なりますが総じて月額13〜16万円前後です（1割負担の場合）。

▼介護医療院の基準概要

Ⅰ型介護医療院	Ⅱ型介護医療院
・重篤な身体疾患を有する者と身体合併症を有する認知症高齢者（認知症であって、悪性腫瘍と診断された者、パーキンソン病関連疾患などと診断された者、認知症の日常生活自立度Ⅲb以上）の占める割合が50％以上。 ・喀痰吸引、経管栄養、インスリン注射を必要とする人の割合が50％[※1]以上。 ・次のいずれにも適合する者の占める割合が10％[※2]以上。 ①医師が回復の見込みがないと診断した者。 ②入所者、家族等の同意を得て、ターミナルケア計画作成。 ③医師、看護、介護職員等が共同して、随時、インフォームドコンセントに基づくターミナルケア。 ・生活機能を維持改善するリハビリテーションを行っている。 ・地域貢献活動を行っている。 ※1 Ⅰ型介護医療院（Ⅱ）（Ⅲ）では、30％。 ※2 Ⅰ型介護医療院（Ⅱ）（Ⅲ）では、5％。	・下記のいずれかを満たすこと。 ①喀痰吸引、経管栄養を必要とする人の割合が15％以上。 ②著しい精神症状、周辺症状、重篤な身体疾患が見られ専門医療を必要とする認知症高齢者（認知症の日常生活自立度M）が20％以上。 ③著しい精神症状、周辺症状、重篤な身体疾患、日常生活に支障を来すような症状・行動や意志疎通の困難さが頻繁に見られ専門医療を必要とする認知症高齢者（認知症の日常生活自立度Ⅳ以上）が25％以上。 ・ターミナルケア体制が取られている。

▼主な料金

（看護＜6:1＞[※1]介護＜4:1＞　Ⅰ型　療養機能強化型Ａ相当　多床室）

1日当たりの利用料金のあらまし（要介護5、1単位10円地域の場合）

基本介護費用	各種加算	居住費	食費	その他の日常生活費
1,340円 （1割負担者の場合）[※2]	平均 0～500円 [※2]	（相部屋の場合） 平均 0～377円	平均 300～ 1,445円[※5] （2021.8～）	その他の 日常生活費
※3		※4		

※1 看護〈6：1〉とは看護職員の配置比率を指し、「入所者の数が6または端数を増すごとに1以上配置する」という意味。
※2 利用者の負担率は負担割合証により示される。
※3 利用者負担額については、高額介護サービス費や高額医療合算介護サービス費による利用者負担額の軽減あり。
※4 特定入所者介護サービス費（負担限度額）による居住費・滞在費、食費の軽減あり。
※5 2021年7月まで基準費用額は1,392円

施設系サービス④

27 介護療養型医療施設

医療が必要かつ、要介護4、5の人を中心に受け入れる介護保険適用ベッドがある病院。介護医療院などへの転換が進む方向です。

痰の吸引や経管栄養が必要で要介護4、5中心

　痰や唾液、鼻汁などを本人の力だけで出せない場合に、器械を使って吸い出す「痰の吸引（喀痰吸引）」や、穴を開けた胃に管（カテーテル）を介して栄養を直接、送り込む「経管栄養」の管理などの医療行為が必要な要介護4、5の人を中心に受け入れる病院や診療所のうち、介護保険を適用させる施設が介護療養型医療施設です。

　外見上は「○○病院」と一般の病院と変わりません。ただし、この施設類型は2024年度末での廃止が決まっており、その転換先として介護医療院などが想定されています（介護医療院に転換したあとも同じ病院名は使えるため、外観に変化がない場合もあります）。新たな指定開設も行われていません。特別養護老人ホーム（介護老人福祉施設）の数が8,000か所近くあるのに対し、こちらは約1,300か所とその数も多くはありません。

　利用者の多くは、重度の要介護者であることに加え、医療管理が必要であるため、他に代わりとなる受け皿もありません。そのため、入所が長期化し、そのまま亡くなる人も少なくありません（平均在所日数約500日）。

医療病床から介護病床への転棟多し

　入所時の手続きは家族などが病院に直接、相談することも可能ですが、実際には他の一般病棟等の入院患者であって、前述の医療行為や要介護度の条件を満たしている場合に転院・転棟などの形がとられることも多く行われています。料金については、所得や要介護度、居室の種類やサービス内容（加算など）により、異なりますが総じて月額11～14万円前後です（1割負担の場合）。

●介護療養型医療施設の基準

必要となる人員・設備等

・人員基準

医師	医療法に規定する必要数以上（概算で48対1）
薬剤師	医療法に規定する必要数以上（概算で150対1以上）
看護職員	6対1以上
介護職員	6対1以上
理学療法士、作業療法士	実情に応じた適当数
栄養士	医療法に規定する必要数以上（100床以上の場合1）
介護支援専門員	1以上（100対1を標準とする）

・設備基準

病室	1室当たり定員4人以下、入院患者1人当たり6.4㎡以上
機能訓練室	40㎡以上
食堂	1㎡×入院患者数以上
廊下幅	1.8m以上（中廊下は2.7m以上）
浴室	身体の不自由な者が入浴するのに適したもの

●主な料金について

（看護＜6:1＞[1] 介護＜4:1＞ 病院における療養機能強化型A＜多床室＞）
1日当たりの利用料金のあらまし（要介護5、1単位10円地域の場合）

基本介護費用	各種加算	居住費	食費	その他の日常生活費
1,198円（1割負担者の場合）[2]	平均 0～500円 [2]	（相部屋の場合）平均 0～377円	平均 300～1,445円[5]（2021.8～）	
[3]		[4]		

[1] 看護〈6:1〉とは看護職員の配置比率を指し、「入所者の数が6または端数を増すごとに1以上配置する」という意味。
[2] 利用者の負担率は負担割合証により示される。
[3] 利用者負担額については、高額介護サービス費や高額医療合算介護サービス費による利用者負担額の軽減あり。
[4] 特定入所者介護サービス費（負担限度額）による居住費・滞在費、食費の軽減あり。
[5] 2021年7月まで基準費用額は1,392円

●介護療養病床数の推移

2024年度末での廃止が決まっているため、年々減少している。

施設系サービス⑤

28 認知症対応型共同生活介護

5～9人の認知症高齢者が介護スタッフの援助の下、共同で生活します。看取りまで行うこともあります（グループホームのこと）。

生活そのものが認知症に効くというサービス理念

　グループホームは名前の通り、認知症の高齢者が共同生活用の住居（ユニット）で生活を送るサービスです。

　共同生活住居は、**5～9戸の個室と共同の居間や食堂などで構成**されます。施設スタッフによる援助の下、共同で調理をしたり買い物、菜園づくりなど、できることを、無理のない範囲で入居者が行うことが認知症の進行防止や症状緩和に効果的とされているからです。もっとも、入居者の要介護度が重くなるとその家事も行えなくなります。従前はそうした場合に退去となる施設もありましたが、昨今は要介護4～5の重度の人も受け入れ、看取りまで行うところもあります。

　グループホームは医師、看護師などの医療職の配置はないため、必要な場合には外部の医療機関などを利用することになります。しかし、頻回な痰の吸引がある場合など、施設で対応できない場合は退去となる場合もあります。

原則、地域住民限定、例外もあります

　入居申し込み時に**主治医の認知症の診断書等が必要**です。利用に当たっては直接、施設に申し込み、施設のケアマネジャーなどがケアプランを作成します。地域密着型サービスなので事業所所在地の住民が対象ですが、隣接市町村に住んでいて市町村同士が協定を結んでいると利用可能な場合もあります。なお、入居するために住民票を移す場合は、「3か月以上、その地に住んでいる者」と条件付けしている自治体も多いので、事前の確認が必要です。サービスの性質上、閉鎖的になりやすいため、あらかじめ運営上のルール（運営基準）として、外部向けの活動報告（**運営推進会議**）などが義務づけられています。

▼認知症対応型共同生活介護の基準概要

必要となる人員・設備等

・人員基準

介護従業者	日中：利用者3人に1人（常勤換算） 夜間：ユニットごとに1人
計画作成担当者	🆕事業所ごとに1名以上（最低1人は介護支援専門員）
管理者	3年以上認知症の介護従事経験があり、厚生労働大臣が定める研修を終了した者が常勤専従

・設備基準

利用者	🆕●1事業所当たり1以上3以下の共同生活住居（ユニット）を運営 ●1ユニットの定員は、5人以上9人以下
設備	●住宅地等に立地 ●居室は、7.43㎡（和室4.5畳）以上で原則個室 ●その他 　居間、食堂、台所、浴室、消火設備その他非常災害に際して必要な設備
運営	●運営推進会議の設置 　・利用者・家族・地域住民・外部有識者などから構成 　・外部の視点で運営を評価

🆕※2021年度よりサテライト事業所も設置可

▼各サービスの外部評価、運営推進会議等

グループホームに義務づけられていた「運営推進会議における評価」と「外部の者による評価」が2021年度より、いずれか1つでよいことになりました。

	認知症 グループホーム	定期巡回・ 随時対応型 訪問介護看護	地域密着型 通所 介護・認知症 対応型 通所介護	（看護） 小規模多機能 型居宅介護	地域密着型 介護老人福祉 施設
運営推進会議 ※定期巡回・随時対応型訪問介護看護は介護・医療連携推進会議	○ 2月に1回以上開催 🆕1年に1回以上は自己評価及び外部評価を実施	○ 6月に1回以上開催 1年に1回以上は自己評価及び外部評価を実施	○ 6月に1回以上開催	○ 2月に1回以上開催 1年に1回以上は自己評価及び外部評価を実施	○ 2月に1回以上開催
外部評価	○ 都道府県が指定する外部評価機関によるサービスの評価を受け、結果を公表	― ※H27～ 介護・医療連携推進会議に統合	―	― ※H27～ 運営推進会議に統合	―

施設系サービス⑥

29 （地域密着型）特定施設入居者生活介護（介護付き有料老人ホーム）

老人福祉法に根拠をもつ有料老人ホームなどが、介護保険上の人員基準や設備基準を満たし、介護報酬を請求する場合の名称です。

事業者数は計画的に管理されています

　介護保険施設（特別養護老人ホームなど）以外の施設による介護サービスは、介護保険の適用となりませんが、厚労省の定める施設（特定施設）に限り、同省の定める指定基準をみたせば、介護保険適用となります。それが特定施設入居者生活介護です。本サービスの指定を受けられる特定施設は、**老人福祉法上の有料老人ホーム、養護老人ホーム、軽費老人ホーム（以下、ケアハウス）および高齢者住まい法*上のサービス付き高齢者向け住宅**です（食事、家事、介護、健康管理のいずれの提供もない場合は除く）。有料老人ホームにはさまざまな種類がありますが、「介護付き」を名乗ることができるのは、本サービスの指定を受けたものだけです。

　本サービスには指定の申請を都道府県などの自治体が拒否できるしくみ（**総量規制**）が設けられており、事業者数が計画的に管理されています。また、介護保険施設などと同様に他の自治体の施設に入所した場合は、入所前の市町村の被保険者となります（**住所地特例**）。

部屋代、入居金、オプション料金など高額な場合も

　介護サービスを施設のスタッフが提供する場合（一般型）は要介護度に応じた定額料金ですが、介護サービスを外部の事業者に委託する場合は定額報酬と利用したサービス量に応じた出来高払いの混合となります（いずれの場合もケアプランは施設に属するケアマネジャーが担当）。本サービスには部屋代や食費は含まれず、さらに、介護保険施設のような負担軽減はありません。有料老人ホームなど**部屋代や入居金、オプションサービスの料金などが高額**な施設もあります。

コトバ

＊ **高齢者住まい法**▶高齢者の居住の安定確保に関する法律。

♥ 特定施設入居者生活介護の概要

人員基準

- **管理者** ― 1人［兼務可］
- **生活相談員** ― 要介護者等：生活相談員＝100：1
- **看護・介護職員** ― ①要支援者：看護・介護職員＝10：1
  　　　　　　　　　　②要介護者：看護・介護職員＝3：1
  ※ ただし看護職員は要介護者等が30人までは1人、30人を超える場合は、50人ごとに1人。
- **機能訓練指導員** ― 1人以上［兼務可］
- **計画作成担当者** ― 介護支援専門員1人以上［兼務可］
  ※ ただし、要介護者等：計画作成担当者100:1を標準。

設備基準

① **介護居室**：・原則個室
　　　　　　　・プライバシーの保護に配慮、介護を行える適当な広さ・地階に設けない等
② **一時介護室**：介護を行うために適当な広さ
③ **浴室**：身体の不自由な者が入浴するのに適したもの
④ **便所**：居室のある階ごとに設置し、非常用設備を備える
⑤ **食堂、機能訓練室**：機能を十分に発揮し得る適当な広さ
⑥ **施設全体**：利用者が車いすで円滑に移動することが可能な空間と構造

♥ 有料老人ホーム等（老人福祉法）と特定施設入居者生活介護（介護保険法）の概念図

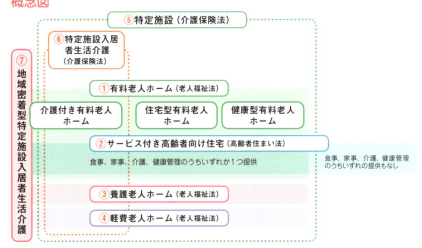

①有料老人ホーム、②サービス付き高齢者向け住宅（食事、家事など提供するもの）③養護老人ホーム④軽費老人ホームは、介護保険法上の⑤特定施設に当たります。
⑤特定施設のうち、厚生労働省の定める基準等を満たしたものは⑥特定施設入居者生活介護の指定を受けられます（有料老人ホームのうち「介護付き」を名乗れるのは特定施設入居者生活介護の指定を受けたもののみです）。
⑦特定施設入居者生活介護であって定員が29名以下のものは地域密着型特定施設入居者生活介護に位置づけられます。
　特定施設であって、（地域密着型）特定施設入居者生活介護の指定を受けない場合であって、介護保険サービスを利用する場合は、ケアマネジャー（居宅介護支援）によるケアプランの下、在宅介護サービスを利用します（健康型有料老人ホーム除く）。

30 有料老人ホームとサ高住と介護保険の料金の関係

施設の種類が複雑な原因は、それぞれの根拠法が異なるからです。施設のどの部分が介護保険適用となるか整理しましょう。

有料老人ホームとサービス付き高齢者向け住宅の違い

有料老人ホームは、高齢の入居者に、食事、介護、家事、健康管理のうち、いずれかのサービスを提供する住まいと定義されています。

アパートなどに高齢者を一人でも住まわせて、食事を提供すれば、(届出の有無にかかわらず) 有料老人ホームとみなされ、立ち入り検査や行政処分の対象となります (老人福祉法)。

他方、**有料老人ホームと似ている施設にサービス付き高齢者向け住宅** (高齢者住まい法) があります (以下、サ高住)。国土交通省が中心となって推進した高齢者向けの「住まい」です (設置、開業は都道府県に登録制)。安否確認サービスはあるものの、単なる住まいですから、**介護サービスを利用するには、在宅ケアマネジャー (居宅介護支援) を介して調整してもらうのが一般的**です。

有料ホーム等の料金のしくみ

介護保険の適用部分や考え方は大きく、以下の2つに分かれます。
①ケアプランを施設専属のケアマネジャー (介護支援専門員) が担う特別養護老人ホームや特定施設入居者生活介護など。
②ケアプランを在宅のケアマネジャー (居宅介護支援事業所の介護支援専門員) が担うもの。

①は、さらに介護保険と食費、部屋代などの実費だけで主な運営が行われる比較的安価な介護保険施設 (特別養護老人ホーム、介護老人保健施設など) と、前払い金 (入居一時金) や介護サービス以外の料金が比較的高額な有料老人ホーム・サ高住 (特定施設入居者生活介護の指定を受けたもの) に分かれます。

②の多くは住宅型の有料老人ホームとサ高住ですが、こちらも入居時の前払い金などが比較的高額です。加えて、要介護度に応じた上限額までしか保険が

適用されません（区分支給限度基準額）。そのため、介護量が増えた場合などは、超過部分に対して自己負担が発生する可能性があります。

▼各種施設の料金体系の概要

◆介護付き有料老人ホームのほか、特定施設入居者生活介護は入居金（前払い金）、月額利用料が高額であることに加え、その他の上乗せサービス料金がかかり高額になる傾向があります（一部、安価なものも登場しています）。

予防給付・介護給付	介護職員を手厚く配置した場合の料金※2	個別的な選択による生活支援サービス利用料※3	〈入居金（前払い金）〉 0〜5000万円前後 〈月額利用料〉 15万から50万円前後	食費
1〜3割負担※1				

※1 負担率は負担割合証により示される。
※2 国基準より手厚く配置した場合の料金。
※3 規定以上の入浴や買い物代行などを利用した場合の料金。

◆住宅型有料老人ホーム、サービス付き高齢者向け住宅は介護保険の利用料以外に要介護度別の区分支給限度基準を超える介護サービスは保険が適用されず自費となります。入居金（前払い金）や月額利用料は特定施設入居者生活介護に比べると、比較的、安価な傾向です。

在宅介護の場合は区分支給限度基準額を超えた額は全額自己負担※1	予防給付・介護給付	個別的な選択による生活支援サービス利用料※3	〈入居金（前払い金）〉 0〜3000万円前後 〈月額利用料〉 15万から30万円前後	食費
	1〜3割負担※2			

※1 在宅サービスについては、要介護に応じた支給限度基準額（保険対象費用の上限）が設定されている。
※2 居宅介護支援は全額が保険給付される。負担率は負担割合証により示される。
※3 介護保険サービス以外の入浴や買物代行などを利用した場合の料金。

203

31 苦情と不服、国保連の役割

苦情の窓口は各サービス、市町村、国保連などに設けられていますが、まずは事実確認を行う調査が行われます。

全サービスが苦情窓口を設けています

　苦情受け付けと対応については、複数の対応策があります。まず、厚生労働省令により、**介護サービス事業者は苦情の受付窓口を設置しなければならず**、契約時に交わす重要事項説明書に担当者氏名などが記載されています。また、市町村も苦情を受け付けており、必要な場合には介護サービス事業者（以下、事業者）に対し調査・指導・助言などを行います。受け付けられた苦情は公正中立性の観点から、通常は事実把握のための双方関係者への調査が行われるので、苦情受付後すぐに事業者へ罰則が科されるということはありません。

法的責任の審判は行いません

　市町村で対応が困難な事案などについては、都道府県に置かれた国民健康保険団体連合会（国保連）が受け付け、調査・指導・助言を行います。ただし、市町村や国保連は、事業者の**過失や損害賠償責任の有無等の法的責任に関わる判断**を行うところではありません。例えば、介護サービス提供中に骨折事故が事業者の責任において発生した場合、その損害賠償については事業者には義務が課せられていますから、賠償しない場合は、速やかに賠償する旨の指導が行われます。しかし、骨折の原因が事業者の過失によるものなのか、利用者の責任によるものなのかといった**責任の所在が不明確な場合に、その審判を行う機関ではない**ため、時に利用者と事業者の裁判となることもあります（訴訟時の取り扱いなどは通常、契約書に記載されています）。

　なお、事業所全体の組織的な問題が背景にある場合や市町村や国保連からの指導に従わない場合、その他、必要な場合には指定権限をもつ都道府県（地域密着型サービスなどは市町村）が事業者に立ち入り指導監査を行い、悪質な場合には指定取り消しなどの行政処分を下すことができます。

● 苦情相談のフロー図

　苦情の受け付けについては、内容等に応じてさまざまな対応策が設けられています。

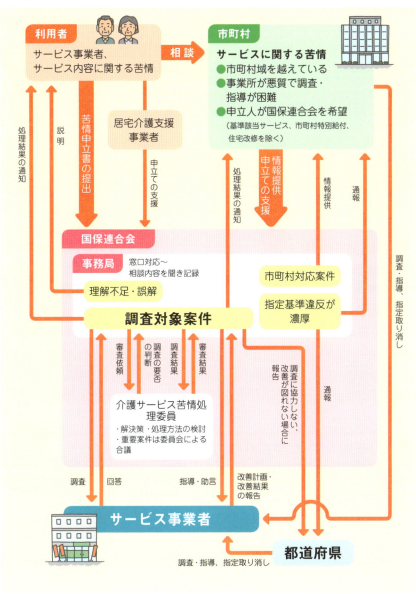

出典：北海道国民健康保険団体連合会

32 不服申立てと審査請求

市町村が行った介護認定などに関する不服申し立てを、都道府県に設置された介護保険審査会が受け付け審理・裁決を行います。

介護認定や保険料が不服審査の対象

　保険者である市町村が被保険者に対して行う①被保険者証の交付の請求に関する処分、②要支援・要介護認定に関する処分、③保険料、④その他の介護保険法における徴収金に関する処分（財政安定化基金拠出金、納付金およびその納付金滞納時の延滞金を除く）について、被保険者は介護保険審査会（以下、審査会）に不服申立てを行うことができます。

　審査会は都道府県に１つ置かれています。委員は、被保険者代表（3人）、市町村代表（3人）、公益代表（3以上であって政令で定める基準に従い条例で定める員数）から構成され、都道府県知事が任命します。そのうち公益代表の委員から会長を１人選出します。

　また、要支援・要介護認定に関する処分に対する審査請求の事件に関しては、審査会内に専門調査員を置くことができます。この専門調査員は、要介護者などの保健、医療、福祉に関する学識経験者の中から、都道府県知事が任命します。

処分を知った日の翌日から３か月以内が有効期間

　なお、審査請求は、処分があったことを知った日の翌日から**起算して３か月以内**に、文書または口頭でしなければなりません。正当な理由により、この期間内に審査請求をすることができなかったことを証明したときは、この限りではありません。

　また、処分取消しの訴訟は、審査請求に対する裁決を経た後でなければ、提起できないこととなっています。

♥ 審査請求の流れ

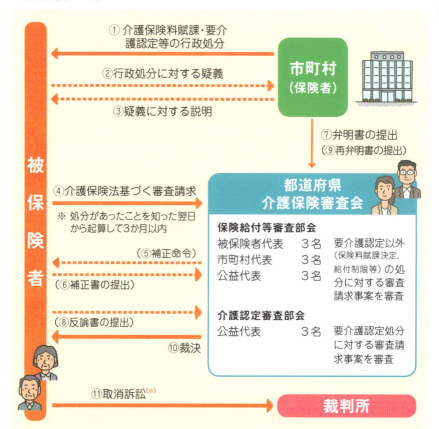

(※) 取消しを求める内容により、以下の通り取消訴訟を提起できます。

行政処分の取消し	次のいずれかに該当する場合、行政庁を被告として処分取消しの訴えを提起できます。 ・審査請求に対する裁決を経たあと、その裁決の送達を受けた日の翌日から起算して6か月以内 ・審査請求をした日から3か月経過しても裁決がないとき ・処分、処分の執行または手続の継続により生ずる著しい損害を避けるため緊急の必要があるとき ・その他裁決を経ないことにつき正当な理由があるとき
審査会裁決の取消し	介護保険審査会の裁決に不服がある場合、当該裁決があったことを知った日の翌日から起算して6か月以内に、知事を被告として所管の地方裁判所に裁決の取消しの訴えを提起することができます。

出典：神奈川県

33 業務管理体制

法令遵守を確保するよう、あらかじめ介護サービス事業者は法令遵守責任者などを定め監督庁に届け出ます。

指定の取り消し処分をしたくないのが本音

　介護サービス事業者には、サービス提供上のさまざまなルールが課されており、悪質な場合には指定の指定取り消し処分が行われます。そうなると、困るのは利用者で、特に入所施設を利用している場合などは、そのあとの受け皿を確保しなければならない問題など責任も大きく、都道府県および市町村としても、本音のところは、指定取り消し処分などはしたくありません。そこで、介護サービス事業者には、あらかじめ業務管理体制の整備を義務づけ、**法令遵守の義務の履行を確保するしくみを設けています**。

大きな法人には、内部監査を義務づける

　具体的には、すべての事業者が法令遵守責任者を定め、それを届け出なければなりません（届出先は事業者の規模によります）。また、指定・許可の事業所・施設数が20以上の事業者については、法令遵守マニュアルを整備し、それも届けなければばなりません。さらに、指定・許可の事業所・施設数が100以上の事業者については、法令遵守に係る内部監査を求めるものとなっています。

教務管理体制整備の内容

20未満	20以上100未満	100以上
法令遵守責任者の選任	法令遵守責任者の選任 法令遵守マニュアルの整備	法令遵守責任者の選任 法令遵守マニュアルの整備 法令遵守に係る監査

指定または許可を受けている事業所数（みなし事業所を除く）

【届出先】 ※2021年4月より

区分	届出先
① 指定事業所が三以上の地方厚生局管轄区域に所在する事業者	厚生労働大臣
② 指定事業所が二以上の都道府県に所在し、かつ、二以下の地方厚生局管轄区域に所在する事業者	主たる事務所の所在地の都道府県知事
③ 指定事業所が同一指定都市内にのみ所在する事業者	指定都市の長
④ 指定事業所が同一中核市内にのみ所在する事業者	中核市の長
⑤ 地域密着型サービス（予防含む）のみを行う事業者で、指定事業所が同一市町村内にのみ所在する事業者	市町村長
⑥ ①から⑤以外の事業者	都道府県知事

注1）みなし事業所とは、病院等が行う居宅サービス（居宅療養管理指導、訪問看護、訪問リハ及び通所リハ）であって、健康保険法の指定があったとき、介護保険法の指定があったものとみなされている事業所のことをいう。

注2）総合事業における介護予防・生活支援サービス事業については、事業所数に含まれないものである。

制度財政とお金の流れ

社会保険という性格上、
保険財政が破たんしないように、
制度上、重層的な対策が取られています。
また、その負担についても、
さまざま方面への平等性や公益的観点からの
制度設計がなされています。

01 介護保険財政

市町村が運営する介護保険は、財政的にパンクしないよう国、都道府県などの税金などによる重層的な支援策が設けられています。

費用構成は保険料＋公費＋利用者負担

　例えば、介護保険の保険者であるA市の制度財源を考える場合、**保険料がカバーするのは全体の半分だけで、残り半分は国、都道府県、市町村からの税金（公費）が充てられます**（国：都道府県：市町村＝2：1：1）。これはドイツの介護保険の財源が100％保険料であることとは対照的で、社会保険といいつつも、純然たる保険制度ではありません。保険料の全体構成は65歳以上（第1号被保険者）と40歳から64歳まで（第2号被保険者）からなり、双方の一人当たりの平均的な保険料が同水準になるように、それぞれの全国的な人口比で按分割合が決まります（政令で3年ごと）。なお、地域包括支援センターの運営などの包括的支援事業には第2号保険料は投入されず、その分、公費負担が大きくなっています。

調整交付金や財政安定化基金でバックアップ

　低所得の高齢者が多い市町村では、必要な保険料が徴収できませんし、75歳以上の（後期）高齢者が多い市町村では、介護認定率の高さゆえに、（市町村の努力とは関係なく）おのずと財源が圧迫されます。そうした**市町村間の財政力の不均衡を調整するための交付金（調整交付金）**が国から弾力的に支給され、所得分布の違いなどによる保険料基準額の差異が全国平均となるように調整されています。それでも、結果的に介護給付費が見通しを上回ったり、保険料未納などによって、市町村の介護保険財政が赤字になることもあります。このような場合に、市町村の一般財源から補てんしなくてもよいように**都道府県に交付・貸付の基金が設けられています（財政安定化基金）**。その原資は国、都道府県、市町村（保険料）が1/3ずつ負担します。

♥介護保険制度の財源

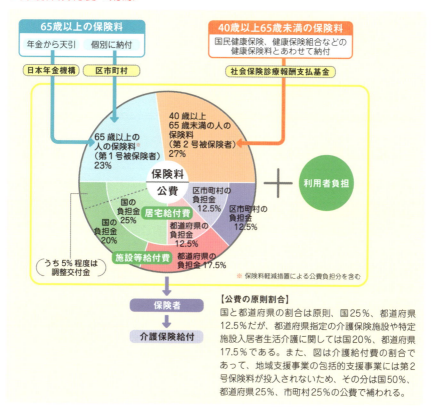

【公費の原則割合】
国と都道府県の割合は原則、国25％、都道府県12.5％だが、都道府県指定の介護保険施設や特定施設入居者生活介護に関しては国20％、都道府県17.5％である。また、図は介護給付費の割合であって、地域支援事業の包括的支援事業には第2号保険料が投入されないため、その分は国50％、都道府県25％、市町村25％の公費で補われる。

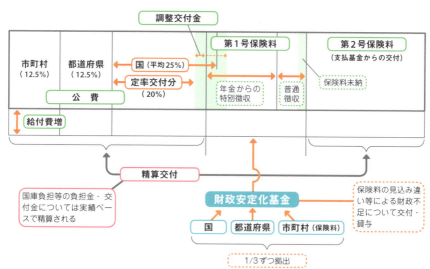

02 介護保険料の滞納・減免

介護保険料を滞納した場合には、ペナルティが設けられています。特別な理由がある場合は保険料減免制度もあります。

保険料滞納への対応

介護保険料の滞納に対し市町村は次の措置を段階的にとることができます。

①1年以上滞納	**支給方法の変更** 通常、利用したサービス費用の自己負担分（1〜3割）の支払いで済む代理受領方式を、一旦、全額を負担し、後日、申請により給付額（7〜9割）が支払われる**償還払いに変更**
②1年6か月以上滞納	**保険給付の一時差し止め等** 上記①で支払われる支給額（7〜9割）について、滞納保険料を納めるまで**一時的に差し止め**たり、差し止め後も滞納が続く場合は、差し止めとなっている給付額から滞納保険料を差し引き、結果的に支給額が減少する
③2年以上滞納	**支給額の減額** 時効により、保険料徴収権が消滅します（消滅保険料）。そのため、消滅保険料の期間に応じて**保険支給額を7割（3割負担者の場合の支給額は6割）に減額**し、高額介護サービス費や高額医療合算介護サービス費等の支給も行わない

　第2号は介護保険料を医療保険料と一括で徴収するため、健康保険などの場合、通常は滞納が起こりませんが、国民健康保険加入者で医療保険を滞納している場合には、市町村は保険給付の全部または一部を一時差し止めすることができます。

保険料の減免等

　市町村は、条例により、保険料の減免（または徴収猶予）を行えます。対象となるのは、災害等で一時的に負担能力が低下するなど、特別の理由がある者に限られています。**保険料を支払うことで生活保護に該当する場合であって、諸条件を満たした場合に保険料が軽減される措置もあります（境界層措置）**。

♥ 滞納時の措置概要

1年以上滞納すると

①保険料を1年以上滞納すると「支払方法の変更」が行われ、介護保険サービスの利用にかかった費用を一旦全額支払わなければなりません。

通常の支払方法

利用者負担（1割から3割）	保険給付（9割から7割）

▼

支払方法の変更が行われると

利用者負担10割（一旦全額支払わなければなりません）

▼

利用者負担（1割から3割）	申請により保険給付（9割から7割）が支給されます

【例】1割負担の人が10万円の介護保険サービスを利用する場合
サービス利用時の事業者への支払いは1万円です。

サービス利用時、事業者へは一旦10万円を支払うことになります。

申請により、保険給付分の9万円が支給されます。

1年6か月以上滞納すると

②保険料を1年6か月以上滞納すると「保険給付の一時差止」が行われ、さらに「差し止めが行われた保険給付額から滞納保険料の控除」が行われます。

利用者負担10割（一旦全額支払わなければなりません）

▼

保険給付の一時差し止めと滞納保険料の控除

利用者負担（1割から3割）	保険給付（9割から7割）は一時差し止めとなり、支給されません

利用者負担（1割から3割）	保険給付額から滞納保険料を控除します	滞納保険料控除後の残額が支給されます

【例】1割負担の人が10万円の介護保険サービスを利用する場合
サービス利用時、事業者へは一旦10万円を支払います。

保険給付額の9万円は、滞納保険料を納めるまで一時支給が差し止められます。

差し止め後もなお滞納が続く場合には、差し止めとなっている保険給付額の9万円から滞納保険料が差し引かれます。

2年以上滞納すると

③保険料を2年以上滞納すると、時効により納付できなくなります。
時効になった未納期間がある場合には、その期間に応じて、一定期間の保険給付が減額され、利用者負担割合が変更されます。
また、高額介護（介護予防）サービス費・高額医療合算介護（介護予防）サービス費・特定入所者介護（介護予防）サービス費は支給されません。

通常の負担割合

利用者負担（1割から3割）	保険給付（9割から7割）

▼

保険給付額が減額されると

（1割または2割負担の人）利用者負担3割	保険給付7割

または

（3割負担の人）利用者負担4割	保険給付6割

【例】1割負担の人が10万円の介護保険サービスを利用する場合
サービス利用時、事業者へは一旦10万円を支払います。

負担割合が3割に変更されるため、サービス利用時の事業者への支払いは3万円になります。

出典：大阪府ホームページより

213

03 財政安定化基金事業

市町村の介護保険財政を安定させるために、貸し付けを行うための基金が都道府県に設けられています。

介保険料不足時の交付金と給付費増への貸し付け

地方公共団体等の会計は、基本的に政策などを網羅した一般行政に対するものとして**一般会計（一般財源）**が置かれています。一方で、会計収支などを厳格に管理・把握する必要のある会計などは一般会計とは独立して会計が行われます（特別会計）。これらのうち、**介護保険は特別会計**に当たります。そして、市町村の介護保険特別会計が赤字となった際に、一般財源から補てんすることなく対処するため、各都道府県には**財政安定化基金**（以下、安定化基金）が設置されています。市町村の介護保険事業計画の計画期間（3年間）の全体について、通常の努力を行ってもなお、**保険料収納率の悪化などにより、介護保険財政の収入不足が生じた場合には、3年度目に、不足額の2分の1を基準として交付金が交付**されます。また、市町村の見込みを上回る介護給付費の増大などにより、介護保険財政が不足する場合には、**年度ごとに必要な資金を貸し付け**ます。貸し付けを受けた市町村は、次の介護保険事業計画の期間において、3年間の分割で返済します。返済の財源には65歳以上（第1号）の被保険者の保険料が充てられるため、次期の介護保険料がつり上がる要因となります。

複数市町村共同による財政安定化事業

安定化基金とは別に、**市町村は、介護保険の財政を広域化することで、安定化を目指す市町村相互財政安定化事業**を行うことも可能です。これは、複数の市町村が、保険給付費などの総額と収入総額とが均衡するよう共通の保険料率（調整保険料率）を設定し、第1号保険料を徴収するシステムです。そして、保険料収入額が介護給付費等の額を上回る市町村は、その上回る額を不足している市町村に交付するしくみです。

▼財政安定化基金のしくみ

国、都道府県、市町村が1/3ずつお金を出し、基金を設置しています。

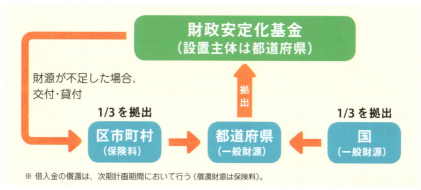

※ 借入金の償還は、次期計画期間において行う（償還財源は保険料）。

出典：東京都保健福祉局

▼基金拠出率の考え方（政令）

○ 都道府県が保険者に拠出を求める率

　**財政安定化基金拠出率**を標準として、都道府県が条例で定める。

財政安定化基金拠出率
3年ごとに厚生労働大臣が、次期計画期間における以下の額を勘案して定める
　※ 基金からの交付金・貸付金の見込額。
　※ 基金借入金の償還見込額。
　※ 給付費の見込み額。

出典：東京都保健福祉局

▼交付と貸付の概念図

返済不要の「交付」と返済義務のある「貸付」に大別されます。

	保険料収納不足分	給付費増分
収　入	交付　／　貸付	貸付
支　出		

交付	**3年ごと**（事業運営期間最終年度）に、財政不足額のうち、原則として保険料収納不足額の1/2を交付
貸付	**毎年**、原則として保険料収納不足および給付費増による財政不足額の全額（交付があるときは交付額を除いた額）を貸付。貸付額の償還は、次の事業運営期間に、保険料を財源として行う

出典：厚労省

04 第1号被保険者の保険料

向こう3年間の介護費用の第1号負担割合分を、その頭数で割ったものがおよその第1号の保険料です。

保険料は3年ごとに条例で制定

　65歳以上の被保険者（以下、第1号）の保険料の額は3年ごとに、各市町村の条例で定められます。

　考え方としては、**向こう3年間の①介護給付費見込額に対して、国が定める割合などに拠って第1号が賄うべき金額（④保険料賦課総額）を割り出し、それを第1号の頭数（3年間）で割ったもの**が保険料基準額の年額となり、それをさらに12か月で割ったものが、⑤保険料基準額の月額になります。

調整交付金や保険料収納率なども踏まえ決定される

　④保険料賦課総額の決定に際しては、各市町村の財政力バランスを整える**調整交付金**の増減や保険料未払いなどを踏まえ**保険料収納率**なども加味されます。また、第1号被保険者の頭数についても**所得の高低**などを踏まえた補正を加えたうえで計算しなければなりません。

　さらに、市町村によっては、介護保険特別会計上の余剰金などの積み立て**（介護給付費準備基金）**を活用し、保険料を減額する場合があります。このようにして求めた⑥保険料基準額（月額）がさらに、被保険者の所得水準に応じて設定されるように、国は9段階の保険料率を定めています。市町村によっては、この9段階をさらに細分化することも可能です。

　なお、保険料率は原則、3年間同一です。ただし、実際の給付費が当初想定を大きく超過する場合などには、例外的に変更することも可能です（年度途中は除く）。

ワンポイントアドバイス

65歳以上の生活保護受給者は、生活保護の支給における生活扶助（介護保険料加算）を介護保険料として納める体裁が取られ、第1号被保険者として扱われます。

▼第1号被保険者保険料の算定基準

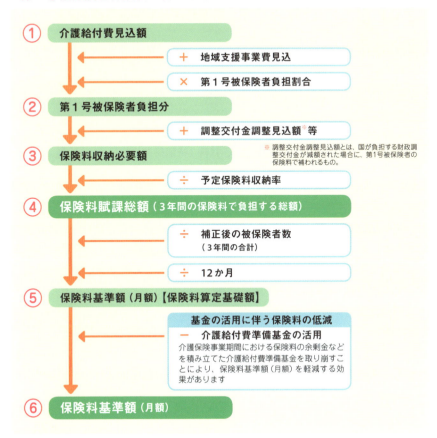

▼所得段階別保険料

所得段階	対象者	保険料率
第1段階	生活保護受給者／世帯全員が住民税非課税で、老齢福祉年金受給者／世帯全員が住民税非課税で、本人年金収入等80万円以下	基準額×0.3
第2段階	世帯全員が住民税非課税かつ本人年金収入等80万円超120万円以下	基準額×0.5
第3段階	世帯全員が住民税非課税かつ本人年金収入等120万円超	基準額×0.7
第4段階	本人が住民税非課税(世帯に課税者がいる)かつ本人年金収入等80万円以下	基準額×0.9
第5段階	本人が住民税非課税(世帯に課税者がいる)かつ本人年金収入等80万円超	基準額×1.0
第6段階	本人が住民税課税かつ合計所得金額120万円未満	基準額×1.2
第7段階	本人が住民税課税かつ合計所得金額120万円以上200万円未満	基準額×1.3
第8段階	本人が住民税課税かつ合計所得金額200万円以上300万円未満	基準額×1.5
第9段階	本人が住民税課税かつ合計所得金額300万円以上	基準額×1.7

05 第1号保険料の納め方

65歳以上の介護保険料の多くは年金から天引きされますが、年金額が少ない場合はコンビニや市町村窓口での納付になります。

年金が年額18万円以上は天引き（特別徴収）

　65歳以上の被保険者（以下、第1号）の介護保険料の徴収方法は大きく2種類に分かれます。一つは年金の支払時に、あらかじめ保険料が引き落とされる、いわゆる**「天引き」で、法的には「特別徴収」**と規定されています。老齢年金や退職年金、遺族年金、障害年金を**年額18万円以上受給**している場合に、日本年金機構や各種共済組合などの年金保険者が徴収し、市町村に納入するもので、大多数の第1号に適用されています。

　市町村は年金保険者から該当受給者（年額18万円以上）の情報を得て（年6回偶数月）、個別の被保険者ごとに保険料の徴収を年金保険者に依頼します。最も、実際の保険料は、市町村における所得把握の終わる6月頃でなければ確定しないため、それまでは仮徴収として扱われ、年度後半に調整された額を徴収します（本徴収）。

年金が年額18万未満は通知書で納付（普通徴収）

　老齢年金などが年額18万円未満の場合は、介護保険料の天引き（特別徴収）ができない（もしくは相応しくない）ため、市町村が被保険者に**納入通知書を送付し、徴収します（普通徴収）**。この場合、世帯主もしくは配偶者は保険料を連帯して納付する義務を負います。市町村は収納事務をコンビニエンスストアなどの私人に委託することも可能です。

　なお、生活保護受給者の介護保険料の納付については、交付される保護費のうち、介護保険料に相当する額を保護の実施機関（福祉事務所等）が、被保護者に代わって直接、市町村に支払う方法をとっています。

♥ 保険料徴収のしくみ

●介護保険の給付費の50％を65歳以上の高齢者（第1号被保険者）と40～64歳（第2号被保険者）の人口比で按分し、保険料をそれぞれ賦課する。

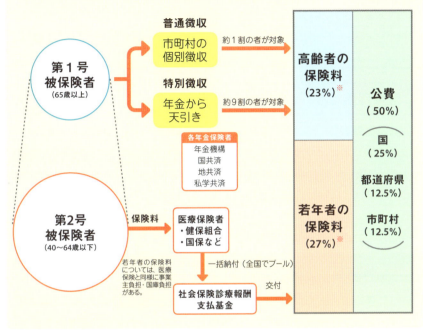

※ 2021～2024年度の負担割合。この比率は全国の人口比により、3年ごとに国が定める。

♥ 特別徴収の対象となる年金概要

・国民年金法による老齢基礎年金、障害基礎年金、遺族基礎年金
・旧国民年金法による老齢年金、通算老齢年金、障害年金
・厚生年金保険法による障害厚生年金、遺族厚生年金
・旧厚生年金保険法による老齢年金、通算老齢年金、特例老齢年金、障害年金、遺族年金、寡婦年金、通算遺族年金
・旧船員保険法による老齢年金、通算老齢年金、障害年金、遺族年金
・平成24年一元化法附則第37条第一項に規定する給付のうち障害共済年金、遺族共済年金
・平成24年一元化法附則第41条第一項の規定による障害共済年金、遺族共済年金
・旧国共済法等による退職年金、減額退職年金、通算退職年金、障害年金、遺族年金、通算遺族年金
・平成24年一元化法附則第61条第一項に規定する給付のうち障害共済年金、遺族共済年金
・平成24年一元化法附則第65条第一項の規定による障害共済年金、遺族共済年金
・旧地共済法等による退職年金、減額退職年金、通算退職年金、障害年金、遺族年金、通算遺族年金
・平成24年一元化法附則第79条に規定する給付のうち障害共済年金、遺族共済年金
・旧私学共済法による退職年金、減額退職年金、通算退職年金、障害年金、遺族年金、通算遺族年金
・移行農林共済年金のうち障害共済年金、遺族共済年金
・移行農林年金のうち退職年金、減額退職年金、通算退職年金、障害年金、遺族年金、通算遺族年金

06 第2号被保険者の保険料

第2号は医療保険（国民健康保険か健康保険）と一緒に徴収され、支払基金にプールされたのち、そこから各市町村へ再分配されます。

医療保険とあわせて徴収されます

　介護給付費全体の50%を第1号（65歳以上）と第2号（40歳以上65歳未満）の保険料で賄うわけですが、その比率は全国の人口比により、3年ごとに国が定めます（2021～2024年度の第2号の負担割合は27%）。その比率を元に保険料が市町村（保険者）に納められるわけですが、第1号のように直接、納める方式は少数派です。

　第2号の介護保険料は、健康保険や国民健康保険といった医療保険者が医療保険料と一体的に徴収し、それを公法人（**社会保険診療報酬支払基金**）の各都道府県事務所に納付（**介護給付費・地域支援事業支援納付金**）し、そこから、冒頭の比率に応じて各市町村に交付（介護給付費・地域支援事業支援**交付金**）されるしくみです。この際、各医療保険者は、賦課された額について、それぞれの医療保険各法に基づき、保険料率を算定し、その保険料率と被保険者の標準報酬月額、標準賞与額等から保険料が算出されます。**保険料は事業主との折半**です。

　なお、40歳以上65歳未満の生活保護の受給者（医療保険未加入）が要介護状態になった場合は介護保険料やサービス利用料のすべてが生活保護から支給され、2号被保険者とみなす運用がなされます（**みなし2号**）。

人頭割から総報酬割へ変更されました

　各医療保険者に割り当てられる納付金の額について、かつては、全国平均の第2号被保険者1人当たりの負担額に当該保険に加入している第2号の頭数をかけた額（人頭割）でした。しかし、2017年からは順次、**被用者保険間では総報酬額に比例した負担とすることになりました**（総報酬割）。これにより、負担能力の高い健康保険組合等は負担が増加することになりました。

国民健康保険の場合は国庫負担があります

　国民健康保険の場合は、社会保険診療報酬支払基金から毎年度、課された介護納付金額から国庫負担金などを控除した額を基準として、介護納付金の賦課総額が算定されます。国民健康保険の保険者である市町村は、世帯単位で、所得に応じた保険料（所得割額）と世帯人数に応じた定額の保険料（均等割額）の合計を徴収することになります。

●介護納付金のしくみ

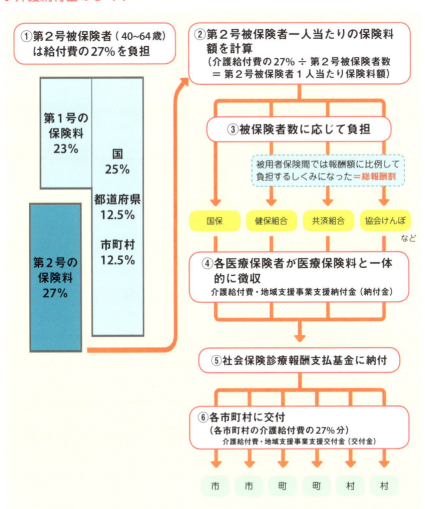

コラム

科学的介護への懸念

　今年度改正では科学的介護が大きく進められることになりました。これまでは「個別ケア」といったキャッチコピーの元に、介護現場のスタッフたちが、丁寧に時間をかけて、一人ひとりの高齢者にどのような介護が必要であるのかを分析してきました。しかし、今後はそうした人的資源が枯渇するために、それを人工知能に委ねていこうという方法論です。一見、理にかなった方策のように見えますが、懸念もあります。

　例えば、そこで分析されている主な内容がリハビリや栄養など医療・健康に関する点が中心です。医療情報はエビデンスが豊富なため比較的、簡単に分析可能な領域でしょう。しかし、90歳を超えて愛煙家の老人に『タバコは身体に毒です』という正論が通用しないのが介護です。なにしろ、90歳まで生きてこられただけでも十分に平均寿命よりも長生きされているわけですから。

　また、データや科学的根拠を盾に「体よく」人員削減や介護報酬の削減、介護サービスの質の低下等の政策が進められる懸念もあります（過去には厚生労働省には統計不正問題もありました）。しかし、たとえ現場レベルで疑義を訴えるとしても、データを根拠とした政策に論理的に反対するには反証データを挙げるしかありません。その調査に研究機関や厚生労働省が着手しない限り政策を否定することは至難の業です。

　そして、なにより、「科学的介護推進体制加算」、「自立支援促進加算」といった新設加算の名称に違和感を覚えます。介護保険が掲げた「利用者本位」とは程遠い難解なネーミングに聞こえるからです。

6章
そもそも、なんで介護の「保険」?

介護保険は原則、3年ごとに報酬改定が行われ、
6年ごとに法改正が行われていました。
しかし、2012年度以降は地域包括ケアシステム構築を掲げ、
3年ごとの法改正が続いています。
2040年頃までは、こうした流れは続くことが予想され、
今後も目が離せません。

介護保険 費用負担の構造

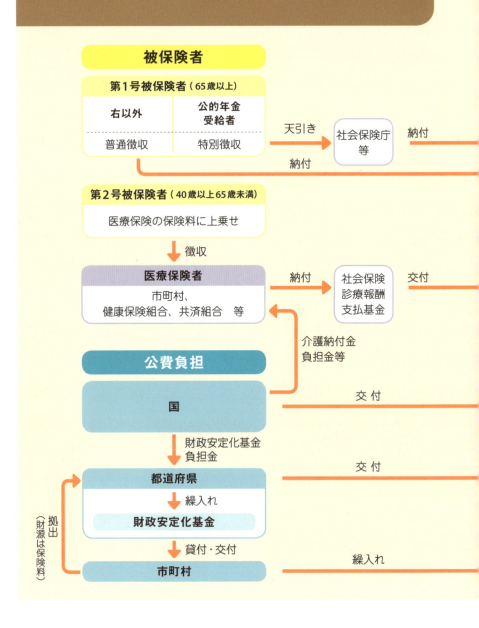

介護保険は、財政的な破綻を避けるために、保険料の年金天引き（特別徴収）や医療保険からの上乗せ徴収、国や都道府県などからの基金創設など、さまざまな対策が組み込まれています。

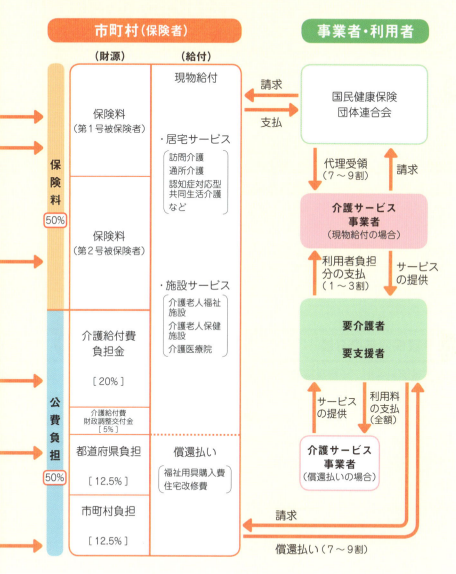

※ 会計検査院資料を著者改編。

01 高齢化と介護の社会化

要介護高齢者の爆発的な増加に対応するための新たな社会保険として介護保険が成立しました。

爆発的な高齢化と介護力低下から「介護」の社会化へ

そもそも、なぜ介護保険が誕生したのでしょうか。背景には複数の要因があります。まず、第一に、1970年代から1990年代にかけて**他国に類を見ない高齢化が進展し、それに伴う、要介護高齢者の増加、介護期間の長期化などにより、介護ニーズがますます増大することが予測**されていました。

一方、核家族化の進行や介護する家族の高齢化など、要介護高齢者を支えてきた家族をめぐる状況も変化し、従来の老人福祉・老人医療制度による対応には限界があると考えられました。

そこで、高齢者の介護を社会全体で支え合うしくみとして2000年に介護保険法が施行されたのです（介護保険法の成立は1997年）。

介護保険前の介護

それまでわが国の高齢者施策の中心を担ってきた特別養護老人ホームへの入所やホームヘルプサービスの派遣などは老人福祉法に基づく行政措置として行われていたがゆえに、①利用者がサービスの選択をできない、②所得調査が必要なので、利用に当たって心理的抵抗感が伴う、③措置なのでサービスを提供する側に競争原理が働かず、サービス内容が画一的となりがち、④本人と扶養義務者の収入に応じた利用者負担（応能負担）なので、中高所得層にとって重い負担になるなどの問題点が指摘されていました。

また、福祉サービスの基盤整備が不十分であったため、⑤介護を理由とする一般病院への長期入院（いわゆる社会的入院）と、⑥そこでの生活の質（QOL）の低さや⑦医療費膨張などが問題視されていました。

自立支援と利用者本位を社会保険方式で行う介護保険

　介護保険では在宅介護を中心として、**自立支援、利用者本位、社会保険方式が基本コンセプト**として設定されました。すなわち、単に介護を要する高齢者の身の回りの世話をするというあり方を超えて、高齢者の自立を支援することを理念とし（自立支援）、利用者が自らの利用するサービスを選択できるようになりました。選択に際しては、民間企業の参入を認め多様なサービス提供主体が対象となりました。また、医療保険や介護保険などのバラバラだった窓口もケアマネジャーという連絡調整の専門家を利用するケアマネジメントが採用されました（利用者本位）。そして、給付と負担の関係が明確で、所得調査等を必要としない社会保険方式とされたのです。

▼旧・厚生省による将来推計

資料：厚生省推計

▼利用者から見た従前の制度と介護保険の違い

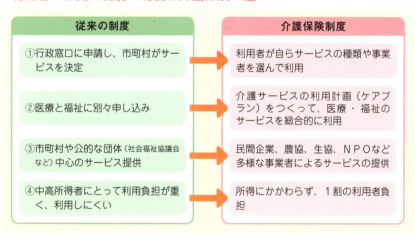

02 社会保障・社会保険と介護保険

介護保険はわが国の社会保障のなかの社会保険の一つであり、介護サービスそのものを給付する現物給付が原則の制度です。

社会保険としての介護保険

「国は、すべての生活部面について、社会福祉、社会保障及び公衆衛生の向上及び増進に努めなければならない」。これが憲法第25条第2項に掲げられた社会保障の根拠です（1946（昭和21）年公布）。そして、社会保障の定義や概念、その範囲や体系などについて、現時点で確定したものはありませんが、実質的な中心は「**社会保険**」「**公的扶助**」「**社会福祉**」の3つです。

保険給付と保険事故

保障の方式という観点からは、保険のしくみを使うもの（社会保険）と、それを用いないもの（社会扶助）に分けることができます。介護保険は社会保険なので、保険者は被保険者から保険料を集め、保険給付に該当する事故（**保険事故**）が起きた場合に、保険の給付が行われるしくみです。介護保険における保険事故とは要支援・要介護認定を指します。例えば、車椅子をレンタルするためには、介護認定を受ける必要があります。

一方、**介護予防・日常生活支援総合事業**（**地域支援事業**）などは同じ介護保険内のサービスでも「保険給付」ではないため、要支援・要介護認定という保険事故に該当しなくても、チェックリスト該当などの条件をクリアすれば提供が可能な制度設計になっています。

さまざまな給付の性格

年金保険や雇用保険は、保険事故に対して金銭が給付されますが（現金給付）、介護保険は原則、金銭の給付が行われるのは住宅改修費のような償還払い対象のサービスのみで、通常は介護サービスそのものが給付されます（**現物給付**）。

保険への加入期間と給付の量の関係という観点から見ると、例えば年金保険では、長期間の収支バランスや加入期間などが保険給付に関係してきます（**長期保険**）。しかし、介護保険は、65歳以下であっても（40歳以上）保険事故に該当すれば、保険給付を受けられる**短期保険**に分類されます。その他、社会保険としての性格上、民間企業の保険（私保険）と違って、一定の要件に該当すれば強制加入され（強制適用）、高い保険料を払ったから多くの給付を受けるといった相関関係もありません。

▼ 多様な社会保障の定義

広義の社会保障	狭義の社会保障（従前の整理）	社会保険	医療保険、労働者災害補償保険、年金保険、雇用保険、介護保険
		公的扶助	生活保護
		社会福祉	身体障害者、知的障害者、高齢者、児童、母子、学校給食、災害救助等
		公衆衛生および医療	結核対策、精神衛生、伝染病予防、上下水道、廃棄物処理、公害対策等
		老人保健	老人医療等
	恩給		文官恩給、地方公務員恩給、旧軍人遺族恩給等
	戦争犠牲者援護		戦没者遺族年金等、戦傷病者医療等、原爆医療等
関連制度	住宅対策		公営住宅建設、住宅地区改良、電気導入
	雇用（失業）対策		失業対策、中高年齢者等就職促進、炭坑離職者援護等

▼ 社会保険と保険事故

	保険事故	給付内容
介護保険	要支援、要介護状態	介護サービス
医療保険	業務外の事由による疾病、傷病等	医療サービス
年金保険	老齢、障害、死亡	所得保障と生活安定のための年金
雇用保険	失業等	所得保障と生活安定と再就職促進のための手当
労働者災害補償保険（労災保険）	業務上の事由による労働者の疾病、負傷、障害、死亡等	医療サービスや所得保障のための年金

03 他の諸制度と介護保険

介護保険で足りない部分を他の保険、医療、福祉の制度が補完するよう法制度が設計されています。

原則的に他制度に優先する介護保険

　訪問看護は介護保険のみならず医療保険による給付もありますし、ホームヘルプ（訪問介護）は障害者総合支援法にも同様のものがあります。そのように他の制度にも介護保険と同様のサービスがあり、複数の制度を利用できる場合は、通常、介護保険を優先的に利用することになります。しかし、疾病や障害の状態によっては、介護保険の優先がふさわしくない場合があります。そのような場合には、例外的に医療保険（→P.158）や障害者総合支援法※（→P.132）が適用されることは既に述べた通りです。

公費優先医療と保険優先公費

　また、例外的な取り扱いとしてではなく、無条件に介護保険よりも他の制度からの支給が優先的される場合があります。具体的には「戦傷者特別援護法」の療養の給付や更生医療の給付、「公害健康被害補償法」による療養の給付や「原爆被爆者援護法」による認定疾病医療の給付、「労災保険法」による療養補償給付などが該当します。
　これらの**賠償的性格をもつ給付は、全額、公費で賄われます**（**公費優先医療**）。多くは医療系サービスの給付で、介護保険からの給付とはなりません。また、その公費とは別に、7〜9割部分は介護保険の給付とし、利用者が負担する**1〜3割部分をまかなう公費もあります**（**保険優先公費**）。
　保険優先公費を複数受ける場合は、その適用優先の順番が決まっており、（公費の一つである）生活保護はすべての制度で対応できない場合の最終手段として用いられます（**補足性の原理**）。

コトバ

＊ **障害者総合支援法** ▶障害者の日常生活及び社会生活を総合的に支援するための法律。

老人福祉法と介護保険

　それ以外では、老人福祉法としてのサービス提供が例外的になされる場合もあります。それは、例えば高齢者虐待のケースなどで、介護保険によるサービス提供が難しい場合などのやむを得ない場合に限り、行政措置としてサービスの提供が行われます。

♥医療保障の概要

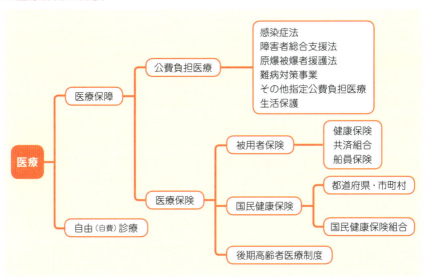

♥公費優先医療と介護保険優先公費の違い

[介護保険優先公費負担医療の給付イメージ]

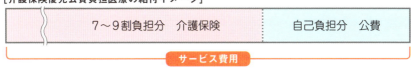

[公費負担優先医療の給付イメージ]

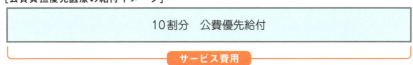

04 介護保険制度の目的、保険給付、基本理念

介護保険法の第1条には、法律の目的が掲げられ、さらに第2条では法の理念として、より具体的な方向性が打ち立てられています。

介護保険の目的

介護保険の給付対象は「**加齢に伴って生ずる心身の変化に起因する疾病等により要介護状態**」となった被保険者です。例えば、交通事故等の第三者行為により要介護状態になり、介護保険の給付を受けた場合は、(医療保険と同様に)給付相当額を市町村が加害者である第三者に請求することになります(**第三者行為求償**)。また、要介護者などに提供されるサービスについては、旅行や冠婚葬祭といった非日常的なイベントなどは含まず、あくまで「**有する能力に応じ自立した日常生活**」を送るためのものです。そして、安易に身体をベッドにしばりつけるような行為は尊厳を損なうものとして原則、禁じています。加えて「国民の共同連帯の理念に基づき」制度が設けられ、「**国民の保健医療の向上及び福祉の増進を図る**」ことが目的とされています。

保険給付の基本的理念

介護保険の給付は被保険者の要介護状態または要支援状態(以下、要介護状態等)に対して行われますが、それは「**要介護状態などの軽減または悪化の防止に資するよう行われる**」必要があります。また、医療との連携に十分配慮して行われなければなりません。被保険者の心身の状況、その置かれている環境などに応じて、**被保険者の選択に基づき**、適切な保健医療サービスおよび福祉サービスが、多様な事業者または施設から、総合的かつ効率的に提供されるよう配慮して行われることも求めています。

保険給付の内容と水準については、被保険者が要介護状態となっても、可能な限り、**その居宅において、その有する能力に応じて自立した日常生活を営むことができるように**配慮されなければなりません。そのため、自立支援という言葉が介護保険では多用される傾向にあります。

国民の努力および義務

介護保険の給付は要介護状態などに対して、漫然と機械的に提供されるものではなく、サービス利用者としての被保険者に努力と義務も求めています。すなわち、「国民は、**自ら要介護状態となることを予防するため**、加齢に伴って生ずる心身の変化を自覚して常に**健康の保持増進に努めるとともに、要介護状態となった場合においても、進んでリハビリテーションその他の適切な保健医療サービスおよび福祉サービスを利用する**ことにより、**その有する能力の維持向上に努める**」義務があるのです。 また、共同連帯の理念に基づき、介護保険事業に要する費用を公平に負担しなければなりません。

♥介護保険導入の経緯・意義

- 高齢化の進展に伴い、要介護高齢者の増加、介護機関の長期化など、介護ニーズはますます増大。
- 一方、核家族化の進行、介護する家族の高齢化など、要介護高齢者を支えてきた家族をめぐる状況も変化。

高齢者の介護を社会全体で支え合うしくみ（介護保険）を創設

- 自立支援…………単に介護を要する高齢者の身の回りの世話をするということを超えて、高齢者の自立を支援することを理念とする。
- 利用者本位………利用者の選択により、多様な主体から保健医療サービス、福祉サービスを総合的に受けられる制度
- 社会保険方式……給付と負担の関係が明確な社会保険方式を採用

♥介護保険法の全体像

第一章	総則
第二章	被保険者
第三章	介護認定審査会
第四章	保険給付
第五章	介護支援専門員並びに事業者及び施設
第六章	地域支援事業等
第七章	介護保険事業計画
第八章	費用等
第九章	社会保険診療報酬支払基金の介護保険関係業務
第十章	国民健康保険団体連合会の介護保険事業関係業務
第十一章	介護給付費等審査委員会
第十二章	審査請求
第十三章	雑則
第十四章	罰則
附則	

介護保険法の章立てを見れば、制度の「骨格」つまり制度上、最も重要な部分が見えてきます

05 介護保険の2006年改正、2009年改正

制度施行から5年後に大きく改正された介護保険では、介護予防サービスや地域密着型サービスが創設されました

要介護1から要支援2への大量移行

　介護保険（法）は、開始当初より「走りながら考える」制度と言われ、定期的な改正が繰り返されています。加えて、介護報酬も原則、3年ごとに見直されますが、こちらは法律ではなく告示などの見直しであるため「改正」ではなく「改定」と表されます。制度改正の経過のなかで、**劇的な変更が最初に行われたのは2005年でした（2006年4月施行）**。2000年度に始まった介護保険は、給付のシステムこそ定着したものの、早くも制度の持続性に黄色信号がともっていたからです。

　具体的には、①要支援から要介護1を中心にした軽度者の大幅な増加と、そこに給付される介護サービスが要支援・要介護の状態改善につながっていないこと、②介護サービスの給付のあり方が対症療法的なものに終止し、根本的な介護問題の解決や予防につながっていないこと、③利用料や保険料など費用面において不公平な点があることなどです。それらに対処すべく**介護予防の重視、施設給付の見直し、地域密着サービスの創設**などが行われました。特に、介護予防の重視という点で、それまでの要支援が要支援1と要支援2に細分化され、それに合わせて要介護認定の調査項目が見直されました。その結果、従前の認定調査では要介護1と認定されていたケースの大半が要支援2となりました。

地域包括支援センター創設

　それまでケアマネジャー（居宅介護支援）が担っていた**要支援のケアプランを、新たに創設した地域包括支援センター（介護予防支援事業者）**が行うこととしました。これにより、介護給付の蛇口はかなり締められることになりました。地域包括支援センターは、従来の介護保険では十分に対応できなかった、高齢

者をめぐる虐待や権利擁護、医療と介護の連携、介護予防、介護給付の周辺課題を包括的に対応させるべく創設されたのです。従来、介護給付費に含まれていた介護保険施設の食費なども外されて利用者の負担は大きくなりました。

　それから程なくして、業界の筆頭事業者（コムスン）による組織的な不正が社会問題化しました。それらを受けて**2009年度改正においては、業務管理の体制整備などコンプライアンス面を強化する改正**がなされました（2008年度成立）。

▼介護保険改正の流れ（2006年、2009年）

	1997（平成9）年	12月	**介護保険法**成立
第1期	2000（平成12）年	4月	介護保険法施行
第2期	2003（平成15）年	4月	介護報酬改定（改定率▲2.3％：在宅サービスの充実等）
	2005（平成17）年	6月	**介護保険法等の一部を改正する法律**（①）成立
		10月	改正法（①）の一部施行（施設給付の見直し）
第3期	2006（平成18）年	4月	改正法（①）の全面施行（地域包括支援センター、予防給付、地域密着型サービス創設等）介護報酬改定（改定率▲0.5％：予防重視型システムへの対応、地域密着型サービスの創設）
	2008（平成20）年	5月	**介護保険法及び老人福祉法の一部を改正する法律**（②）成立
第4期	2009（平成21）年	4月	介護報酬改定（改定率プラス3.0％：介護従事者の処遇改善等）
		5月	改正法（②）の全面施行（業務管理の体制整備、サービス確保対策等）

▼2006年介護保険制度改革の基本的な視点と主内容

・軽度者の大幅な増加・軽度者に対するサービスが状態の改善につながっていない	・在宅と施設の利用者負担の公平性	・独居高齢者や認知症高齢者の増加・在宅支援の強化・医療と介護との連携	・利用者によるサービスの選択を通じた質の向上	・低所得者への配慮・市町村の事務負担の軽減
予防重視型システムへの転換	**施設給付の見直し**※	**新たなサービス体系の確立**	**サービスの質の確保・向上**	**負担の在り方・制度運営の見直し**
●新予防給付の創設●地域支援事業の創設	●居住費用・食費の見直し●低所得者に対する配慮	●地域密着型サービスの創設●地域包括支援センターの創設●居住系サービスの充実	●介護サービス情報の公表●ケアマネジメントの見直し充実	●第1号保険料の見直し●保険者機能の強化充実

※ 2005年10月施行。他の改正については2006年4月施行。

06 介護保険の2012年改正

地域包括ケアシステムという名の下に、医療や住まいなどの他領域を巻き込んだ改正となりました。

前面に押し出された地域包括ケアシステム

2006年度、法改正により若干の給付抑制効果はあったものの、増加傾向は続いていました。在宅向け介護サービスが増えたにもかかわらず、依然として介護保険施設の入所待機者は多く、有料老人ホームなどの数も増加の一途をたどっていました。厚労省は2012年改正で介護が必要になっても、住み慣れた街で、なじみの人間関係の中で、少しでも長く生活し続けるためには、「**医療、介護、予防、住まい、生活支援サービスが切れ目なく、有機的かつ一体的に提供される**」ことが重要であるという方向性を打ち出しました。それが「**地域包括ケアシステム**」という理念です。この理念の下、地域密着型サービスに「定期巡回・随時対応型訪問介護看護」が創設されたり、一定の教育を受けた介護職員などが痰の吸引などの医療処置を行えるようになりました。

市町村判断により介護予防・日常生活支援総合事業

これまで、住まいの問題は縦割り行政政策の下、介護問題とは切り離されていましたが、本改正と同時に国土交通省主管の「高齢者住まい法*」が厚生労働省（老人福祉法や介護保険法）と調整の結果、改正されました。その結果、それまでの高齢者住まい法による高齢者専用賃貸住宅（高専賃）などは廃止され、**サービス付き高齢者向け住宅に一本化**されることになりました。

その他、2015年改正の伏線となる**介護予防・日常生活支援総合事業も保険者判断で実施可能**となりました。ただし、2012年施行時には、表面上は劇的な変化はなされることはなく、介護報酬でも若干のアップが見られました。

コトバ

＊ **高齢者住まい法** ▶ 高齢者の居住の安定確保に関する法律。

●介護保険改正の流れ（2012年）

第4期	2011（平成23）年	6月	**介護サービスの基盤強化のための介護保険法等の一部を改正する法律**成立・公布、一部施行（介護療養病床の転換期限の延長、介護福祉士資格取得方法の見直しの延期等）
第5期	2012（平成24）年	4月	改正法の全面施行（定期巡回・随時対応サービス等の創設、介護職員による痰の吸引などの実施、保険料の上昇緩和のための財政安定化基金の取崩し等） 介護報酬改定（改定率プラス1.2％）

●地域包括ケアシステムについて

【地域包括ケアの5つの視点による取組み】
地域包括ケアを実現するためには、次の5つの視点での取組みが包括的（利用者のニーズに応じた①〜⑤の適切な組み合わせによるサービス提供）、継続的（入院、退院、在宅復帰を通じて切れ目のないサービス提供）に行われることが必須。

①**医療との連携強化**
- 24時間対応の在宅医療、訪問看護やリハビリテーションの充実強化
- 介護職員による痰の吸引などの医療行為の実施

②**介護サービスの充実強化**
- 特養などの介護拠点の緊急整備（平成21年度補正予算：3年間で16万人分確保）
- 24時間対応の定期巡回・随時対応サービスの創設など在宅サービスの強化

③**予防の推進**
- できる限り要介護状態とならないための予防の取り組みや自立支援型の介護の推進

④**見守り、配食、買い物など、多様な生活支援サービスの確保や権利擁護など**
- 一人暮らし、高齢夫婦のみ世帯の増加、認知症の増加を踏まえ、さまざまな生活支援（見守り、配食などの生活支援や財産管理などの権利擁護サービス）サービスを推進

⑤**高齢期になっても住み続けることのできる高齢者住まいの整備（国交省と連携）**
- 一定の基準を満たした有料老人ホームと高専賃を、サービス付高齢者住宅として高齢者住まい法に位置づけ

出典：厚生労働省

07 介護保険の2015年改正

2014年の消費税率の引き上げ後、介護保険給付も抑制トーンの強い改正となりました。

医療も含めた大改革

　2015年度の改正は2006年以来の劇的で大きな改正となりました。医療なども含めた社会保障の持続性や財源問題といった積年の問題に厚労省だけでなく、内閣サイドからも見直しを求める声が上がったためです。

　具体的には2012年8月の社会保障・税の一体改革の関連法案成立後、持続可能な社会保障制度を確立するために**社会保障制度改革推進法**が成立しました。そして、同法に基づき社会保障制度改革国民会議（内閣付き）が設置され、見直しを求める報告書が提出されたのです。そこでは、「地域支援事業の再構築と要支援者に対する介護予防給付の見直し」「利用者負担や補足給付の見直し」「特別養護老人ホーム入所者の重点化」「1号保険料の軽減措置」などが提案され、厚労省の社会保障審議会介護保険部会も追随することに。その結果、介護保険法や医療法など**19の法律を一括して改正する**法律＊が2014年に可決成立し、2015年度の介護保険改正となりました。

給付抑制策が目白押し

　その結果、従来、予防給付であった**介護予防訪問介護と介護予防通所介護が地域支援事業に移行**することになったり、一律に1割であった介護保険の利用者の負担割合に**2割負担が登場したり、特別養護老人ホームの入所要件が要介護1以上から要介護3以上**と見直されることになったのです。2015年の法改正は、変化があまりに大きかったために、準備期間としての猶予期間が長く設けられているのも特徴です。例えば、予防給付の地域支援事業移行については2018年3月まで猶予が設けられ、居宅介護支援事業所の指定権限を市町村へ

コトバ

＊ 19の法律を一括して改正する法律　地域における医療及び介護野の合的な確保を推進するための関係法律の整備等に関する法律（医療介護総合確保推進法）。

委譲するのも2018年度からとされました。小規模通所介護も地域密着型サービスへの移行が決まりましたが、実施時期は2016年度からとされました。

▼介護保険改正の流れ（2015年）

第5期	2014 （平成26）年	6月	**地域における医療及び介護の総合的な確保を推進するための関係法律の整備に関する法律**成立 （地域支援事業の充実、予防給付の見直し、特養の機能重点化、低所得者の保険料軽減の強化、介護保険事業計画の見直し、サービス付き高齢者向け住宅への住所地特例の適用等）
第6期	2015 （平成27）年	4月施行	改正法の施行 介護報酬改定（改定率▲2.27%）

▼介護保険制度の2015年改正の主な内容について

①地域包括ケアシステムの構築

高齢者が住み慣れた地域で生活を継続できるようにするため、介護、医療、生活支援、介護予防を充実。

サービスの充実
①在宅医療・介護連携の推進
②認知症施策の推進
③地域ケア会議の推進
④生活支援サービスの充実・強化

重点化・効率化
①全国一律の予防給付（訪問介護・通所介護）を市町村が取り組む地域支援事業に移行し、多様化
②特別養護老人ホームの新規入所者を、原則、要介護3以上に重点化（既入所者は除く）

②費用負担の公平化

低所得者の保険料軽減を拡充。また、保険料上昇をできる限り抑えるため、所得や資産のある人の利用者負担を見直す。

低所得者の保険料軽減を拡充
○低所得者の保険料の軽減割合を拡大
・給付費の5割の公費に加えて別枠で公費を投入し、低所得者の保険料の軽減割合を拡大

重点化・効率化
①一定以上の所得のある利用者の自己負担を引上げ
②低所得の施設利用者の食費・居住費を補填する「補足給付」の要件に資産などを追加

○このほか、「2025年を見据えた介護保険事業計画の策定」、「サービス付高齢者向け住宅への住所地特例の適用」、「居宅介護支援事業所の指定権限の市町村への移譲・小規模通所介護の地域密着型サービスへの移行」等を実施

08 介護保険の2018年改正

2012年から続く地域包括ケアシステム構築に向けた急ピッチの改革が多く実施されました。

保険者機能など制度の屋台骨を強化

2018年の法改正は、地域包括ケアシステムの深化・推進、介護保険制度の持続可能性の確保というテーマの下、前回改正をさらに発展させるものとなりました。ただし、介護サービスそのものを改革するというよりは、財源面など制度の屋台骨に手を入れる色合いの濃い改正です。

具体的には「**保険者機能の強化策の取り組み**」として要介護認定率や地域ケア会議の開催率など、自立支援・重度化防止に結びつくと考えられる項目について保険者機能を発揮した場合に、財政的なインセンティブ（**保険者機能強化推進交付金**）が与えられたことです。これまで保険者への締めつけといった政策はなかっただけに、国の本気度を表しているといえましょう。

3年ごとの急ピッチで進む改革

また、介護保険利用時の利用者負担について、現役並みの所得がある高齢者の**負担割合が3割**となりました。2015年改正で2割が導入され、それからわずか3年での改正という早業です。

さらに、**各医療保険者に課せられている介護納付金（40～64歳の保険料）の計算方法も人頭割から総報酬割**に変更されました（段階的移行）。保険料徴収について「取れるところからは取る」姿勢を明確にし、かつ、協会けんぽへの国庫補助（1450億円程度）を実質的に、他の健康保険組合などに肩代わりさせるもので、国のかたくなな意志を感じさせます。

加えて、これまでは2006年、2012年と6年ごとの見直しであった法改正が2012年以後は3年ごとの急ピッチで行われ、制度全体の大きな曲がり角を迎えていることがわかります。

▼介護保険改正の流れ（2018年）

第6期	2017 （平成29）年	5月施行	**地域包括ケアシステムの強化のための介護保険法等の一部を改正する法律**成立 （保険者機能の強化等の取組の推進、介護医療院を創設、共生型サービス創設、有料老人ホーム事業停止命令の創設等、負担割合に3割導入、介護納付金への総報酬割の導入等）
第7期	2018 （平成30）年	4月施行	改正法の施行 介護報酬改定（改定率プラス0.54％）

▼地域包括ケアシステムの強化のための改正のポイント

高齢者の自立支援と要介護状態の重度化防止、地域共生社会の実現を図るとともに、制度の持続可能性を確保することに配慮し、サービスを必要とする人に必要なサービスが提供されるようにする。

Ⅰ 地域包括ケアシステムの深化・推進

1 自立支援・重度化防止に向けた保険者機能の強化等の取り組みの推進（介護保険法）

全市町村が保険者機能を発揮し、自立支援・重度化防止に向けて取り組むしくみの制度化

- 国から提供されたデータを分析のうえ、介護保険事業（支援）計画を策定。計画に介護予防・重度化防止等の取組内容と目標を記載
- 都道府県による市町村に対する支援事業の創設・財政的インセンティブの付与の規定の整備

2 医療・介護の連携の推進等（介護保険法、医療法）

① 「日常的な医学管理」や「看取り・ターミナル」などの機能と、「生活施設」としての機能とを兼ね備えた、新たな介護保険施設（介護医療院）を創設

　※現行の介護療養病床の経過措置期間については、6年間延長することとする。病院または診療所から新施設に転換した場合には、転換前の病院または診療所の名称を引き続き使用できることとする。

② 医療・介護の連携等に関し、都道府県による市町村に対する必要な情報の提供その他の支援の規定を整備

3 地域共生社会の実現に向けた取り組みの推進等
（社会福祉法、介護保険法、障害者総合支援法、児童福祉法）

- 市町村による地域住民と行政等との協働による包括的支援体制づくり、福祉分野の共通事項を記載した地域福祉計画の策定の努力義務化
- 高齢者と障害児者が同一事業所でサービスを受けやすくするため、介護保険と障害福祉制度に新たに共生型サービスを位置づける

Ⅱ 介護保険制度の持続可能性の確保

4 2割負担者のうち特に所得の高い層の負担割合を3割とする（介護保険法）
5 介護納付金への総報酬割の導入（介護保険法）

- 各医療保険者が納付する介護納付金（40～64歳の保険料）について、被用者保険間では『総報酬割』（報酬額に比例した負担）とする

09 介護保険の実施状況

制度としてはすっかり定着した介護保険ですが、今後は、制度維持のための効率化や重点化が進められるでしょう。

制度の膨張と2025年問題

2000年4月の創設時には **149万人であったサービス利用者数は2016（平成28）年4月には496万人と、約3.3倍** になりました。

今後「団塊の世代」が75歳以上となる2025年には、およそ5.5人に1人が75歳以上の高齢者となり、認知症の人や世帯主が高齢者の単独世帯・夫婦のみの世帯の割合が増加していくとともに、若年層の減少が推計されています。

また、介護保険制度が定着し、サービス利用の大幅な伸びに伴い、開始当時は3.6兆円だった介護費用も、2015年度には9.8兆円となりました。さらに、2025年には、介護費用は約21兆円になると推計されています。当初、**全国平均3,000円程度であった介護保険料も、現在約5,900円になっており、2025年には約7,200円になる見込み**です。

制度としては、しっかりと根付いたといえますが、費用、人材など課題山積で制度の正念場はこれからやってくるといえるでしょう。

制度の持続可能性を高めるための地域包括ケアシステム

このような状況を踏まえ、地域の事情に応じて高齢者が、可能な限り、住み慣れた地域でその有する能力に応じて自立した日常生活を営むことができるよう、**医療、介護、介護予防、住まいおよび自立した日常生活の支援が包括的に確保される体制**（地域包括ケアシステム）の構築を目指す制度改革が行われることとなりました。

これまで縦割り行政の下、重複したサービス内容や類似する費用があった部分について、整合性や合理性をはかりながら効率化を求め、極力、給付費を抑制する方向の改革が進められています。

●要介護度別認定者数の推移

要介護（要支援）の認定者数は、平成31年4月現在659万人で、この19年間で約3.0倍に。このうち軽度の認定者数の増が大きい。また、近年、増加のペースが再び拡大。

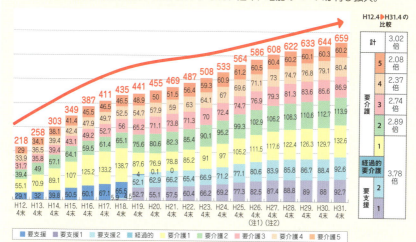

注1 H23.4月末の数値には、陸前高田市、大槌町、女川町、桑折町、広野町、楢葉町、富岡町、川内村、大熊町、浪江町は含まれていない。
注2 H24.4月末の数値には、楢葉町、富岡町、大熊町は含まれていない。

出典：介護保険事業状況報告

●介護費用と保険料の推移

※1 介護保険に係る事務コストや人件費などは含まない（地方交付税により措置されている）。
※2 保険給付及び地域支援事業の利用者負担は含まない。

出典：厚生労働省

コラム

介護の文書削減は可能か

　2000年度に始まった介護保険は当初はシンプルでしたが、改正を繰り返した結果、複雑難解になってしまいました。複雑すぎて行政職員でさえ間違うことも珍しくありません。

　制度の複雑化に比例して、介護サービス事業者が作成しなければならない書類の量も爆発的に多くなり、それが現場の大きな負担になっています。そこで、増えすぎた作成書類などの事務負担を軽減するための検討が厚生労働省でされたのですが、結果、大きく書類が削減されるには至りませんでした。

　介護サービス事業者が指定申請などをする際の書類や押印などが簡素化されはしましたが、それらは元来事業者にとっては負担ではありません。実地指導等で確認される日々のケア、介護に関する記録や加算の根拠となる記録がもっとも負担が大きいのですが、そこはまったく簡素化されなかったのです。

　なぜ、介護に関する記録等が削減されなかったのかというと、それは「よい介護とは何か」の基準が未だ確立していないことが関係しています。介護の質を測る基準がないため、国は本来、医療の質を測るものとして活用されてきた「ドナベディアン・モデル」（①ストラクチャー（職員体制）、②プロセス（サービス提供の手順）、③アウトカム（効果や結果））を流用していますが、その証明書類がたいへん多いのです。

　つまり、介護の質を評価する観点が変わらない限り、必要とされる書類も変わりようがなく、書類削減の実現は極めて困難といえるでしょう。

付録資料

下記のとおりサービス名称を省略しています。
◆特養＝特別養護老人ホーム　◆特定施設＝特定施設入居者生活介護　◆認知症GH＝認知症対応型共同生活介護　◆老健＝介護老人保健施設　◆定期巡回＝定期巡回・随時対応型訪問介護看護　◆看多機＝看護小規模多機能型居宅介護　◆小多機＝小規模多機能型居宅介護　◆介護支援＝居宅介護支援　◆介護付きホーム＝介護付き有料老人ホーム　◆認知症GH＝認知症対応型共同生活介護　◆短期療養＝短期入所療養介護　◆夜間訪問＝夜間対応型訪問介護　◆認デイ＝認知症対応型通所介護　◆訪リハ＝訪問リハビリテーション　◆通リハ＝通所リハビリテーション　◆居宅指導＝居宅療養管理指導　◆医療院＝介護医療院　◆療養型施設＝介護療養型医療施設

付録資料① 2021年度介護報酬改定の主な改定事項

1 感染症や災害への対応力強化

感染症や災害が発生した場合であっても、利用者に必要なサービスが安定的・継続的に提供される体制を構築する。

(1) 日頃からの備えと業務継続に向けた取り組みの推進

●感染症対策の強化 (経過措置3年)

感染症の発生、まん延等に関する取り組みの徹底を求める観点から、以下を義務づけ。

- 施設系サービス → 委員会、指針整備、研修＋**訓練（シミュレーション）**
- その他のサービス → **委員会、指針整備、研修、訓練（シミュレーション）**

●業務継続に向けた取り組みの強化 (経過措置3年)

感染症、災害が発生時でも介護サービスが継続できる体制を構築する。

全介護サービス事業者 → **業務継続計画**の策定、研修、訓練（シミュレーション）等を義務づけ

●地域と連携した災害への対応の強化

通所系、短期入所系、特定、施設系

→ 避難等訓練の実施に当たり、地域住民が参加するように連携の努力義務

●通所介護等の事業所規模別の報酬に関する対応

感染症や災害等により利用者が減少等した場合に、柔軟に事業所規模別の各区分の報酬単価の算定が可能。また、臨時的な利用者の減少に対応するための評価も設定。

▼通所介護の場合

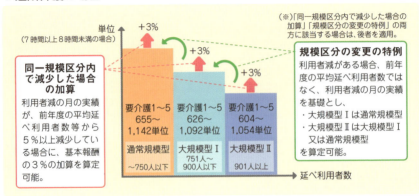

出典：厚生労働省

付録資料① 2021年度介護報酬改定の主な改定事項

地域包括ケアシステムの推進

住み慣れた地域において、利用者の尊厳を保持しつつ、必要なサービスが切れ目なく提供されるよう取り組みを推進する。

(1) 認知症への対応力向上に向けた取り組みの推進

- **訪問系サービス**について、認知症専門ケア加算を新たに創設する【認知症専門ケア加算】。
- 緊急時の宿泊ニーズに対応する観点から、**多機能系サービス**について、認知症行動・心理症状緊急対応加算を新たに創設する【認知症行動・心理症状緊急対応加算】。
- 介護に直接携わる職員が**認知症介護基礎研修**を受講するための措置を義務づける（経過措置3年）。

(2) 看取りへの対応の充実

- 看取り期の本人・家族との十分な話し合いや関係者との連携を一層充実させる観点から、基本報酬や看取りに係る加算の算定要件において、「人生の最終段階における医療・ケアの決定プロセスに関するガイドライン」等の内容に沿った取り組みを行うことを求める。

特養・特定施設・認知症GH	看取り介護加算
老健・訪問看護・定期巡回・看多機	ターミナルケア加算
小多機	看取り連携体制加算
介護支援	ターミナルケアマネジメント加算

- **特養、老健施設や介護付きホーム、認知症GH**の看取りに関わる加算について、現行の死亡日以前30日前からの算定に加えて、それ以前の一定期間の対応について、新たに評価する。介護付きホームについて、看取り期に夜勤または宿直により看護職員を配置している場合に新たに評価する。

▼ 特養の看取り介護加算の場合

以下について死亡日に加算する。
- 死亡日以前31日以上45日以下については、1日につき72単位（新設）
- 死亡日以前4日以上30日以下については、1日につき144単位
- 死亡日の前日及び前々日については、1日につき680単位
- 死亡日については1日につき1,280単位

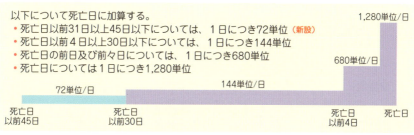

出典：厚生労働省

- 看取り期の利用者に訪問介護を提供する場合に、**訪問介護に係る２時間ルール**（２時間未満の間隔のサービス提供は所要時間を合算すること）を弾力化し、合算せずにそれぞれの所定単位数の算定を可能とする。

> 「看取り期」とは、「医師の診断に基づき、総合的に在宅での看取りを意識したケアを行った期間」を指します

▼人生の最終段階における医療・ケアの決定プロセスに関するガイドラインのポイント

人生の最終段階における医療・ケアについては、医師等の医療従事者から本人・家族等へ適切な情報の提供と説明がなされた上で、介護従事者を含む多専門職種からなる医療・ケアチームと十分な話し合いを行い、本人の意思決定を基本として進めること。

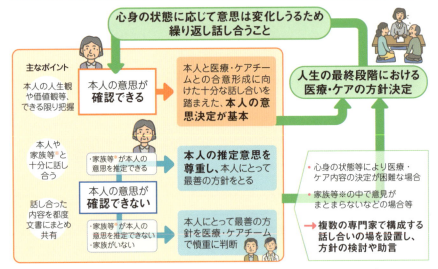

※話し合いに先立ち特定の家族等を自らの意思を推定する者として前もって定めておくことが重要である。
※家族等には広い範囲の人（親しい友人等）を含み、複数人存在することも考えられる。

出典：厚生労働省

（３）医療と介護の連携の推進

- 医師等による**居宅指導**において、利用者の社会生活面の課題にも目を向け、地域社会におけるさまざまな支援へとつながるよう留意し、関連する情報をケアマネジャー等に提供するよう努めることとする。
- **短期療養**について、基本報酬の評価を見直すとともに、医療ニーズのある利用者の受入促進の観点から、**総合医学的管理加算**を新設。

- **老健施設**において、適切な医療を提供する観点から、所定疾患施設療養費について、検査の実施の明確化や算定日数の延長(10日)、対象疾患の追加(蜂窩織炎)を行う。かかりつけ医連携薬剤調整加算について、かかりつけ医との連携を推進し、継続的な薬物治療を提供する観点から見直しを行う。
- **医療院**について、長期療養・生活施設の機能の充実の観点から、**長期療養生活移行加算**を新設。
- **療養型施設**について、令和5年度末の廃止期限までの円滑な移行に向けて、半年ごとに移行の検討状況の報告を求める(**移行計画未提出減算**)。

(4)在宅サービスの機能と連携の強化 (5)介護保険施設や高齢者住まいにおける対応の強化

- **訪問介護の通院等乗降介助**について、利用者の負担軽減の観点から、居宅が始点または終点となる場合の目的地間の移送についても算定可能とする。

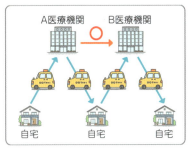
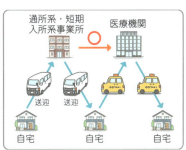

出典:厚生労働省

- **訪問入浴**について、新規利用者への初回サービス提供前の利用の調整を新たに評価する。清拭・部分浴を実施した場合の減算幅を見直す【**初回加算**】。
- **訪問看護**について、主治の医師が必要と認める場合に退院・退所当日の算定を可能とする。看護体制強化加算の要件や評価を見直す。
- **認知症GH、短期療養、多機能系サービス**において、緊急時の宿泊ニーズに対応する観点から、緊急時短期利用の受入日数(条件付きで14日以内)や人数の要件等を見直す。
- **個室ユニット型施設**の1ユニットの定員を、実態を勘案した職員配置に努めることを求めつつ、「おおむね10人以下」から「原則として概ね10人以下とし15人を超えないもの」とする。

> 個室ユニット型の定員がこれまでより多くなるということは、それだけ介護職員の負担が大きくなる可能性を意味します

(6) ケアマネジメントの質の向上と公正中立性の確保

- **特定事業所加算**において、他の事業所との連携により体制確保や対応等を行う事業所を新たに評価する【**特定事業所加算（A）**】。
- 適切な**ケアマネジメント**の実施を確保しつつ、経営の安定化を図る観点から、逓減制において、ICT活用または事務職員の配置を行っている場合の適用件数を見直す（逓減制の適用を40件以上から45件以上とする）。

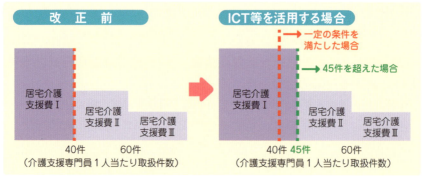

出典：厚生労働省

- 利用者が医療機関で診察を受ける際に同席し、医師等と情報連携を行い、当該情報を踏まえて**ケアマネジメント**を行うことを新たに評価する【**通院時情報連携加算**】。
- **介護予防支援**について、地域包括支援センターが委託するケアプランについて、介護支援事業者との情報連携等を新たに評価する【**委託連携加算**】。

(7) 地域の特性に応じたサービスの確保

- **夜間訪問、認デイ、多機能系サービス**について、中山間地域等に係る加算の対象とする。**認知症GH**について、ユニット数を弾力化（1以上3以下）、サテライト型事業所を創設する。
- 令和元年地方分権提案を踏まえ、**多機能系サービス**について、市町村が認めた場合に過疎地域等において登録定員を超過した場合の報酬減算を一定の期間行わないことを可能とする。小多機の登録定員等の基準を「従うべき基準」から「標準基準」に見直す。

2021年度の介護報酬改定率 全体で＋0.70％
※うち、新型コロナウイルス感染症に対応するための特例的な評価0.05％（2021年9月末までの間）

ほとんどの介護サービスの基本報酬が若干のプラス改定で設定されました（＋0.65％分）。これに加え、2021年9月末までは、規定された基本報酬に0.1％加えた額が介護報酬となります（＋0.05％分）。

付録資料①　2021年度介護報酬改定の主な改定事項

③ 自立支援・重度化防止の取り組みの推進

制度の目的に沿って、質の評価やデータ活用を行いながら、科学的に効果が裏付けられた質の高いサービスの提供を推進する。

(1) リハビリテーション・機能訓練、口腔、栄養の取り組みの連携・強化

- 加算等の算定要件とされている計画作成や会議について、リハ専門職、管理栄養士、歯科衛生士が必要に応じて参加することを明確化する。
- 自立支援・重度化防止に向けた更なる質の高い取り組みを促す観点から、**訪リハ・通リハ**のリハビリテーションマネジメント加算（Ⅰ）を廃止し、基本報酬の算定要件とする。VISIT（LIFE）へデータを提出しフィードバックを受けPDCAサイクルを推進することを評価する取り組みを**老健施設等**に拡充する。
- 週6回を限度とする**訪問リハ**について、退院・退所直後のリハの充実を図る観点から、退院・退所日から3月以内は週12回まで算定可能とする。
- **通所介護や特養等**における外部のリハ専門職等との連携による自立支援・重度化防止に資する介護を図る生活機能向上連携加算について、訪問介護等と同様に、ICTの活用等により外部のリハ専門職等が事業所を訪問せずに利用者の状態を把握・助言する場合の評価区分を新たに設ける【**生活機能向上連携加算Ⅰ、Ⅱ**】。

加算率が低すぎる「絵に描いた餅」状態の加算が介護保険にはたくさんありますが生活機能向上連携加算は、その代表的なものの一つです。修正されましたが、あまり効果は見込めません

- **通所介護**の個別機能訓練加算について、より利用者の自立支援等に資する機能訓練の提供を促進する観点から、従来の（Ⅰ）と（Ⅱ）を統合し、人員配置基準等算定要件の見直しを行う【**個別機能訓練加算Ⅰイ、Ⅰロ、Ⅱ**】。
- **通所介護、通リハ**の入浴介助加算について、利用者の自宅での入浴の自立を図る観点から、個別の入浴計画に基づく入浴介助を新たに評価する【**入浴介助加算Ⅰ、Ⅱ**】。P259通所介護等の入浴介助加算図参照。
- **施設系サービス**について、口腔衛生管理体制加算を廃止し、基本サービスと

して、口腔衛生管理体制を整備し、入所者ごとの状態に応じた口腔衛生管理の実施を求める（経過措置3年）。
- **施設系サービス**について、栄養マネジメント加算は廃止し、現行の栄養士に加えて管理栄養士の配置を位置付けるとともに、基本サービスとして、各入所者の状態に応じた栄養管理の計画的な実施を求める（経過措置3年）。低栄養リスク改善加算を入所者全員への栄養ケアの実施等を評価する加算に見直す【栄養マネジメント強化加算】。
- **通所系サービス等**について、介護職員による口腔スクリーニングの実施を新たに評価する。管理栄養士と介護職員等の連携による栄養アセスメントの取り組みを新たに評価する。栄養改善加算において、管理栄養士が必要に応じて利用者の居宅を訪問する取り組みを求める【栄養アセスメント加算】【口腔・栄養スクリーニング加算】。
- **認知症GH**について、管理栄養士が介護職員等へ助言・指導を行い栄養改善のための体制づくりを進めることを新たに評価する【栄養管理体制加算】。

（2）介護サービスの質の評価と科学的介護の取り組みの推進

- CHASE・VISIT（LIFE）へのデータ提出とフィードバックの活用によりPDCAサイクルの推進とケアの質の向上を図る取り組みを推進する。
  - **施設系・通所系・居住系・多機能系サービス**について、事業所のすべての利用者に係るデータ（ADL、栄養、口腔・嚥下、認知症等）をCHASEに提出してフィードバックを受け、事業所単位でのPDCAサイクル・ケアの質の向上の取り組みを推進することを新たに評価【科学的介護推進体制加算】。
  - 既存の加算等において、利用者ごとの計画に基づくケアのPDCAサイクルの取り組みに加えて、CHASE等を活用した更なる取り組みを新たに評価。

> 科学的介護にはデータ入力作業がつきまとい、その負担を訴える声が非常に多くあります

  - **すべての事業者**に、CHASE・VISIT（LIFE）へのデータ提出とフィードバックの活用によるPDCAサイクルの推進・ケアの質の向上を推奨。
- **ADL維持等加算**について、通所介護に加えて、**認デイ、介護付きホーム、特養**に対象を拡充する。クリームスキミングを防止する観点や加算の取得状況等を踏まえ、要件の見直しを行う。ADLを良好に維持・改善する事業

者を高く評価する評価区分を新たに設ける。

> クリームスキミングとは、効果が得られやすい利用者を逆に選別するような「いいとこ取り」を意味します

● **老健施設**の在宅復帰・在宅療養支援等評価指標について、在宅復帰等を更に推進する観点から、見直しを行う（経過措置6か月）。

▼VISIT（LIFE）を用いたPDCAサイクルの好循環イメージ

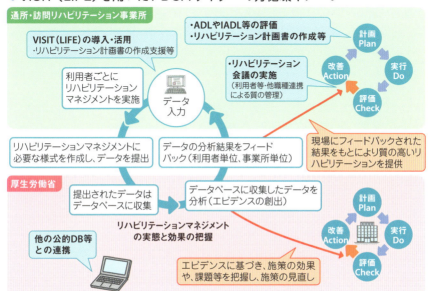

出典：厚生労働省

(3) 寝たきり防止等、重度化防止の取り組みの推進

● **施設系サービス**について、利用者の尊厳の保持、自立支援・重度化防止の推進、廃用や寝たきりの防止等の観点から、全ての利用者への医学的評価に基づく日々の過ごし方等へのアセスメントの実施、日々の生活全般における計画に基づくケアの実施を新たに評価する【自立支援促進加算】。

● **施設系サービス**における褥瘡マネジメント加算等、排せつ支援加算について、状態改善等（アウトカム）を新たに評価する等の見直しを行う。

> 「アウトカム」とは数字で表れる結果を意味し、「褥瘡が発生していない月は加算が算定できる」などの条件設定がなされます

付録資料① 2021年度介護報酬改定の主な改定事項

4 介護人材の確保・介護現場の革新

喫緊・重要な課題として、介護人材の確保・介護現場の革新に対応する。

(1) 介護職員の処遇改善や職場環境の改善に向けた取り組みの推進

● **処遇改善加算**や**特定処遇改善加算**の**職場環境等要件**について、職場環境改善の取り組みをより実効性が高いものとする観点から以下の見直しを行う。

> ◆ 職場環境等要件に定める取り組みについて、職員の離職防止・定着促進を図る観点から、以下の取り組みがより促進されるように見直しを行うこと。
> - 職員の新規採用や定着促進に資する取り組み
> - 職員のキャリアアップに資する取り組み
> - 両立支援・多様な働き方の推進に資する取り組み
> - 腰痛を含む業務に関する心身の不調に対応する取り組み
> - 生産性の向上につながる取り組み
> - 仕事へのやりがい・働きがいの醸成や職場のコミュニケーションの円滑化等、職員の勤務継続に資する取り組み
>
> ◆ 職場環境等要件に基づく取り組みの実施について、当該年度における取り組みの実施を求めること。

● **特定処遇改善加算**について、制度の趣旨は維持しつつより活用しやすい仕組みとする観点から、平均の賃金改善額の配分ルールにおける「経験・技能のある介護職員」は「その他の介護職員」の「2倍以上とすること」について、「より高くすること」と見直す。

職場環境等要件として、たとえば、新規採用や定着促進、キャリアアップ、両立支援、心身の不調、生産性向上、勤務継続などに資する取り組みの促進等が求められます

● 訪問介護、訪問入浴介護、夜間対応型訪問介護の**特定事業所加算、サービス提供体制強化加算**において、勤続年数が10年以上の職員の割合を要件とする新たな区分を設ける。

● 仕事と育児や介護との両立が可能となる環境整備を進め、職員の離職防止・定着促進を図る観点から、**各サービス**の人員配置基準や報酬算定において、

育児・介護休業取得の際の非常勤職員による代替職員の確保や、短時間勤務等を行う場合の「常勤」として取扱いを可能とする。
● ハラスメント対策を強化する観点から、**全ての介護サービス事業者**に、適切な**ハラスメント対策**を求める。

> このハラスメントは利用者からのものではありません。それについては、留意事項通知において、方針の明確化等「必要な措置」を講じることが推奨されています

(2) テクノロジーの活用や人員基準・運営基準の緩和を通じた業務効率化・業務負担軽減の推進

● テクノロジーの活用により介護サービスの質の向上及び業務効率化を推進していく観点から、実証研究の結果等も踏まえ、以下の見直しを行う。
  ・ **特養等**における見守り機器を導入した場合の夜勤職員配置加算について、見守り機器の導入割合の**緩和**（15%→10%）を行う。見守り機器100%の導入やインカム等の使用、安全体制の確保や職員の負担軽減等を要件に、基準を**緩和**（0.9人→0.6人）した新たな区分を設ける。
  ・ 見守り機器100%の導入やインカム等の使用、安全体制の確保や職員の負担軽減等を要件に、**特養（従来型）**の夜間配置基準を**緩和**する。
  ・ 職員体制等を要件とする加算（日常生活継続支援加算やサービス提供体制強化加算等）において、テクノロジー活用を考慮した要件を導入する。
● 運営基準や加算の要件等における**各種会議等**の実施について、感染防止や多職種連携促進の観点から、テレビ電話等を活用しての実施を認める。

> 利用者等が参加する会議では、利用者等の同意を得た上での活用となります

● 薬剤師による**居宅指導**について、診療報酬の例も踏まえて、情報通信機器を用いた服薬指導を新たに評価する。
● **夜間訪問**について、定期巡回と同様に、オペレーターの併設施設等の職員や随時訪問の訪問介護員等との兼務、複数の事業所間での通報の受付の集約化、他の訪問介護事業所等への事業の一部委託を可能とする。

- **認知症GH**の夜勤職員体制（現行1ユニット1人以上）について、安全確保や職員の負担にも留意しつつ、人材の有効活用を図る観点から、3ユニットの場合に（同一階で隣接しているなど）一定の要件の下、例外的に夜勤2人以上の配置に**緩和**できることとする。
- **特養等**の人員配置基準について、人材確保や職員定着の観点から、職員の過剰な負担につながらないよう留意しつつ、従来型とユニット型併設の場合の介護・看護職員の兼務、小多機と併設する場合の管理者・介護職員の兼務等の見直しを行う。

人員緩和は現場の事故と背中合わせ。
慎重に進める必要があります

- **認知症GH**の「第三者による外部評価」について、自己評価を運営推進会議に報告し、評価を受けた上で公表する仕組みを制度的に位置付け、当該仕組みと既存の外部評価によるいずれかから受けることとする。

（3）文書負担軽減や手続きの効率化による介護現場の業務負担軽減の推進

- 利用者等への**説明・同意**について、**電磁的な対応**を原則認める。署名・押印を求めないことが可能であることや代替手段を明示する。
- **諸記録の保存・交付等**について、**電磁的な対応**を原則認める。
- 運営規程等の**重要事項の掲示**について、事業所の掲示だけでなく、閲覧可能な形でファイル等で備え置くこと等を可能とする。

文書負担の軽減策は
大きくは前進しませんでした

付録資料① 2021年度介護報酬改定の主な改定事項

⑤ 制度の安定性・持続可能性の確保

必要なサービスは確保しつつ、適正化・重点化を図る。

（1）評価の適正化・重点化

- **通所系、多機能系**サービスについて、利用者の公平性の観点から、同一建物減算適用時等の区分支給限度基準額の計算について減算適用前の単位数を用いる。
- **夜間訪問**について、月に一度も訪問サービスを受けていない利用者が存在するなどの実態を踏まえて、定額オペレーションサービス部分の評価の適正化を行う。
- **（介護予防）訪問看護**について、機能強化を図る観点から、<u>理学療法士・作業療法士・言語聴覚士</u>によるサービス提供に係る評価や提供回数等の見直しを行う。

セラピスト中心の訪問看護ステーションをけん制する議論が起こりました

- 介護予防サービスにおける**リハビリテーション**について、<u>長期利用</u>の場合の評価の見直しを行う【<u>12月超減算</u>】。
- **居宅指導**について、サービス提供の状況や移動・滞在時間等の効率性を勘案し、単一建物居住者の人数に応じた評価の見直しを行う。
- **療養型施設**について、令和5年度末の廃止期限までに医療院への移行等を進める観点から、基本報酬の見直しを行う。
- **介護職員処遇改善加算（Ⅳ）及び（Ⅴ）**について、上位区分の算定が進んでいることを踏まえ、廃止する（経過措置1年）。
- 生活援助の訪問回数が多い利用者の**ケアプラン**について、区分支給限度基準額の利用割合が高く訪問介護が大部分を占める等のケアプランを作成する介護支援事業者を対象とした点検・検証の仕組みを導入する。
- **サービス付き高齢者向け住宅等**における適正なサービス提供を確保する観点から、事業所指定の際の条件付け（利用者の一定割合以上を併設集合住宅以外の利用者とする等）や家賃・ケアプランの確認などを通じて、自治体による更なる指導の徹底を図る。

(2) 報酬体系の簡素化

- **療養通所介護**について、中重度の要介護者の状態にあわせた柔軟なサービス提供を図る観点から、日単位報酬体系から、月単位包括報酬とする。
- リハサービスのリハマネ加算（Ⅰ）、施設系サービスの口腔衛生管理体制加算、栄養マネジメント加算について廃止し、基本報酬で評価する。処遇改善加算（Ⅳ）（Ⅴ）、移行定着支援加算（医療院）を廃止する。

> 報酬体系の簡素化が叫ばれましたが、かけ声倒れの色合いが濃厚で、さらに難解な加算減算が、たくさん生まれた制度改正となりました

◆ **訪問看護の変更点** ◆

(1) 理学療法士、作業療法士、言語聴覚士（以下「PT等」）による訪問看護は、①通所リハビリテーションのみでは家屋内におけるADLの自立が困難である場合であって、②ケアマネジメントの結果、看護職員とPT等が連携した家屋状況の確認を含めた訪問看護の提供が必要と判断された場合という条件付きになりました。

(2) 介護予防訪問看護におけるPT等の訪問について、1日2回を超えて行う場合、1回につき50％の減算。また、12月を超える利用については、1回につき5単位の減算となりました。

(3) 退院当日の訪問看護は一部の例外状態をのぞき利用できないが、主治の医師が認める利用者に限り、訪問看護費を算定できることになりました。

付録資料①　2021年度介護報酬改定の主な改定事項

6 その他の事項

- **介護保険施設**における事故発生の防止と発生時の適切な対応（リスクマネジメント）を推進する観点から、事故報告様式を作成・周知する。**施設系サービス**において、安全対策担当者を定めることを義務づける(※)。事故発生の防止等のための措置が講じられていない場合に基本報酬を減算する(※)。組織的な安全対策体制の整備を新たに評価する（※はいずれも経過措置6か月）【安全管理体制未実施減算】、【安全対策体制加算】。
- 障害福祉サービスにおける対応も踏まえ、**すべての介護サービス事業者**を対象に、利用者の人権の擁護、虐待の防止等の観点から、虐待の発生・再発を防止するための委員会の開催、指針の整備、研修の実施、担当者を定めることを義務づける（経過措置3年）。
- **介護保険施設**における食費の基準費用額について、1,392円から1,445円に改定（2021年8月より）。

▼施設よりも自宅重視に変わった通所介護等の入浴介助加算

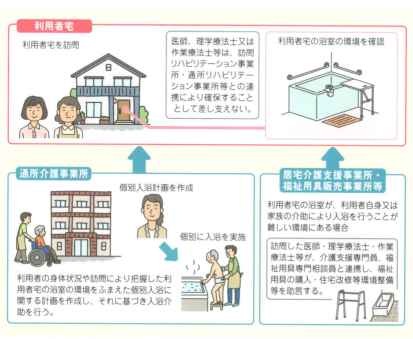

出典：厚生労働省

● 居宅介護支援の特定事業所加算要件概要

算定要件	（Ⅰ）505単位	（Ⅱ）407単位	（Ⅲ）309単位	（A）100単位
(1) 常勤専従の主任介護支援専門員	2名以上	1名以上	1名以上	1名以上
(2) 常勤専従の介護支援専門員を配置していること	3名以上	3名以上	2名以上	常勤：1名以上 非常勤：1名以上 （非常勤は他事業所との兼務可）
(3) 利用者、サービス提供に当たっての定期会議	○	○	○	○
(4) 24時間連絡体制、相談体制	○	○	○	○ 連携でも可
(5) 月の利用者総数のうち、要介護3〜5が4割以上	○	×	×	×
(6) 計画的に研修	○	○	○	○ 連携でも可
(7) 地域包括支援センターからの困難事例にサービス提供	○	○	○	○
(8) 地域包括支援センター等が実施する事例検討会等に参加	○	○	○	○
(9) 運営基準減算又は特定事業所集中減算未適用	○	○	○	○
(10) 利用者数が事業所の介護支援専門員1人当たり40名未満（居宅介護支援費（Ⅱ）では45名未満）	○	○	○	○
(11) 介護支援専門員実務研修に協力又は協力体制確保	○	○	○	○ 連携でも可
(12) 他の法人が運営する指定居宅介護支援事業者と共同で事例検討会、研修会等	○	○	○	○ 連携でも可
(13) 必要に応じて、居宅サービス計画に多様な主体等が提供する生活支援のサービス（インフォーマルサービス含む）	○	○	○	○

● 通所介護等の個別機能訓練加算の要件概要

ニーズ把握・情報収集	通所介護・地域密着型通所介護事業所の機能訓練指導員等が、利用者の居宅を訪問し、ニーズを把握するとともに、居宅での生活状況を確認			
機能訓練指導員の配置	（Ⅰ）イ	専従1名以上配置（配置時間の定めなし）	（Ⅰ）ロ	専従1名以上配置（サービス提供時間帯通して配置）
	※人員欠如減算・定員超過減算を算定している場合は、個別機能訓練加算を算定しない ※イは運営基準上配置を求めている機能訓練指導員により満たすこととして差支えない。ロはイに加えて専従で1名以上配置する			
計画作成	居宅訪問で把握したニーズと居宅での生活状況を参考に、多職種共同でアセスメントを行い、個別機能訓練計画を作成			
機能訓練項目	利用者の心身の状況に応じて、身体機能・生活機能向上を目的とする機能訓練項目を柔軟に設定 訓練項目は複数種類準備し、その選択に当たっては利用者の生活意欲が増進されるよう利用者を援助する			
訓練の対象者	5人程度以下の小集団又は個別			
訓練の実施者	機能訓練指導員が直接実施（介護職員等が訓練の補助を行うことは妨げない）			
進捗状況の評価	3か月に1回以上実施し、利用者の居宅を訪問したうえで、居宅での生活状況を確認するとともに、当該利用者またはその家族に対して個別機能訓練計画の進捗状況等を説明し、必要に応じて個別機能訓練計画の見直し等を行う			

※【個別機能訓加算（Ⅱ）】⇒加算（Ⅰ）に加えて、個別機能訓練計画等の内容を厚生労働省に提出し、フィードバックを受けていること（CHASEへのデータ提出とフィードバックの活用）

●ADL維持等加算の要件概要

旧	新
対象サービス： 　通所介護、地域密着型通所介護	対象サービス： 　**通所介護、地域密着型通所介護、認知症対応型通所介護、特定施設入居者生活介護、介護老人福祉施設、地域密着型介護老人福祉施設**
● 5時間以上の通所介護費の算定回数が5時間未満の算定回数を上回る利用者の総数が20名以上	● 利用者の総数が10名以上（緩和）
● 評価対象利用期間の初月において要介護度が3以上である利用者が15％以上	● 廃止
● 評価対象利用期間の初月の時点で初回の要介護・要支援認定があった月から起算して12月以内の者が15％以下	● 廃止
● 評価対象利用期間の初月と6月目にADL値（BarthelIndex）を測定し、報告されている者が90％以上	● 評価可能な者は原則全員報告
● ADL利得が上位85％の者について、各々のADL利得を合計したものが、0以上	● 初月のADL値や要介護認定の状況等に応じて調整式で得られた利用者の調整済ADL利得が、一定の値以上
	● CHASE（LIFE）を用いて利用者のADLの情報を提出し、フィードバックを受ける

食事、移乗、整容、トイレ動作、入浴、排せつの自立度など10項目を評価するバーセルインデックスを用いて改善傾向があれば一人につき約300～600円/月の加算です

♥サービス提供体制強化加算の見直し

	資格・勤続年数要件（介福＝介護福祉士）			単位数
	加算Ⅰ（新たな最上位区分）	加算Ⅱ（旧・加算Ⅰイ相当）	加算Ⅲ（旧・加算のⅠロ、Ⅱ、Ⅲ相当）	
訪問入浴介護夜間対応型訪問介護	以下のいずれかに該当。 ①介福60％以上 ②勤続10年以上＋介福25％以上	介福40％以上又は介福、実務者研修了者、基礎研修了者の合計が60％以上	以下のいずれかに該当。 ①介福30％以上又は介福、実務者研修了者、基礎研修了者の合計が50％以上 ②勤続7年以上が30％以上	（訪問入浴） Ⅰ 44単位／回 Ⅱ 36単位／回 Ⅲ 12単位／回 （夜間訪問） Ⅰ 22単位／回 Ⅱ 18単位／回 Ⅲ 6単位／回
訪問看護療養通所介護	―	―	（イ）勤続7年以上が30％以上 （ロ）勤続3年以上が30％以上	（訪看・訪リハ） （イ）6単位／回 （ロ）3単位／回
訪問リハビリテーション	―	―	（イ）勤続7年以上が1人以上 （ロ）勤続3年以上が1人以上	（療養通所） （イ）48単位／月 （ロ）24単位／月
定期巡回・随時対応型訪問介護看護	以下のいずれかに該当。 ①介福60％以上 ②勤続10年以上＋介福25％以上	介福40％以上又は介福、実務者研修了者、基礎研修了者の合計が60％以上	以下のいずれかに該当。 ①介福30％以上又は介福、実務者研修了者、基礎研修了者の合計が50％以上 ②常勤60％以上 ③勤続7年以上が30％以上	Ⅰ 750単位／月 Ⅱ 640単位／月 Ⅲ 350単位／月
（看護）小規模多機能型居宅介護	以下のいずれかに該当。 ①介福70％以上 ②勤続10年以上＋介福25％以上	介福50％以上	以下のいずれかに該当。 ①介福40％以上 ②常勤60％以上 ③勤続7年以上が30％以上	Ⅰ 750単位／月 Ⅱ 640単位／月 Ⅲ 350単位／月
（地域密着型）通所介護、通所リハビリテーション、認知症対応型通所介護	以下のいずれかに該当。 ①介福70％以上 ②勤続10年以上＋介福25％以上	介福50％以上	以下のいずれかに該当。 ①介福40％以上 ②勤続7年以上30％以上	（予防通リハ以外） Ⅰ 22単位／回（日） Ⅱ 18単位／回（日） Ⅲ 6単位／回（日） （予防通リハ） Ⅰ 176単位／月 Ⅱ 144単位／月 Ⅲ 48単位／月
（地域密着型）特定施設入居者生活介護※、認知症対応型共同生活介護	以下のいずれかに該当。 ①介福70％以上 ②勤続10年以上＋介福25％以上	介福60％以上	以下のいずれかに該当。 ①介福50％以上 ②常勤75％以上 ③勤続7年以上30％以上	
短期入所（療養）生活介護、（地域密着型）介護老人福祉施設※、介護老人保健施設※、介護医療院※、介護療養型医療施設※	以下のいずれかに該当。 ①介福80％以上 ②勤続10年以上＋介福35％以上	介福60％以上	以下のいずれかに該当。 ①介福50％以上 ②常勤75％以上 ③勤続7年以上30％以上	

※印のサービスは、上記に加え、サービスの質の向上に資する取組を実施していること。
（注1）表中、複数の単位が設定されているものについては、いずれか1つのみを算定。
（注2）介護福祉士に係る要件は、「介護職員の総数に占める介護福祉士の割合」、常勤職員に係る要件は「看護・介護職員の総数に占める常勤職員の割合」、勤続年数に係る要件は「利用者に直接サービスを提供する職員の総数に占める7年（一部3年）以上勤続職員の割合」である。

付録資料②

2021年度
主要サービスと加算の単位数

※新型コロナウイルス感染症に対応する特例評価として、全てのサービスについて、2021年9月末までの間、基本報酬に0.1%上乗せした額となります。

●介護予防支援・介護予防ケアマネジメント

要支援1・2		438/月	
初回加算	+300/月	委託連携加算	+300/月

居宅介護支援費（I）		居宅介護支援費（II）【新区分】	
・居宅介護支援費（II）を算定していない事業所		・一定の情報通信機器（人工知能関連技術も含む）の活用または事務職員の配置を行っている事業所	
・ケアマネジャー1人当たりの取扱件数が40未満の場合または40以上の場合で、40未満の部分		・ケアマネジャー1人当たりの取扱件数が45未満の場合または45以上の場合で、45未満の部分	
要介護1・2	1,076/月	要介護1・2	1,076/月
要介護3・4・5	1,398/月	要介護3・4・5	1,398/月

初回加算	+300/月	通院時情報連携加算	+50/月
特定事業所加算	I：+505/月 II：+407/月 III：+309/月 A：+100/月	緊急時等居宅カンファレンス加算	+200/回 （一人につき月2回を限度）
特定事業所医療介護連携加算	+125/月	ターミナルケアマネジメント加算	+400
入院時情報連携加算	I：+200/月 II：+100/月	特定事業所集中減算	−200/月
退院・退所加算 ＊減算が2月以上継続している場合は算定しない	（I）イ：+450 （I）ロ：+600 （II）イ：+600 （II）ロ：+750 （III）イ：+900	運営基準減算	×50/100

●訪問介護（1回につき）

身体介護	20分未満	167
	20分以上30分未満	250
	30分以上1時間未満	396
	1時間以上	579に30分を増すごとに+84
（20分以上の身体介護に引き続き行う）生活援助	所要時間20分から起算し、25分ますごとに加算	67（201上限）
生活援助	20分以上45分未満	183
	45分以上	225
通院等乗降介助	1回につき	99

● 主な加算

特定事業所加算	Ⅰ：+20/100、Ⅱ：+10/100、Ⅲ：+10/100、Ⅳ：+5/100、Ⅴ：+3/100	認知症専門ケア加算（Ⅰ）（Ⅱ）	+3/日、+4/日
緊急時訪問介護加算	+100/回	介護職員処遇改善加算	Ⅰ：13.7%、Ⅱ：10.0% Ⅲ：5.5%
初回加算	+200/月	介護職員特定処遇改善加算	Ⅰ：6.3%、Ⅱ：4.2%
生活機能向上連携加算	Ⅰ：+100/月、Ⅱ：+200/月		

▼ 地域密着型通所介護（/回）

	3H～4H	4H～5H	5H～6H	6H～7H	7H～8H	8H～9H
要介護1	415	435	655	676	750	780
要介護2	476	499	773	798	887	922
要介護3	538	564	893	922	1,028	1,068
要介護4	598	627	1,010	1,045	1,168	1,216
要介護5	661	693	1,130	1,168	1,308	1,360

▼ 通所介護（通常規模・/回）

	3H～4H	4H～5H	5H～6H	6H～7H	7H～8H	8H～9H
要介護1	368	386	567	581	655	666
要介護2	421	442	670	686	773	787
要介護3	477	500	773	792	896	911
要介護4	530	557	876	897	1,018	1,036
要介護5	585	614	979	1,003	1,142	1,162

▼ 通所介護（大規模Ⅰ・/回）

	3H～4H	4H～5H	5H～6H	6H～7H	7H～8H	8H～9H
要介護1	356	374	541	561	626	644
要介護2	407	428	640	664	740	761
要介護3	460	484	739	766	857	881
要介護4	511	538	836	867	975	1,002
要介護5	565	594	935	969	1,092	1,122

▼ 通所介護（大規模Ⅱ・/回）

	3H～4H	4H～5H	5H～6H	6H～7H	7H～8H	8H～9H
要介護1	343	360	522	540	604	620
要介護2	393	412	617	638	713	733
要介護3	444	466	712	736	826	848
要介護4	493	518	808	835	941	965
要介護5	546	572	903	934	1,054	1,081

●主な加算

感染症、災害で臨時的に利用者数一定減	＋3/100	栄養改善加算	＋200/回 （月2回を限度）
入浴介助加算	Ⅰ：＋40/日 Ⅱ：＋55/日	口腔・栄養スクリーニング加算	Ⅰ：＋20/回 Ⅱ：＋5/回
中重度者ケア体制加算	＋45/日	口腔機能向上加算	Ⅰ：＋150/回 Ⅱ：＋160/回
生活機能向上連携加算	Ⅰ：＋100/月 Ⅱ：＋200/月	科学的介護推進体制加算	＋40/月
個別機能訓練加算	Ⅰイ：＋56/日 Ⅰロ：＋85/日 Ⅱ：＋20/月	同一建物減算	−94/日
ADL維持等加算	Ⅰ：＋30/月 Ⅱ：＋60/月	送迎を行わない場合	−47/片道
認知症加算	＋60/日	サービス提供体制強化加算	Ⅰ：＋22/回 Ⅱ：＋18/回 Ⅲ：＋6/回
若年性認知症利用者受入加算	＋60/日	介護職員処遇改善加算	Ⅰ：5.9％、Ⅱ：4.3％ Ⅲ：2.3％
栄養アセスメント加算	＋50/月	介護職員等特定処遇改善加算	Ⅰ：1.2％、Ⅱ：1.0％

♥訪問看護（1回につき）

	訪問看護ステーション		病院・診療所	
	予防	介護	予防	介護
30分未満	450	470	381	398
30分以上1時間未満	792	821	552	573
1時間以上1時間30分未満	1,087	1,125	812	842
理学療法士、作業療法士又は言語聴覚士	283 ※1日に2回を超える場合は50％	293 ※1日2回を超える場合は90％		

●主な加算

（介護予防）12月を超えて理学療法士等を利用する場合の減算	−5/回	ターミナルケア加算	死亡日および死亡日前14日以内に2日以上ターミナルケアを行った場合＋2,000/死亡月
緊急時訪問看護加算	ステーション：＋574/月 病院・診療所：＋315/月	初回加算	＋300/月
特別管理加算Ⅰ	＋500/月	退院時共同指導加算	＋600/回
特別管理加算Ⅱ	＋250/月	看護体制強化加算	Ⅰ：＋550/月 Ⅱ：＋200/月

▼認知症対応型共同生活介護費（1日につき）

	1ユニット	2ユニット以上
要支援2	760	748
要介護1	764	752
要介護2	800	787
要介護3	823	811
要介護4	840	827
要介護5	858	844

●主な加算

項目	単位	項目	単位
身体拘束廃止未実施減算	−75〜−86	若年性認知症利用者受入加算	＋120/日
3ユニットで夜勤を行う職員の員数を2人以上とする場合	−50/日	生活機能向上連携加算	Ⅰ：＋100/月 Ⅱ：＋200/月
夜間支援体制加算	Ⅰ：＋50/日 Ⅱ：＋25/日	栄養管理体制加算	＋30/月
認知症行動・心理症状緊急対応加算	0	口腔衛生管理体制加算	＋30/月
看取り介護加算	(1)：＋72/日 (2)：＋144/日 (3)：＋680/日 (4)：＋1,280/日	口腔・栄養スクリーニング加算	＋20/回 （6月に1回を限度）
初期加算	＋30/日	科学的介護推進体制加算	＋40/月
医療連携体制加算	Ⅰ：＋39/日 Ⅱ：＋49/日 Ⅲ：＋59/日	サービス提供体制強化加算	Ⅰ：＋22/日 Ⅱ：＋18/日 Ⅲ：＋6/日
認知症専門ケア加算	Ⅰ：＋3/日 Ⅱ：＋4/日	介護職員処遇改善加算	Ⅰ：11.1％ Ⅱ：8.1％ Ⅲ：4.5％

▼短期入所生活介護 （1日につき）

	単独型	併設型	単独型ユニット	併設型ユニット
要支援1	474	446	555	523
要支援2	589	555	674	649
要介護1	638	596	738	696
要介護2	707	665	806	764
要介護3	778	737	881	838
要介護4	847	806	949	908
要介護5	916	874	1,017	976

●主な加算

生活機能向上連携加算	Ⅰ：＋100/月、Ⅱ：＋200/月
専従機能訓練指導員配置	＋12/日
個別機能訓練加算	＋56/日
看護体制加算（Ⅰ）（Ⅱ）（Ⅲ）（Ⅳ）	＋4/日～＋23/日
夜勤職員配置加算（Ⅰ）（Ⅱ）（Ⅲ）（Ⅳ）	＋13/日～＋20/日
利用者に対して送迎を行う場合	＋184/片道
緊急短期入所受入加算	＋90/日
療養食加算	＋8/日
長期利用者	－30/日
在宅中重度者受入加算 （1）（2）（3）（4）	＋421/日～＋425/日
認知症専門ケア加算（Ⅰ）（Ⅱ）	＋3/日、＋4/日
サービス提供体制強化加算	Ⅰ：＋22/日、Ⅱ：＋18/日、Ⅲ：＋6/日
介護職員処遇改善加算	Ⅰ：8.3％、Ⅱ：6.0％、Ⅲ：3.3％
介護職員特定処遇改善加算	Ⅰ：2.7％、Ⅱ：2.3％

▼介護老人福祉施設　（1日につき）

	従来型個室・多床室	ユニット型個室	経過的ユニット型
要介護3	712	793	885
要介護4	780	862	950
要介護5	847	929	1,015

●主な加算

栄養ケア・マネジメントの未実施	−14/日	口腔衛生管理加算	Ⅰ：＋90／月 Ⅱ：＋110／月
日常生活継続支援加算	ユニット：＋46/日 従来型：＋36/日 （従来型個室・多床室）	療養食加算	＋6/回（1日3回まで）
看護体制加算 （Ⅰ）（Ⅱ）	＋6/日～＋13/日	看取り介護加算 （1）（2）（3）（4）	＋72/日～＋1,580/日
夜勤職員配置加算 （Ⅰ）（Ⅱ）（Ⅲ）（Ⅳ）	＋13/日～＋33/日	認知症専門ケア加算	Ⅰ：＋3/日 Ⅱ：＋4/日
生活機能向上連携加算	Ⅰ：＋100/月 （3月に1回を限度） Ⅱ：＋200/月	褥瘡マネジメント加算	Ⅰ：＋3/月 Ⅱ：＋13/月
個別機能訓練加算	Ⅰ：＋12/日 Ⅱ：＋20/月	排せつ支援加算	Ⅰ：＋10/月 Ⅱ：＋15/月 Ⅲ：＋20/月
ADL維持等加算	Ⅰ：＋30/月 Ⅱ：＋60/月	自立支援促進加算	＋300／月
若年性認知症入所者受入加算	＋120/日	科学的介護促進体制加算	Ⅰ：＋40／月 Ⅱ：＋50／月
精神科を担当する医師に係る加算	＋5/日	安全対策体制加算	入所者1人につき1回を限度として＋20
初期加算	＋30/日	サービス提供体制強化加算	Ⅰ：＋22/日 Ⅱ：＋18/日 Ⅲ：＋6/日
栄養マネジメント強化加算	＋11/日	介護職員処遇改善加算	Ⅰ：8.3% Ⅱ：6.0% Ⅲ：3.3%
経口移行加算	＋28/日	介護職員等特定処遇改善加算	Ⅰ：2.7% Ⅱ：2.3%
経口維持加算	Ⅰ：＋400/月 Ⅱ：＋100/月		

付録資料③

要支援状態または要介護状態の区分

要支援状態または要介護状態については、状態像の公的な定義はありませんが、概ね次のように考えられます。

区分		状態像	要介護認定等基準時間
自立 (非該当)		歩行や起き上がりなどの日常生活上の基本動作を自分で行うことができ、かつ、薬の内服、電話の利用などの手段的日常生活を行う能力もある状態。	
要支援状態	要支援1	歩行や起き上がりなどの日常生活上の基本動作については、ほぼ自分で行うことができるが、日常生活動作の介助や現在の状態の防止により要介護状態となることの予防の助けとなるよう、薬の内服、電話の利用などの手段的日常生活動作において何らかの支援を要する状態。	25分以上32分未満またはこれに相当する状態
	要支援2	要支援1の状態から、薬の内服、電話の利用などの手段的日常生活動作を行う能力がわずかに低下し、何らかの支援が必要となる状態。	32分以上50分未満またはこれに相当する状態
要介護状態	要介護1	要支援2の状態から、薬の内服、電話の利用などの手段的日常生活動作を行う能力が一部低下し、部分的な介護が必要となる状態。	
	要介護2	要介護1の状態に加え、歩行や起き上がりなどの日常生活上の基本動作についても、部分的な介護が必要となる状態。	50分以上70分未満またはこれに相当する状態
	要介護3	要介護2の状態と比較して、歩行や起き上がりなどの日常生活上の基本動作および、薬の内服、電話の利用などの手段的日常生活動作の両方の観点からも著しく能力が低下し、ほぼ全面的な介護が必要となる状態。	70分以上90分未満またはこれに相当する状態
	要介護4	要介護3の状態に加え、さらに動作能力が低下し、介護なしには日常生活を営むことが困難となる状態。	90分以上110分未満またはこれに相当する状態
	要介護5	要介護4の状態よりさらに動作能力が低下しており、介護なしには日常生活を行うことがほぼ不可能な状態。	110分以上またはこれに相当する状態

付録資料④

日常生活自立度判定基準

●障害高齢者の日常生活自立度判定基準

自立度	ランク		判定基準
生活自立	J		何らかの障害等を有するが、日常生活はほぼ自立しており独力で外出する
		J1	交通機関等を利用して外出する
		J2	隣近所へなら外出する
準寝たきり	A		屋内での生活はおおむね自立しているが、介助なしには外出しない
		A1	介助により外出し、日中はほとんどベッドから離れて生活する
		A2	外出の頻度が少なく、日中も寝たり起きたりの生活をしている
寝たきり	B		屋内での生活は何らかの介助を要し、日中もベッド上での生活が主体であるが、座位を保つ
		B1	車いすに移乗し、食事、排せつはベッドから離れて行う
		B2	介助により車いすに移乗する
	C		1日中ベッド上で過ごし、排せつ、食事、着替えにおいて介助を要する
		C1	自力で寝返りをうつ
		C2	自力では寝返りもうてない

●認知症高齢者の日常生活自立度判定基準

ランク		判定基準
Ⅰ		何らかの認知症を有するが、日常生活は家庭内および社会的にほぼ自立している
Ⅱ		日常生活に支障をきたすような症状・行動や意思疎通の困難さが多少みられても、誰かが注意していれば自立できる
	Ⅱa	家庭外で上記Ⅱの状態がみられる [たびたび道に迷う、買い物や事務、金銭管理等それまでできたことにミスが目立つ等]
	Ⅱb	家庭内でも上記Ⅱの状態がみられる [服薬管理ができない、電話の応対や訪問者との対応等、1人で留守番ができない等]
Ⅲ		日常生活に支障をきたすような症状・行動や意思疎通の困難さがみられ、介護を必要とする
	Ⅲa	日中を中心として上記Ⅲの状態がみられる [着替え、食事、排便・排尿が上手にできない・時間がかかる、やたらに物を口に入れる、物を拾い集める、徘徊、失禁、大声・奇声をあげる、火の始末、不潔行為、性的異常行為がみられる等]
	Ⅲb	夜間を中心として上記Ⅲの状態がみられる症状、行動はⅢaに同じ
Ⅳ		日常生活に支障をきたすような症状・行動や意思疎通の困難さが頻繁にみられ、つねに介護を必要とする
M		著しい精神症状や問題行動あるいは重篤な身体疾患がみられ、専門医療を必要とする [せん妄、妄想、興奮、自傷・他害等の精神症状や精神症状に起因する問題行動が継続する状態等]

付録資料⑤

長谷川式簡易知能評価スケール
(HDS−R)

ID　　　　　氏名　　　　　　　　　　　　　日付　　　　　　検者

No.	質問内容		配点	記入
1. お歳はいくつですか？（2年までの誤差は正解）			0　1	
2. 今日は何年の何月ですか？何曜日ですか？ 　（年月日、曜日が正解でそれぞれ1点ずつ。）	年		0　1	
	月		0　1	
	日		0　1	
	曜日		0　1	
3. 私達が今いるところはどこですか？ （自発的に出れば2点、5秒おいて、家ですか？病院ですか？施設ですか？の中から正しいと選択すれば1点。）			0　1　2	
4. これから言う3つの言葉を言ってみて下さい。あとでまた聞きますのでよく覚えておいて下さい。 （以下の系列のいずれか1つで、採用した系列に○印をつけておく。） 　1：a）桜　b）猫　c）電車　　2：a）梅　b）犬　c）自動車			0　1 0　1 0　1	
5. 100から7を順番に引いてください。 （100-7は？　それからまた7を引くと？　と質問する。 最初の答が不正解の場合、打ち切る。）	(93)		0　1	
	(86)		0　1	
6. 私がこれから言う数字を逆から言ってください。（6-8-2、3-5-2-9） （3桁逆唱に失敗したら打ち切る。）	2-8-6		0　1	
	9-2-5-3		0　1	
7. 先ほど覚えてもらった言葉をもう一度言ってみてください。 （自発的回答があれば各2点、もし回答がない場合、以下のヒントを与え正解であれば1点。） 　a）植物　b）動物　c）乗り物			a：012 b：012 c：012	
8. これから5つの品物を見せます。それを隠しますので何があったか言ってください。 （時計、鍵、タバコ、ペン、硬貨など必ず相互に無関係なもの。）			0　1　2 3　4　5	
9. 知っている野菜の名前をできるだけ多く言ってください。 （答えた野菜の名前を右欄に記入する。途中で詰まり、約10秒待ってもでない場合にはそこで打ち切る。） 5個までは0点、6個＝1点、7個＝2点、8個＝3点、 9個＝4点、10個＝5点			0　1　2 3　4　5	

合計得点

評価尺度	実施形態	時間 （分）	判定（めやす）		
			健常	MCI	軽度認知症
HDS-R	個別	10	27以上	26～20	19以下

※ MCI：軽度認知障害

付録資料⑥

介護保険指定基準の身体拘束禁止規定

■ 基準本文
「サービスの提供にあたっては、当該入所者（利用者）または他の入所者（利用者）等の生命または身体を保護するため緊急やむを得ない場合を除き、身体的拘束その他入所者（利用者）の行動を制限する行為を行ってはならない」

○ 身体拘束が認められるための条件
・介護保険指定基準上、「当該入所者（利用者）又は他の入所者（利用者）等の生命又は身体を保護するための緊急やむを得ない場合」には身体拘束が認められているが、これは、「切迫性」「非代替性」「一時性」の三つの要件を満たし、かつ、それらの要件の確認等の手続きが極めて慎重に実施されているケースに限られる。

＜3つの要件をすべて満たすことが必要＞
- **◆切迫性** 　利用者本人または他の利用者等の生命または身体が危険にさらされる可能性が著しく高いこと
- **◆非代替性** 　身体拘束その他の行動制限を行う以外に代替する介護方法がないこと
- **◆一時性** 　身体拘束その他の行動制限が一時的なものであること

　※3つの要件をすべて満たす状態であることを「身体拘束廃止委員会」などのチームで検討、確認し記録しておく

■ 介護保険指定基準に関する通知
「緊急やむを得ず身体拘束等を行う場合には、その態様及び時間、その際の入所者（利用者）の心身の状況、並びに緊急やむを得ない理由を記録しなければならない」

○ 身体拘束に関する記録の義務づけ
・具体的な記録は「身体拘束に関する説明書・経過観察記録」を用いるものとし、日々の心身の状態等の観察、拘束の必要性や方法に関わる再検討を行うごとに逐次その記録を加えるとともに、それについて情報を開示し、ケアスタッフ間、施設・事業所全体、家族等関係者の間で直近の情報を共有する。

※出典：厚生労働省

付録資料⑦

地域ケア会議の概要

▼地域ケア会議の概要

　地域包括支援センターなどにおいて、多職種協働による個別事例の検討などを行い、地域のネットワーク構築、ケアマネジメント支援、地域課題の把握等を推進するための会議を地域ケア会議といいます。

（参考）平成27年度より、地域ケア会議を介護保険法に規定。（法第115条の48）
● 市町村が地域ケア会議を行うよう努めなければならない旨を規定
● 地域ケア会議を、適切な支援を図るために必要な検討を行うとともに、地域において自立した日常生活を営むために必要な支援体制に関する検討を行うものとして規定
● 地域ケア会議に参加する関係者の協力や守秘義務に係る規定など

個別のケアマネジメント

支援　　事例提供

在宅医療・介護連携を支援する相談窓口
郡市区医師会等
連携を支援する専門職等

生活支援体制整備
生活支援コーディネーター
協議体

認知症施策
認知症初期集中支援チーム
認知症地域支援推進員

地域包括支援センターレベルでの会議（地域ケア個別会議）
● 地域包括支援センターが開催
● 個別ケース（困難事例等）の支援内容を通じた
　①地域支援ネットワークの構築
　②高齢者の自立支援に資するケアマネジメント支援
　③地域課題の把握などを行う。
※幅広い視点から、直接サービス提供に当たらない専門職種も参加。
※行政職員は、会議の内容を把握しておき、地域課題の集約などに活かす。

主な構成員
● **医療・介護の専門職種等**
医師、歯科医師、薬剤師、看護師、歯科衛生士、PT、OT、ST、管理栄養士、ケアマネジャー、介護サービス事業者など
● **地域の支援者**
自治会、民生委員、ボランティア、NPO など
- - - - - - - - - - - - - - - - -
その他必要に応じて参加

地域課題の把握

地域づくり・資源開発

政策形成 介護保険事業計画等への位置づけなど

市町村レベルの会議（地域ケア推進会議）

付録資料⑧

新費用負担

▼利用者負担段階区分ごとの対象者一覧

旧

利用者負担段階区分	所得に関する要件	資産に関する要件
第1段階	住民税世帯非課税の老齢福祉年金受給者 生活保護受給者	なし
第2段階	住民税世帯非課税で年金収入額と合計所得金額（年金に係る雑所得金額を除く）の合計が年間80万円以下の方	1,000万円以下（夫婦の場合2,000万円以下）
第3段階	住民税非課税世帯で年金収入額と合計所得金額（年金に係る雑所得金額を除く）の合計が年間80万円超の方	

新（2021.8～）

利用者負担段階区分	所得に関する要件	資産に関する要件
第1段階	住民税世帯非課税の老齢福祉年金受給者 生活保護受給者	なし
第2段階	住民税世帯非課税で年金収入額と合計所得金額（年金に係る雑所得金額を除く）の合計が年間80万円以下の方	650万円以下（夫婦の場合1,650万円以下）
第3段階(1)	住民税世帯非課税で年金収入額と合計所得金額（年金に係る雑所得金額を除く）の合計が年間80万円超120万円以下の方	550万円以下（夫婦の場合1,550万円以下）
第3段階(2)	住民税世帯非課税で年金収入額と合計所得金額（年金に係る雑所得金額を除く）の合計が年間120万円超の方	500万円以下（夫婦の場合は1,500万円以下）

▼食費・居住費の費用負担額（2021.8～）

利用者負担段階区分	1日あたりの居住費（滞在費） ユニット型個室	ユニット型個室的多床室	従来型個室	多床室	1日あたりの食費 入所・入院	ショートステイ
第1段階	820円	490円	490円（320円）	0円	300円	300円
第2段階	820円	490円	490円（420円）	370円	390円	600円
第3段階(1)	1,310円	1,310円	1,310円（820円）	370円	650円	1,000円
第3段階(2)	1,310円	1,310円	1,310円（820円）	370円	1,360円	1,300円
第4段階（基準費用額）	2,006円	1,668円	1,668円（1,171円）	377円（855円）	1,445円	1,445円

※従来型個室の費用負担額及び多床室の第4段階の費用負担額について、上段は介護老人保健施設・介護療養型医療施設・介護医療院を利用した場合の費用負担額を表示し、下段（　）内は介護老人福祉施設等を利用した場合の費用負担額を表示しています（居住費についてはショートステイも同様の費用負担額）。

主要キーワードさくいん

数字・アルファベット

2025年問題・・・・・・・・・・・・・・・・・・・ 242
HDS−R・・・・・・・・・・・・・・・・・・272

あ行

アセスメント・・・・・・・・・・・・・・・・・・・ 124
一次判定・・・・・・・・・・・・・・・・・・・・ 84
一部事務組合・・・・・・・・・・・・・・・・・ 44
一般介護予防事業・・・・・・・・・・・・・・ 73
一般介護予防事業評価事業・・・・・・・・ 73
医療介護総合確保推進法・・・・・・・・・ 238
医療行為・・・・・・・・・・・・・・・・・・・・ 155
医療費控除・・・・・・・・・・・・・・・・・・・ 177

か行

介護医療院・・・・・・・・・・・・・・・・・・・ 194
介護・医療連携推進会議・・・・・・・・・・ 182
介護給付・・・・・・・・・・・・・・・・・・・・ 56
介護給付等費用適正化事業・・・・・・・・ 71
介護給付費請求書・・・・・・・・・・・・・・ 129
介護給付費請求明細書・・・・・・・・・・・ 129
介護給付費準備基金・・・・・・・・・・・・ 216
介護給付費・地域支援事業支援納付金
　・・・・・・・・・・・・・・・・・・・・・・・・ 220
介護サービス情報公表・・・・・・・・・・・ 102
介護サービス情報の公表システム・・・ 103
介護支援専門員・・・・・・・・・・・・・・・ 112
介護付き有料老人ホーム・・・・・・・・・ 201
介護認定審査会・・・・・・・・・・・・・・・ 84
介護認定調査・・・・・・・・・・・・・・・・ 80
介護認定の申請・・・・・・・・・・・・・・・ 78
介護の社会化・・・・・・・・・・・・・・・・ 226
介護の手間・・・・・・・・・・・・・・・・・・ 85
介護扶助・・・・・・・・・・・・・・・・・・・・ 131

介護報酬・・・・・・・・・・・・・・・・・・・・ 144
介護保険事業計画・・・・・・・・・・・・・ 50
介護保険審査会・・・・・・・・・・・・ 46, 206
介護保険制度の目的・・・・・・・・・・・ 232
介護予防ケアマネジメント・・・・・・・・ 148
介護予防ケアマネジメント業務・・・・・ 69
介護予防支援・・・・・・・・・・・・・・・・ 148
介護予防・日常生活支援総合事業・・・ 72
介護予防把握事業・・・・・・・・・・・・・ 73
介護予防普及啓発事業・・・・・・・・・・ 73
介護療養型医療施設・・・・・・・・・・・ 196
介護老人福祉施設・・・・・・・・・・・・・ 188
介護老人保健施設・・・・・・・・・・・・・ 192
外部評価・・・・・・・・・・・・・・・・・・・・ 102
科学的介護・・・・・・・・・・・・・・・・・・ 184
家事援助（生活援助）・・・・・・・・・・・ 153
家族介護支援事業・・・・・・・・・・・・・ 71
看護小規模多機能型居宅介護・・・・・ 180
監査・・・・・・・・・・・・・・・・・・・・・・ 49
感染症対策・・・・・・・・・・・・・・・・・・ 246
基幹型・・・・・・・・・・・・・・・・・・・・・ 66
基準該当サービス・・・・・・・・・・・・・ 48
基本チェックリスト・・・・・・・・・・・・・ 74
給付管理・・・・・・・・・・・・・・・・・・・・ 128
境界層・・・・・・・・・・・・・・・・・・ 108, 212
共生型サービス・・・・・・・・・・・・・・・ 132
業務管理体制・・・・・・・・・・・・・・・・ 208
業務継続計画・・・・・・・・・・・・・・・・ 246
共用型・・・・・・・・・・・・・・・・・・・・・ 165
居住費・・・・・・・・・・・・・・・・・・・・・ 108
居宅介護支援・・・・・・・・・・・・・・・・ 148
居宅サービス計画書・・・・・・・・・・・・ 118
居宅療養管理指導・・・・・・・・・・・・・ 176
区分支給限度基準額・・・・・・・・・・・ 90
ケアプラン・・・・・・・・・・・・・・・・・・・ 118
ケアプランの自己作成・・・・・・・・・・・ 121

276

ケアマネジメント・プロセス・・・・・・・ 116
ケアマネジャー・・・・・・・・・・・・・・・ 112
軽微な変更・・・・・・・・・・・・・・・・・ 127
軽費老人ホーム（ケアハウス）・・・・・・ 186
欠格事由・・・・・・・・・・・・・・・・・・ 140
現物給付・・・・・・・・・・・・・・・ 100, 228
権利擁護業務・・・・・・・・・・・・・・・・ 69
広域連合・・・・・・・・・・・・・・・・・・ 44
高額医療合算介護サービス費・・・・・・ 110
高額介護サービス費・・・・・・・・・・・ 110
更新申請・・・・・・・・・・・・・・・・・・ 88
公費優先医療・・・・・・・・・・・・・・・ 230
高齢者住まい法・・・・・・・・・・・・・・ 236
国民健康保険団体連合会・・・・・・・・・ 104
個別サービス計画・・・・・・・・・・・・・ 116

さ行

サービス担当者会議・・・・・・・・・・・・ 125
サービス付き高齢者向け住宅・・・・・・ 202
サービス提供責任者・・・・・・・・・・・ 154
財政安定化基金・・・・・・・・・・・・・・ 210
財政安定化基金拠出率・・・・・・・・・・ 215
財政安定化基金事業・・・・・・・・・・・ 214
在宅医療・介護連携推進事業・・・・・・ 71
サテライト・・・・・・・・・・・・・・・・ 48
算定基準・・・・・・・・・・・・・・・・・ 138
暫定ケアプラン・・・・・・・・・・・・・・ 27
事業対象者・・・・・・・・・・・・・・・・ 74
施設の類型と料金・・・・・・・・・・・・ 186
市町村協議制・・・・・・・・・・・・・・・ 141
市町村相互財政安定化事業・・・・・・・ 214
市町村特別給付・・・・・・・・・・・・・・ 56
市町村民税課税層における食費・居住
　費の特例減額措置・・・・・・・・・・・ 108
実地指導・・・・・・・・・・・・・・・・・ 49
指定・・・・・・・・・・・・・・・・・・・・ 48

指定介護機関・・・・・・・・・・・・・・・ 131
指定介護予防支援事業者・・・・・・・・・ 67
指定基準・・・・・・・・・・・・・・・・・ 138
指定市町村事務受託法人・・・・・・・・・ 44
指定都道府県事務受託法人・・・・・・・・ 46
社会的入院・・・・・・・・・・・・・・・・ 226
社会福祉法人等による利用者負担額軽
　減制度・・・・・・・・・・・・・・・・・ 108
社会保険・・・・・・・・・・・・・・・・・ 228
社会保険診療報酬支払基金・・・・・・・ 220
住所地特例・・・・・・・・・・・・・・ 54, 190
住宅改修・・・・・・・・・・・・・・・・・ 174
重要事項説明書・・・・・・・・・・・・・ 204
主治医意見書・・・・・・・・・・・・・・・ 82
主任介護支援専門員・・・・・・・・・・・ 113
主任ケアマネジャー・・・・・・・・・・・ 113
受領委任・・・・・・・・・・・・・・・・・ 100
障害高齢者の日常生活自立度判定基準
　・・・・・・・・・・・・・・・・・・・・・ 271
障害者総合支援法・・・・・・・・・・・・ 132
償還払い・・・・・・・・・・・・・・・・・ 100
小規模多機能型居宅介護・・・・・・・・・ 178
ショートステイ・・・・・・・・・・・・・ 168
食費・・・・・・・・・・・・・・・・・・・ 108
自立支援・・・・・・・・・・・・・・・・・ 227
シルバーピア・・・・・・・・・・・・・・・ 186
審査請求・・・・・・・・・・・・・・・・・ 206
人生の最終段階における医療・ケアの
　決定プロセスに関するガイドライン
　・・・・・・・・・・・・・・・・・・・・・ 248
身体拘束禁止規定・・・・・・・・・・・・ 273
生活支援コーディネーター・・・・・・・ 71
生活支援体制整備事業・・・・・・・・・・ 71
生活保護・・・・・・・・・・・・・・ 108, 130
成年後見制度・・・・・・・・・・・・・・・ 58
総合相談支援・・・・・・・・・・・・・・・ 69
総報酬割・・・・・・・・・・・・・・・・・ 220

主要キーワードさくいん

277

た行

第1号 ・・・・・・・・・・・・・・・・・・・・ 52
第1号介護予防支援事業 ・・・・・・・・・・ 73
第1号通所事業 ・・・・・・・・・・・・・・ 73
第1号訪問事業 ・・・・・・・・・・・・・・ 73
第2号 ・・・・・・・・・・・・・・・・・・・・ 52
第三者行為求償 ・・・・・・・・・・・・・ 232
代理受領方式 ・・・・・・・・・・・・・・・ 100
多床室 ・・・・・・・・・・・・・・・・・・・ 191
単位 ・・・・・・・・・・・・・・・・・・・・・ 144
短期入所療養介護 ・・・・・・・・・・・・ 168
短期保険 ・・・・・・・・・・・・・・・・・ 229
地域介護予防活動支援事業 ・・・・・・・ 73
地域共生社会 ・・・・・・・・・・・・・・・・ 6
地域共生社会の実現のための社会福祉
　法等の一部を改正する法律 ・・・・・・ 10
地域ケア会議 ・・・・・・・・・・・・・・・ 71
地域支え合い推進員 ・・・・・・・・・・・ 71
地域支援事業 ・・・・・・・・・・・・・・・ 70
地域単価 ・・・・・・・・・・・・・・・・・ 145
地域包括ケアシステム ・・・・・・・・・ 236
地域包括支援センター ・・・・・・・・・・ 66
地域包括支援センター運営協議会
　・・・・・・・・・・・・・・・・・・・・・・ 68
地域密着型介護老人福祉施設入所者生活
介護 ・・・・・・・・・・・・・・・・・・・ 188
地域密着型サービス ・・・・・・・・・・ 142
地域密着型通所介護 ・・・・・・・・ 162, 163
地域密着型特定施設入居者生活介護
　・・・・・・・・・・・・・・・・・・・・・ 201
地域リハビリテーション活動支援事業
　・・・・・・・・・・・・・・・・・・・・・ 73
中国残留邦人 ・・・・・・・・・・・・・・ 131
調整交付金 ・・・・・・・・・・・・・・・ 210
通院等乗降介助 ・・・・・・・・・・・・・ 154
通所介護 ・・・・・・・・・・・・・・ 162, 163
通所型サービス ・・・・・・・・・・・・・ 73
通所リハビリテーション（デイケア）
　・・・・・・・・・・・・・・・・・・・・・ 166
定期巡回・随時対応型訪問介護看護
　・・・・・・・・・・・・・・・・・・・・・ 182
適用除外 ・・・・・・・・・・・・・・・・・ 52
天引き ・・・・・・・・・・・・・・・・・・ 218
登録特定行為事業者 ・・・・・・・・・・・ 155
特定施設入居者生活介護 ・・・・・・・・ 201
特定疾病 ・・・・・・・・・・・・・・・・・ 53
特例入所 ・・・・・・・・・・・・・・・・・ 187
特定入所者介護サービス費 ・・・・・・・ 108
特定福祉用具販売 ・・・・・・・・・・・・ 172
特別会計 ・・・・・・・・・・・・・・・・・ 214
特別徴収 ・・・・・・・・・・・・・・・・・ 218
ドナベディアン・モデル ・・・・・・・・ 244

な行

二次判定 ・・・・・・・・・・・・・・・・・ 84
日常生活圏域 ・・・・・・・・・・・・・・ 237
日常生活自立支援事業 ・・・・・・・・・・ 60
任意事業 ・・・・・・・・・・・・・・・・・ 70
認知症高齢者の日常生活自立度判定基
　準 ・・・・・・・・・・・・・・・・・・・ 271
認知症総合支援事業 ・・・・・・・・・・・ 71
認知症対応型共同生活介護 ・・・・・・・ 198
認知症対応型通所介護 ・・・・・・・・・ 165
認定審査会の意見及びサービスの種類
　の指定 ・・・・・・・・・・・・・・・・・ 84
認定有効期間 ・・・・・・・・・・・・・・ 89

は行

長谷川式簡易知能評価スケール ・・・・ 272
被保険者 ・・・・・・・・・・・・・・・・・ 52
被保険者以外の者 ・・・・・・・・・・・・ 54
福祉サービス第三者評価 ・・・・・・・・ 102

福祉用具貸与・・・・・・・・・・・・・・・・ 170
負担割合証・・・・・・・・・・・・・・・・・・ 106
普通徴収・・・・・・・・・・・・・・・・・・・ 218
不服申立て・・・・・・・・・・・・・・・・・・ 206
変更申請・・・・・・・・・・・・・・・・・・・・ 88
包括的・継続的ケアマネジメント支援
　業務・・・・・・・・・・・・・・・・・・・・・ 69
包括的支援事業・・・・・・・・・・・・・・・ 68
訪問介護・・・・・・・・・・・・・・・・・・・ 152
訪問型サービス・・・・・・・・・・・・・・ 73
訪問看護・・・・・・・・・・・・・・・・・・・ 156
訪問入浴・・・・・・・・・・・・・・・・・・・ 160
訪問リハビリテーション・・・・・・・・・161
保険事故・・・・・・・・・・・・・・・・・・・ 228
保険者・・・・・・・・・・・・・・・・・・・・・ 44
保険優先公費・・・・・・・・・・・・・・・・ 230
保険料・・・・・・・・・・・・・・・・・・・・ 216
保険料の滞納・減免・・・・・・・・・・・・ 212
保険料賦課総額・・・・・・・・・・・・・・ 216
補足性の原理・・・・・・・・・・・・・・・・ 54

ま行

みなし指定・・・・・・・・・・・・・・・・・・ 48
モニタリング・・・・・・・・・・・・・・・・ 126

や行

夜間対応型訪問介護・・・・・・・・・・・・181
有料老人ホーム・・・・・・・・・・・・・・・ 202
ユニット型・・・・・・・・・・・・・・・・・・ 191
養護老人ホーム・・・・・・・・・・・・・・・ 186
横出しサービス・・・・・・・・・・・・・・・ 44
予防給付・・・・・・・・・・・・・・・・・・・ 56

ら行

ライフサポートワーク・・・・・・・・・・・ 123
利用者本位・・・・・・・・・・・・・・・・・・ 227
療養型通所介護・・・・・・・・・・・・・・・ 164
老人福祉法・・・・・・・・・・・・・・・・・・ 231

参考文献

本間清文著「図解　給付管理もできる！新人ケアマネ即戦力化マニュアル」（日総研）
本間清文著「令和3年度改定がひと目でわかる！事業者のための介護保険制度対応ナビ―運営基準・介護報酬改定速報―」（第一法規）
「介護保険の実務　保険料と介護保険財政」（社会保険研究所）
介護支援専門員テキスト編集委員会編集「七訂　介護支援専門員基本テキスト」
（一般財団法人　長寿社会開発センター）

【編著者プロフィール】

本間 清文（ほんま・きよふみ）

社会福祉士、介護福祉士、介護支援専門員。杉並区地域包括支援センターセンター長。兵庫県出身。広島大学総合科学部（社会科学）卒業。特別養護老人ホーム、デイサービス、ケアマネジャー、行政職員などを経て現在に至る。著書に、『令和3年度改訂がひと目でわかる!事業者のための介護保険制度対応ナビ』（第一法規）、『サ高住・住宅型有料ホーム居宅ケアプラン記載事例集』『〈図解〉給付管理もできる!新人ケアマネ即戦力化マニュアル』『できる?できない?訪問介護の報酬算定グレーゾーンの解決法Q&A 159』（以上、日総研出版）、『考え方がわかればサクサク書ける!ケアプランの作り方［決定版］』（秀和システム）など多数。
ホームページ：介護支援 net　https://kaigosien.blogspot.com/

■本書に関するお問い合わせは、書名・発行日・該当ページを明記の上、下記のいずれかの方法にてお送りください。電話でのお問い合わせはお受けしておりません。
・ナツメ社webサイトの問い合わせフォーム　https://www.natsume.co.jp/contact
・FAX（03-3291-1305）
・郵送（下記、ナツメ出版企画株式会社宛て）
なお、回答までに日にちをいただく場合があります。正誤のお問い合わせ以外の書籍内容に関する解説・個別の相談は行っておりません。あらかじめご了承ください。

●本文イラスト・マンガ　いたばしともこ
●デザイン　　　　　　　Malpu Design（宮崎萌美）
●本文DTP　　　　　　　トーキョー工房（長網千恵）
●編集協力　　　　　　　有限会社七七舎（川上　京）
●編集担当　　　　　　　ナツメ出版企画株式会社（齋藤友里）

最新図解 スッキリわかる！介護保険 第2版
基本としくみ、制度の今とこれから

2019年 7月 1日　初版発行
2021年 7月 1日　第2版1刷発行

編 著 者	本間清文	©Honma Kiyofumi, 2019, 2021
発 行 者	田村正隆	

発 行 所　株式会社ナツメ社
　　　　　東京都千代田区神田神保町1-52　ナツメ社ビル1F（〒101-0051）
　　　　　電話　03-3291-1257（代表）　FAX　03-3291-5761
　　　　　振替　00130-1-58661

制　　作　ナツメ出版企画株式会社
　　　　　東京都千代田区神田神保町1-52　ナツメ社ビル3F（〒101-0051）
　　　　　電話　03-3295-3921（代表）

印 刷 所　ラン印刷社

ISBN978-4-8163-7038-0　　　　　　　　　　　　　　　　　　　　Printed in Japan

〈定価はカバーに表示してあります〉
〈乱丁・落丁本はお取り替えします〉

本書の一部または全部を著作権法で定められている範囲を超え、ナツメ出版企画株式会社に無断で複写、複製、転載、データファイル化することを禁じます。